슬픈 아시아
―냉전기 한국 지식인들의 아시아 기행(1945~1966)

슬픈 아시아

한국 지식인들의
아시아 기행(1945~1966)

장세진 지음

푸른역사

머리말

1

 3년 전이다. 패전 후 일본과 한국의 지식인들이 아시아를 어떻게 인식했는가 비교하는 글을 어디에 써내야 할 일이 있었다. 이런저런 자료를 읽어야 했지만, 일단 일본 편에 관한 나의 애초 '의도'는 이랬다. 쇄국이라 해도 좋을 만큼 일본이 아시아에 대해 문을 꼭꼭 닫아건 반면, 그와 반비례해서 미국을 '해바라기'하게 된 전후 상황을 되도록 비판적으로 묘사할 것. 물론 보통의 일본인들 입장이 이해되지 않았던 것은 아니다. 원폭의 상처를 추스르기도 바쁜 와중에 아시아 식민 통치나 기나긴 전쟁 동원의 기억 같은 것은 가능하면 지워버리고 싶은 것이 어쩌면 당연할지도 몰랐다. 제 코가 석 자인 그런 시절. 그러나 한편으론 여전히 궁금했다. 한 개인이든 국가든 제가 가진 신념을 하루아침에 뒤바꿀 때, 그 전환의 국면에서 나타나는 '증상symptom'들은 과연 어떤 것일까. 그 증상들은 어떤 형태의 언어가, 제스처가

되어 나타날까. 장황한 논변일까, 무거운 침묵일까. 실제로 여러 가지 반응이 거기에 있었다. 군국주의와 맹목적인 전체주의에 대한 통절한 자기반성이 있는가 하면(우리가 대체 왜 그랬을까), 그래도 미국에 패배하지만 않았더라면 하는 아쉬움과 원통함을 슬쩍슬쩍 내비치는 이들도 있었다(그래도 잘못한 건 우리가 아니야). 전자의 경우는 일본 사회에서 진보적인 지식인들에 속했고, 후자는 소수였지만 일본 경제가 놀라운 속도로 회복되면서 발언권을 갖게 된 쪽이었다. 그러나 두 부류는 한편으로 묘하게 서로 닮아 있었다. 양측 모두 아시아라는 화두를 진지하게 거론한 적이 없다는 바로 그 점에서는 말이다. 그들의 반성이나 부인否認은 대체로 '서구'를 향해 발화된 것이었다. 아시아는 그들에게 여전히 껄끄러운 금기이거나 시대착오적인 향수鄕愁였다.

2

그런데 이 과정에서 홋타 요시에堀田善衛라는 전후 일본 작가를 우연히 발견하게 되었다. 앞서 말한 두 부류 어디에도 꼭 들어맞지 않는 인물이었다. 일본 국민이라면, 너 나 할 것 없이 황송한 마음으로 머리를 조아리며 들었다던 천황의 소위 옥음玉音 방송을 묘사한 《상하이에서上海にて》(1959)의 한 구절은 대번에 마음에 와 닿았다. 종전을 상하이에서 맞이한 홋타의 주변에는 아마도 일본의 식민 통치에 협력한 중국인 지인이 꽤 있었던 모양이다.

그래서 나는 천황이 아시아 전역의 일본 협력자들의 운명에 대해 무슨 말을 할지, 뭐라고 인사할지 오직 그것만 주의해서 듣고 있었다. 이른바 '종전칙어'라는 것을 그런 식으로 들은 것은 정말 이상했는지도 모른다. 그리고 그런 식으로 들은 일본인의 수는 그렇게 많지 않았는지도 모른다. 하지만 그때 천황은 뭐라고 인사했는가. 졌다거나 항복했다고 말하지 않은 것도 이상했지만, 그런 협력자들에 대해 "유감의 뜻을 표하지 않을 수 없다"는 애매모호한 이중부정, 그것뿐이었다. 나머지는 짐의 충량한 신민臣民이 가애可愛하다는 말뿐이다. 그 박정한 에고이즘이 젊은 나에게는 뼈에 사무쳤다. 방송이 끝나자 나는 노골적으로 내뱉었다. "뭐, 저런 놈이 다 있어. 그게 무슨 인사야. 네가 할 말이 그것뿐이냐. 그것으로 일이 끝난다고 생각하느냐." 분노인지 슬픔인지 알 수 없는 감정에 몸이 떨렸다.

지극히 상식적인 분노의 목소리였다. 게다가 홋타 요시에의 사고 속에는 아시아라는 지평이 자연스레 스며들어 있었다. 반가운 마음에 홋타의 궤적을 계속 따라가다 보니, 거기에는 미처 잘 알지 못했던 전후 일본 사회의 또 다른 모습과 그것을 가능하게 만든 사람들이 있었다. 그렇게 조우하게 된 그들은 소수에 불과했지만, 대중적이고 주류적인 아시아 관觀과는 상이한 입장과 전통이 일본 현대사 속에 하나의 계보를 이루며 엄연히 숨쉬고 있다는 사실만큼은 분명해 보였다. 예를 들어, 1955년 반둥에서 열린 아시아·아프리카 회의에 일본은 유일한 식민 통치국이었음에도 당당히 참가했다(아쉽게도 한국은 그러지 못했다). 민족 해방과 독립, 평화적 세계 질서를 외친 역사적인 회의였다. 그뿐만이 아니었다. 그 연장선상에서 개최된 '아시아 작가 회의'에도 일본은 작가를 파견할 수 있었다(그때 일본 대표로 나선 작가 역시 홋타 요시에였다). 한 논자의 말을 빌리자면, 전후 아시아 국가들과의 일련의 만남은 "쇄국 상태를 계속해온 일본인에게 아시아가 얼마나 넓고 깊은 것인지를 충격적으로"* 깨닫게 하는 계기가 되었다.

그러나 이 비주류의 계보 속에서 가장 놀라웠던 것은 뭐니 뭐니 해도 베트남전쟁 당시 일본 시민사회의 팽팽한 반전 분위기였다. 물론 일본 기업들 역시 한국과 마찬가지로 베트남전쟁을 통해 제 실속과 이익을 재빨리 챙긴 것은 사실이었다. 그러나 적어도 시민사회 차원에서는 달랐다. 독립을 갈구하는 베트남 인민을 타깃으로 삼은 이 전쟁이 결코 옳지 못하다는 인식, 냉전의 진영 논리로 포장된 이 전쟁에 어떻게든 브레이크를 걸어야 한다는 공통의 감각이 절실하게 존재했다. 일명 '베헤이렌ベ平連(베트남에 평화를!)'이라는 시민 단체가 미군 탈주병들을 숨겨주고 관련국 정부의 두터운 감시망을 뚫고 마침내 제삼국으로 인도하는 과정은 감동적인 데다가 '스릴'이 넘쳤다. 물론 이린 지발적인 시민운동조차도 일본의 내셔널리즘이라는 구도와 전혀 무관할 수 없다는 사실도 차차 알게 되었지만, 그럼에도 일본 시민사회의 활약은 기대 이상이었다.

---

* 김석희, 〈난세의 문학을 넘어서〉, 홋타 요시에 지음, 김석희 옮김, 《고야 1: 에스파냐—빛과 그림자》(한길사, 2010), 34쪽.

3

 일본의 이야기를 길게 한 것은 결국 한국을 되돌아보기 위해서이다. 일본이 그랬다면, 한국의 전후 아시아 인식은 어땠을까. 일단 한국과 일본은 닮아 보였다. 전후 아시아 독립국들의 노선에 등을 돌리고, 미국이 구획한 동아시아 반공 블록의 코어Core가 되길 기꺼이 열망했다는 점에서 두 나라는 대단히 유사한 경우였다. 그러나 착각하지 말자. 실제 미국의 '낙점'을 받은 것은 일본이었고, 반면 한국은 다만 그렇게 되기를 바랐다는 점에서 두 나라의 상황은 엄연히 달랐다. 무엇보다 지식인들이나 시민사회로 가면, 그 차이는 더욱 커졌다. 몇몇 예외가 전혀 없지는 않았지만, 결과적으로 전후 한국에는 훗타 요시에도, 아시아에 대한 침략을 반대한 베헤이렌도 존재하지 않았다. 돌이켜보면, 한국의 베트남 파병 당시는 그야말로 '관민합일'의, 전 국민적인 아찔한 '도취'와 '축제'의 황홀경이었다. 어떻게 이런 일이 가능했을까. 한반도보다 훨씬 장구한 세월 식민 통치를 받았던 사람들, 독립을 꿈꾸는 그 나라의 사람들과 싸우러 가는 일에 어떻게 이렇게 온 나라가 일사불란, 한마음이 되는 일이 가능했을까. 대체 왜 그랬을까.

 이 책은 이런 질문들에서 시작되었다. 질문을 따라가다 보니, 어느새 해방 직후부터 베트남전쟁 파병이 시작되는 20여 년 동안 한국의 지식인들이 아시아 지역을 여행하고 경험한 후 남긴 기록들을 찾아 읽게 되었다. 정책을 입안하고 여론을 주도하는 지식인들의 생각은 중요했고, 그들이 그 시절 아시아와 만나 문자로 남긴 기행문은 사회사의 측면에서도 귀중한 자료였다. 단적으로 말하면, 베트남 파병 당시의 집단적 열광이 가능했던 것은 물론 한국전쟁이 상징하는 냉전 상황 때문이었다. 그러나 단지 그뿐이었던가. 시간을 소급하여, 식민지 시기 아시아 인식이나 역사적 경험과도 뿌리 깊이 연루되어 있다는 사실이 기행문들을 읽어나가는 과정에서 차츰 분명하게 드러났다. 정부와 지식인들의 기대와 논리가 고스란히 일치할 수밖에 없는 이유도 발견할 수 있었다.

물론 한국이나 일본과 유사한 행보를 걸었던 아시아 국가들도 없지는 않았다. 역시 반공을 표방했던 이 나라들은 미국이 자국의 뒤를 보아준다는 보장이 생기면, 아시아의 이웃과 했던 약속을 어처구니없을 정도로 손쉽게 파기했다. 미국이라는 광원光源을 향해 필사적으로 줄기를 뻗어 자라나는 애처로운 식물들처럼. 이런 부류의 아시아 국가들은 기회가 있으면 주저 없이 등을 돌렸고, 한국 사회 역시 거기에 대해 크게 책임을 묻지도, 분노하지도 않았다. 우리 역시 그 입장이라면 응당 그렇게 할 것이라는 '역지사지(!)'의 공감대 때문이었을까. 어쩌면 이 대목이야말로 전후 아시아라는 지역의 가장 '슬픈' 면모일지도 모른다. 물론 누군가는 말할 것이다. 앞으로의 세기는 이제까지와는 매우 다를 것이라고. 저 거대한 중국의 경제적 도약으로 미국 중심의 헤게모니는 어떻게든 균열을 일으키게 될 것이라고. 변화는 이미 돌이킬 수 없이 시작되었다고. 맞는 말이다. 그러나 정말 그렇다면, 근近 과거 우리가 아시아를 어떻게 인식해왔는지, 그들과의 관계가 어떠했는지 더 정확하게 알고 있어야 하지 않을까.

이 책 자체는 꽤나 우연한 기회를 얻어 태어났다. 일본의 아시아 인식을 이야기하기 전에 우선 한국 쪽을 자세히 살펴봐야겠다는 생각에 〈역내 교통의 (불)가능성 혹은 냉전기 아시아 지역 기행〉(《상허학보》, 2011년, 3월, vol.31)이라는 논문을 썼는데, 이 논문을 토대로 한 권의 책을 만들어보자는 제안을 도서출판 푸른역사로부터 받게 되었다. 학회지 논문이 요구하는 제한된 분량 탓에 많은 자료와 내용들이 활용되지 못했던 터라, 두려우면서도 한편으로는 반가운 제안이 아닐 수 없었다. 한층 넓어진 지면과 자유로운 형식 속에서 자료의 생생한 목소리들을 전달할 수 있을 것 같은 마음에 뛰어들었다. 그러나 한 편의 논문과 한 권의 책 사이에는 당연히 고생스러운 간격과 노동이 기다리고 있었다. 조금 더 밀어붙여 끝까지 고생하지 않은 것이 아쉬운 시점이지만, 하나의 아이디어가 두 개의 다른 형태로 완성되는 과정을 고스란히 경험할 수 있었다는 점에선 분명 두고두고 기억에 남을 시간이었다. 이 책이 태어나고 만들어지는 과정에서 적지 않은 관심과 애정을 가져주신 푸른역사 박혜숙 사장님께 감사의 마음을 전한다. 책의 제목을 함께 생각하고 고민해준 친구 용미에게도 고마움을 표하고 싶다.

덧붙임: 자국의 '국익'만이 지고지선至高至善인, 전 세계를 촘촘하게 뒤덮은 국민국가 체제의 '냉엄한' 현실 앞에서 이런 식의 역사적 접근이 어떤 힘을 발휘할 수 있을까. 책을 다 쓴 지금도 선뜻 자신 있게 대답할 수 없는 대목이다. 홋타 요시에가 말한, 저 '국민국가'라는 거대하고도 "박정한 에고이즘"의 화신 앞에서, '이웃 아시아'라는 관념

이 어떤 실질적인 구속과 영향력을 가질 수 있을까. 회의적이 되지 않을 수 없다. 하지만 이쯤에서 말해두어야 할 것 같다. 실체를 정확히 알 수 없는 '국익'보다는 '적국' 프랑스의 친구들과 기발한 방법으로 자국의 전쟁을 반대하고 나선 독일 예술가들과 같은 부류의, 왠지 모를 유쾌한 '배반'의 내러티브에 항상 더 마음이 끌려왔음을. 가능하다면 그런 사람들을 친구로 곁에 두고 싶었음을. 욕심이라 불러도 좋지만, 그런 친구—독자들을 이 책을 통해 많이 만나고 싶다.

2012년 10월
장세진

차례

머리말　　　　　　　　　　　　　　　　　　　　4

1장 이제 더 이상 식민지가 아니다　　　　　　　17

뉴델리, 1947 … 19
박인환의 〈인도네시아 인민에게 주는 시〉 … 25
아시아 상상의 과거와 현재 … 28
냉전의 그림자와 아시아 … 33
기행 서사와 네이션 … 37
상징자본으로서의 미국 … 45

2장 신화의 해체와 새로운 아시아의 발견　　　　53

아시아, 낯설고도 익숙한 … 55
범아세아대회의 실제 … 57
식민지 오리엔탈리즘은 여전히 … 61
대동아공영권의 유산 … 66
패전국 일본의 프로필 … 74
국민국가 서사의 우위 … 86
말해지지 않은 것 혹은 말할 수 없는 것 … 90
미국, 새로운 탈식민 파워 … 99
"파도치는 태평양" … 103

3장 적인가 동지인가　　　115

태풍 전야의 상하이 … 117
"중국을 반신불수화시킨 자 누구냐" … 124
2·28 사건과 타이완의 일어 사용 … 128
홍콩, 영국의 점포 … 133
필리핀이 부러운 까닭 … 137
베트남 파병에 얽힌 이야기 … 146
아세아 공산주의와 전염의 공포 … 150
한국에는 있고 타이완에는 없는 것 … 156
공산주의가 두렵거든 토지개혁을 하라 … 162
시인과 요새의 섬 금문도 … 168
연대의 키워드, 반공과 독재 … 172

4장 중립은 없다　　　177

간디와 타고르와 나이두의 나라 … 179
유엔 조선임시위원단과 모윤숙의 〈타지마할〉 … 183
김동성의 〈우호국 예방기〉 … 190
인도의 중립 노선 … 196
적의 적은 동지 … 201
테러와 그로테스크, 홍콩의 이중성 … 204
마카오의 영광과 조락 … 210
불가피한 아시아의 분열 … 218
반둥, 1955 : 초대받지 못하여 … 224

5장 아시아, 응시당한 자의 이름으로   233

개발자의 시선과 동남아시아 … 235
망각과 향수 사이에서 … 243
다케우치 요시미와 홋타 요시에의 아시아 … 253
"아프리카에서 손을 떼라" … 262
아, 베트남 … 272

주석   286
찾아보기   306

1장

이제 더 이상 식민지가 아니다

고황경(高凰京, 1909~2000)
연도 : 1947년
지역 : 인도 뉴델리
프로젝트 : 하경덕, 백낙준과 함께 뉴델리 범아세아대회의 한국 대표단으로 활동
저술 : 《인도기행》

바죽바죽한 나무가 많이 서서 풍채가 좋고 위풍이 당당한 높은 산만 한참 보다가 人家가 보이고 길이 보이니까 퍽 柔한 感이 들었으며 이곳이 印度이로구나 하는 印象을 그 獨特한 佳宅 制度로서 받게 되었다.

八、칼·카·타·

재악시가 곱게 절을 하듯이 이번에는 돌지 않고 사뭇이 直下해서 着陸한 것은 칼카타의 덤덤 (Dum Dum)이라고 하는 비행장이었다.

우리가 조선 서울 같은데서 보는 듯한 네 모 난 지붕이 普通인 듯 참 재미있는 建物이로구나 하고 생각하자마자 이게 웬 일이냐 아이구 뜨거워! 하는 소리가 저절로 나올만큼 火德속에 들어가는 듯한 熱氣에 들러 쌌다. 곰은 물 속에 들어간 菜蔬모양으로, 후 주군해진 몸은 飛行機에서 내릴 기운조차 없었는데 무슨 일일가 精神을 차려 알고 보니 朝鮮서 三伏 중 第一 더운 날도 좀처럼 到達하지 않는 華氏 百度를 가리키는 칼카타 暑氣 속에 서울 氣候 三月에 맞는 冬服과 外套를 입고 있는지라 금방 몸은 땀 속에 떠버리고 瞬間에 急變하는 그 溫度에 조절되지 못한 몸은 暫時동안 自由로 움직일 수조차 없었던 까닭이다. 목마른 사람 이 물을 思慕하듯이 어서 어느 구석에 가서 메나 모시옷을 좀 갈아 입었으면 하는 생각이 간절

97

뉴델리, 1947

쳐다보니 정면에서 낙하산 입는 법과 사용법에 대해서 정식 강습을 하고 있는 도중이었다. ……먼저 입은 사람들이 도와주어서 이럭저럭 몸에 붙이기는 하였으나 몸이 크고 키가 큰 미국 군인에게 맞게 만든 것을 동양 여자의 체격에 붙여놓으니까 마치 할아버지 마고자를 어린 손자가 입은 격이었다. 입은 것이 아니라 파묻히고 말아서 보기에도 우습거니와 옹기 장사의 지겟짐 모양으로 무거운 것을 가까스로 지고 비행기로 기어 올라갔는 고로 남이 보기에도 땀이 났을 것이라고 생각이 된다. 그보다도 더한층 우습고도 딱했던 것은 여러 친구의 권고를 받아 조선 옷을 입었던 까닭에 비록 외투를 입기는 했으나 검정 치마가 길게 늘어진 데다 낙하산을 몸에 붙이려고 얽어매었던 그 꼴이었다.[1]

1947년 3월의 어느 이른 아침이었다. 미 군정 보건후생부 부녀국장이었던 고황경은 범아세아대회가 열릴 인도 뉴델리를 향해 이제 막

먼 길을 떠나려던 참이었다. 이날 고황
경이 탑승한 비행기는 미美 군용 B54
기. 한복과 낙하산이라는 기묘한 조합
의 차림을 한 그녀 외에도 이 비행기에
는 뉴델리행에 동참한 일행 둘이 동승
해 있었다. 당시 연희대학교 총장이었
던 백낙준과 해방 이후 남한 최대의 종
합 잡지 《신천지》를 발행한 서울신문사
사장 하경덕이 바로 그들이었다. 세 사
람은 각각 여성계, 교육계, 언론계를 대
표하는 남조선 과도정부의 문화 사절

애초에는 언론계, 교육계, 여성
계 이외에도 정치계 대표로 여
운형도 범아세아대회에 참석하
기로 되어 있었다. 그러나 당시
테러의 위협을 받고 있던 여운
형은 출발 당일에 모습을 나타
내지 않았다.

로 선발되었다. 아시아 27개국의 대표가 한자리에 모인다는 뉴델리를
향해 세 사람은 긴 여정의 첫발을 이렇게 내딛었다.

미 군정 시기 여성 고위 관료의 아시아 여행이라는 점만으로도 고
황경의 인도행은 이채를 발하지만, 이 부산스러운 출발의 광경은 실
로 암시하는 바가 적지 않다. '해방'을 맞이한 조선의 최고 엘리트들
은 왜, 어떤 목적으로 아시아를 여행했을까? 아시아 지역이 향후 남
한 사회에서 어떤 의미를 가질지 그 방향과 내용을 가리키고 있다는
점에서 이 출발은 충분히 상징적이지만 잘 알려져 있지는 않은 우리
근현대사의 한 장면이다. 1945년 8월 이후 한국 사회의 아시아 인식
이라는 이 책의 화두와 관련하여 이 출발 장면에서 끄집어낼 수 있는
키워드는 세 가지이다.

첫째, 고황경 일행이 남조선 과도정부의 대표 자격으로 떠났다는 점

에서 알 수 있듯이, 아시아 지역은 갓 독립한 크고 작은 신생국으로 가득한 지역이었다. 각기 다른 제국으로부터 독립한 국가들의 민족주의적 열정은 아시아 전역으로 불길처럼 번져갔다. 오랜 세월 식민 통치를 받아왔던 아시아 지역에 새로운 국민국가의 모양새가 갖추어지기 시작하려는 즈음이었다. 일찍이 역사학자 홉스봄Eric Hobsbawm이 지적한 대로, 그간 억눌려왔던 구舊 식민지의 민족주의는 1945년 8월 이후 걷잡을 수 없는 시대의 정언명령으로 폭발의 계기 내지는 아래로부터의 혁명 같은 분출구를 찾게 될 터였다.

둘째, 아시아의 신생 독립국들은 유사한 처지에 놓여 있는 이웃끼리 미래에 대한 비전을 공유하고 정치적으로 연대하려는 강한 의지를 보였다. 실제로 고황경이 설렘에 가득 차 조선의 독자들에게 전달한 범아세아대회의 슬로건은 다음과 같은 것이었다.

너도 잘살고 나도 잘살 방도가 반드시 있으리니 그 두뇌와 지혜를 서슴지 말고 공출供出하라. ……국가는 국가끼리 미 대륙은 미 대륙끼리 구라파는 구라파끼리 이 공통 문제에 머리를 모아서 지혜를 짜고 있다. 아세아는 아세아끼리 그 역사와 경험에 있어서 공통점이 많으므로 이 평화 세계 건설에 공헌할 어떤 적극적 방도를 강구하기 위하여 모인 것이 범아세아대회이었다.[2]

새로운 국민국가가 요구하는 제반 사회제도를 빠른 시일 내에 구비해야 한다는 것은 당시 어느 나라든 지식인 계층의 첫 번째 소명이었다. 그런데 이 과정에서 식민지 경험을 공유한 아시아 국가들의 사례를 참조하고 이 국가들과 지역적regional 연대를 마련해야 한다는 요청은 비단 조선인들만의 것은 아니었다. 생각해보면 얼마나 소중하게 맞이한 독립이었던가. 다시 식민지로 전락할지도 모른다는 공포는 갓 태어난 아시아 국가들을 늘 따라다니는 불안의 그림자였다. 힘이 없을수록 뭉쳐야 한다는 것은 정글 세계에서도 통하는 약자의 본능이었다. 1947년부터 1955년에 이르기까지 인도, 콜롬보, 인도네시아 등지에서 모두 여섯 번에 걸쳐 개최되었던 범아세아대회는 바로 아시아인들 공통의 불안과 기대가 가시화된 것이었다.

셋째, 고황경의 출발 장면에서 어쩌면 가장 두드러지는 대목은 그녀가 미국 비행기를, 그것도 군용 비행기를 타고 떠났다는 점일 것이다. 물론 1947년 당시 38선 이남의 남한과 오키나와를 포함한 일본 전역이 미 군정 통치하에 놓여 있었던 점을 생각해보면, 이 상황 자체는 그리 이상한 것은 아닐지도 모른다. 실제로 고황경 일행이 어렵사리 낙하산 차림을 갖추어 도착한 첫 번째 경유지인 도쿄 역시 일상적인 화폐 대신 미 군표가 통용되는, '점령군' 미군이 통치하는 세상이었다. 당시 도쿄는 미국의 對아시아 군사점령을 상징하는 심장부였다. 현재도 여전히 그렇지만, 태평양전쟁 승리 이후 미국은 아시아 각지에 육해공군의 자국 군사기지를 신축하거나 이미 보유하면서 강력한 냉전 군사 대국으로 부상 중이었다. 비유적 의미이든 문자 그대로의 의미이든, 한국의 지식인들이 이후에도 아시아를 만나러 가는 길목에서 가장 먼저 마주치는 존재, 누구보다 가장 의지하는 존재가 미국이었다는 점은 가볍게 보아 넘길 대목이 아니다.

물론 고황경 일행이 범아세아대회에 참석하려고 떠났던 1947년 3

예기치 않게 찾아온 조선의 독립을 기뻐하는 민중의 모습.

1945년 9월 2일 미 군함 미주리호에서 항복 문서에 서명하는 일본의 우메스 미치로 육군 참모총장.

월 무렵, 아시아가 냉전의 진영 논리로 완전히 장악된 것은 아니었다. 그러나 중국 대륙이 공산화되는 징조가 한둘 수면 위로 나타나는 가운데 아시아 신생국가들 내부에서 미국을 바라보는 시선이 뚜렷하게 엇갈리기 시작했다. 이 시선의 온도 차이에 따라 향후 '친구'와 '적'이라는 뚜렷한 경계가 아시아의 새로운 국가들 사이에서 생겨날 터였다. 이제 살펴볼 기행문들은 지금으로부터 50~60년 전, 아시아의 어떤 나라가 '친구'이고 어떤 나라가 '적'인지를 결정하고자 길을 떠났던 이들이 남겨놓은 기록이다.

그러나 이 기록들은 오늘날에도 여전히 유효하다. 냉전이 종식된 1990년대 이후, 이른바 세계화globalization의 화려한 구호들이 지구촌을 뒤덮는 가운데에서도 아시아, 특히 동아시아는 여전히 강고한 냉전 패러다임의 유산을 안고 살아가고 있지 않은가. 비록 여러 가지 문제점과 한계를 안고 있기는 하지만 유럽연합 같은 지역 모델이 아시아에서 실현은커녕 논의조차 되기 어려운 것도 많은 부분 이 냉전 시대라는 역사적 유산의 막중한 부하負荷로부터 비롯된다. 그런 의미에서 보면, 이 기행 서사들은 현재 한국인들이 아시아를 상상하고 사유하는 틀의 기원이 생성된 현장, 바로 그것에 관한 이야기이다.

1945년 8월 이후 한국 사회의 아시아 상상에 초점을 맞춘 이 책은 좀 더 구체적으로 다음과 같은 질문을 던져보려 한다. 우리가 아시아를 표상하는 데 동원했던 개념이나 언어, 감각적 이미지는 식민지 시대를 거쳐 냉전 시기를 통과하는 가운데 어떻게, 얼마나 달라졌을까? 만약 달라졌다면 그 차이는 무엇을 의미할까? 이 새로운 아시아 상像을 형성한, 좀 더 상위의 사회적 힘과 현실의 구조는 무엇이었을까?

한국 사회가 기대의 형태로 아시아에 발신한 내용과 상대로부터 수신한 결과 사이에는 어떤 차이가 있었을까? 이 차이는 우리의 현재 아시아 상을 형성하는 데 어떤 영향을 주었을까? 역사적 변화를 의식하고 있다는 점에서, 이 책은 식민지 조선에서 대한민국으로 이어지는 아시아 상상에 대한 일종의 계보학적 탐색이다.

박인환의 〈인도네시아 인민에게 주는 시〉

흔히 대중적이고 센티멘털한 시를 즐겨 쓴 것으로 알려져 있는 박인환은 1948년 2월 《신천지》에 〈인도네시아 인민에게 주는 시〉라는 제목의 장시를 발표한다. 마리서사라는 댄디한 느낌의 서점을 경영하면서 초현실주의 시인들과 어울렸던 박인환의 시라고는 생각되지 않을 정도로 현실 참여적인 시였다. 그러나 알고 보면, 박인환의 해방기 작품 중에는 정치성이 매우 강한 시가 다수 존재한다. '구미 자본주의', '식민정책' 같은 반反시적 표현도 거침없이 시 속에 등장한다.

동양의 오케스트라
가메란[3]의 반주악이 들려온다
오 약소민족
우리와 같은 식민지의 인도네시아

삼백 년 동안 너의 자원은

구미 자본주의 국가에 빼앗기고
반면 비참한 희생을 받지 않으면
구라파의 반이나 되는 넓은 땅에서
살 수 없게 되었다
그러는 사이 가메란은 미칠 듯이 울었다

오란다[4]의 58배나 되는 면적에
오란다인은 조금도 갖지 않은 슬픔을
밀시密枾처럼 지니고
육천칠십삼만인六千七十三萬人 중 한 사람도 빛나는 남십자성은
쳐다보지도 못하며 살아왔다

……

제국주의의 야만적 제재는
너희뿐만 아니라 우리의 모욕
힘 있는 대로 영웅 되어 싸워라
자유와 자기보존을 위해서만이 아니고
야욕과 폭압과 비민주적인 식민정책을 지구에서
부숴내기 위해
반항하는 인도네시아 인민이여
최후의 한 사람까지 싸워라

참혹한 옛날이 지나면

피 흘린 자바 섬에는

붉은 칸나 꽃이 피려니

죽음의 보람은 남해의 태양처럼

조선에 사는 우리에게도 빛이려니

해류가 부딪치는 모든 육지에선

거룩한 인도네시아 인민의 내일을 축복하리라[5]

......

인도네시아는 17세기 말 이래 거의 모든 섬이 네덜란드 동인도회사의 정치적·경제적 지배하에 놓여 있었다. 게다가 1942년에는 이 지역의 패권을 넘보던 제국 일본의 침략을 받았다. 마침내 1945년 8월, 일본이 연합군에 항복한 이후로 수카르노Achmed Sukarno의 지휘 아래 독립을 선포했지만, 인도네시아는 여전히 완전한 독립을 이루지는 못한 상태였다. 동남아시아 국가 대부분이 장구한 세월 열강의 통치를 받아왔다는 점, 아직 독립을 쟁취하지 못했다는 점은 박인환으로 하여금 인도네시아를 1948년의 조선과 비슷하다고 느끼게 만든 요인이었다. 인도네시아인들과 함께 식민 통치 이후 '해방'의 기쁨과 환희를 나누는 이 '지역 감각'은 시인 박인환에게는 전혀 어색하지 않고 자연스러웠다.

한 가지 흥미로운 사실은, 이 시에서 박인환이 '동양'과 '약소민족'

박인환(1926~1956)은 1950년대 모더니즘 시인으로 널리 알려져 있지만, 해방기의 좌우 진영 구도에서 중간파적 상상력과 아시아 지역에 대한 지속적인 관심을 보여준 시인이기도 하다.

을, '구미歐美'와 '제국주의'의 대립 항으로 나란히 설정했다는 점이다. 박인환의 시가 보여주는 감각에 따르면, 지리적으로 분명 아시아에 속하는 일본은 오히려 아시아에 귀속되기 어려운 것처럼 보인다. 실제로 1945년 8월 15일 이후 조선의 지식인들은 '아시아'라는 단어를 자주 '약소민족'을 의미하는 광범한 메타포로 사용했다. 구 식민 종주국인 일본보다는 오히려 저 멀리 유럽에 자리한 발칸 반도의 '약소민족' 국가군이 한층 더 조선과 동질적인 집단으로 받아들여진 시절이었다. 일본이 아시아에서 예외적 존재이며 본질은 서구 제국주의와 다름없다는 점, 그리하여 애초부터 아시아에 포함되지 않은 존재라는 점을 장구한 문명사의 차원에서 증명하는 작업은 1950년대 후반까지 한국 사회에서 하나의 지적 계보를 형성할 정도였다. 1945년 8월 이후 아시아라는 지역주의적 감각, 즉 리저널리즘regionalism의 핵심에는 이제 우리는 더 이상 제국의 식민지가 아니라는, '해방'과 '자유'의 정치적 공감대가 깊숙이 자리하고 있었다.

아시아 상상의 과거와 현재

일본의 역사학자 마루카와 데쓰시丸川哲史는 리저널리즘을 다음과 같이 정의한다. 근대 세계를 구성하는 단위인 국민국가와 일정한 관련을 맺으면서도 국민국가 간 체제의 규정과 한계를 초월하는, 광역 차원의 지역주의적 세계 인식이 바로 리저널리즘이라는 것이다.[6] 손쉽게 떠올릴 수 있는 예는 최근의 유럽연합UN이나 아세안ASEAN 같은 단위의 지역 모델이지만, 근대 이전의 리저널리즘이란 정의상 주로 왕조 중심의 거대 제국을 가리키는 것이었다. 그러나 근대에 들어서면서 리저널리즘은 국민국가를 기본으로 영토를 군사적으로 팽창시킨 제국주의와 밀접한 관련을 맺어왔다. 비록 영국이나 미국과의 전쟁을 의식한 프로파간다의 성격이 농후했지만, 제국 일본이 주장했던 '대동아공영권大東亞共榮圈' 같은 구상이 대표적 예이다. 이를테면 1940년 12월, 《삼천리》에 실린 주요한의 시 〈동양 해방〉에 담긴 리저널리즘의 감각을 들 수 있다.

太平洋 물결의 갓밝이로부터
亞剌伯[7] 모래의 해 질 녁까지
東洋의 겨레의 알픔이 있고
東洋의 백성의 빌음이 있다.

千年 다첬든 문 열라고
千年 잠들었든 神 일라고
노하신 신은 우뢰로서
자비의 신은 눈물로서
문히는 신은 불로서
세우시는 신은 인내로서
東洋을 꾸짖고
東洋을 헤가리고
東洋을 살우고

東洋을 세우신다.

天神을 바위 굴에서 나오시게 하다.
大王을 神市에서 마지하다.
무하멧의 백성
부다의 신도
라오쯔[8]의 제자
그들의 어깨에
새날의 심부름이 씨웠나니.
······
동양의 채쭉은
묵그려 함이 아니요
풀어놓으렵이다.
동양의 참음은
업데려 함이 아니요
건지려 함이다.[9]
······

  과거 일본 제국이 유포했던 대동아공영권 담론에서 '동아東亞'가 가리키는 것은 만세일계萬世一系[10] 천황의 통치가 미치는 일본의 아시아 점령 지역을 의미했다. 서구 백인종의 침략에 맞선다는 태평양전쟁의 프로파간다 차원에서 보자면, 동아를 구성하는 주된 요소는 황인종이라는 생물학적·자연 발생적 범주였다. 바꾸어 말하면, 과거 아시아라

미국의 압력에 대응한 일본의 선택. 1940년의 삼국동맹을 기념하여 도쿄의 긴자 거리에 나부끼는 추축국의 국기들.

대동아공영권은 고노에 후미마로 내각이 주창한 프로파간다이다. 일본, 만주, 중국, 한반도, 동남아시아 일부로 구성된 대동아의 건설을 주장했다. 그러나 아시아 각국의 공동 번영을 꾀한다는 목표는 실제로는 아시아 침략 전쟁의 대의명분에 지나지 않았다. 사진은 일본인과 한족, 만주족의 공존 번영이라는 소위 오족협화 이데올로기를 선전하기 위해 제작된 포스터이다.

는 단위의 공통 감각에서 가장 중요했던 요소는 지리적 인접성과 함께 인종적 동질성이었다. 동양은 인종이라는 확장된 혈연으로부터 유래하는 일종의 거대한 '가족'을 의미했다. 무엇보다도 동일한 천황을 모시는 신화적이고 유기적인 전체라는 것이 대동아공영권 담론의 핵심이었다.

그러나 박인환의 시가 대표하듯이, 일본의 패전 이후 사태는 급변한다. 이제 인종이 아니라 제국의 식민지였다는 역사적 경험, 앞으로 어떻게든 국민국가를 건설해야 한다는 급박한 현실 정치의 공통 과제가 '우리 아시아'라는 공통 지역 감각의 전면에 내세워진다. 그런데 곰곰이 생각해보면 이 현상은 그 자체로 기묘한 역설일 수밖에 없다. 본질상 국민국가를 초월하는 리저널리즘의 핵심에 바로 국민국가 건설이라는 긴박한 의제가 놓여 있는 상황이기 때문이다. 그렇다면 1945년 8월 이후 아시아에서는 광역의 공통 지역 감각이 용도 폐기되어버린 것일까. 만개한 국민국가들의 시대에, 이제 그것은 뒤떨어진 의제가 되어버린 것일까.

물론 그렇지는 않았다. 아시아의 신생국들은 정치적으로 경제적으로, 무엇보다도 군사적으로 불안정한 상태였다. 제국 통치의 오래된 그림자가 이 지역에 길고 짙은 음영을 드리우고 있었던 만큼, 신생국들끼리의 역내 공조와 협력은 필요할 수밖에 없었다. 다른 예를 살필 것도 없이, 일단 남한만 하더라도 그랬다. 당장 일본인과 일본의 자본이 썰물처럼 빠져나가고 북한의 공업 기술력과 분리되었을 뿐만 아니라, 38선을 마주하고 대치한 북한과 군사적 안보 문제에 촉각을 세우는 상황이었다. 남한이 이러하다면, 처지가 비슷한 아시아 이웃들은 새로운 국가를 과연 어떻게 만들어나가고 있을까? 미소 냉전이라는 숨 가쁜 국제 정세에 어떻게 대처하고, 이 흐름 속에서 국가는 어떤 비전을 가져야 할까? 신생국들은 서로에 대한 참조가 필요하고 지지해줄 이웃이 필요했다. 그들의 행보에 비추어 과연 우리는 잘하고 있는 것일까. 1947년 고황경 일행이 참석한 뉴델리 범아세아대회가 말해주듯이, 리저널리즘은 여전히 아시아의 신생국들로서는 관심을 가질 수밖에 없는 주제였다.

냉전의 그림자와 아시아

1946년 겨울, 유려한 미문美文과 사라져가는 옛것에 대한 남다른 애호로 명성이 높았던 '상고尙古주의자' 이태준이 방소문화사절단의 일원으로 소련을 여행하고 돌아왔다는 소문이 서울의 문인들 사이에 퍼지기 시작했다. 미국의 제안에 따라 38선이 그어졌지만, 그래도 아직은 남북 사이의 왕래가 가능한 시절이었다. 그러나 1946년 여름 무렵으로 추정되는 이태준의 월북을 당시 서울에서 눈치챈 사람은 거의 없었다. "민족 대신 계급을 강조하는 좌익 문학에 차라리 반감"을 가졌노라 공공연히 자언했던 이태준의 이 극적인 변모는 실상 1946년 8월 발표된 단편 〈해방 전후〉에서 어느 정도 예고되었던 바였다.[11] 그러나 여전히 모호한 구석이 남아 있던 이 단편에 비하면, 1947년 5월 출판된 《소련기행》에서는 사회주의 이념에 대한 모든 회의와 주저가 단번에 활짝 걷힌 듯했다. 소설 〈해방 전후〉를 낸 지 채 1년이 지나지 않은 시점이었다.

점포들은 거의 닫기였다. 향수 상점만은 늦게도 열려 있다. 사각모 쓴 파란 波蘭[12] 군인들도 지나간다. ……일터에서 돌아가는 듯 손가방 든 신사들과 간소한 포장의 식료를 사는 건실해 뵈는 부인들이 더 많이 지나간다. 물론 자본주의사회라면 이만큼 번화한 거리엔 더 다채한 진열창들과 더 포장 고운 상품들일 것이다. 그러나 그런 외양 찬란한 도시엔 슬픈 이면이 있다. 이 도시엔 저녁먹이를 위해 인륜을 판다거나 병든 부모가 창백한 여공 딸의 품삯이나 기다리고 누웠는 그런 불행한 식구나 암담한 가정은 없다. 단순한 영양적 시각으로 상품진열창을 비교할 것이 아니라 우리의 관심사는, 어느 사회가 그 원칙에 있어, 그 제도에 있어 더 정의요, 더 진보요, 인류의 문화와 평화를 위해 더 위대한 가능성을 가졌는가 그것일 것이다.[13]

이태준이 묘사한 이 건실한 도시는 바로 소비에트 여러 공화국의 수도인 모스크바였다. 그는 인류 역사의 거대한 실험이 이루어진 사회주의 모국의 이 심장부에 대해 연신 찬탄과 경외감을 금치 못한다. "파리야 나는 너를 사랑한다. 나는 너에게서 살고 너에게서 죽었을 것이다. 만일 나에게 모스크바가 없었드라면!" 러시아 시인 마야콥스키 Vladimir Mayakovsky의 시 구절은 이 도시의 혁명적인 새로움에 매료된 조선인 이태준에게도 가감 없는 그대로의 진실이었다. 물론 당시 사회주의 소련을 직접 목격한 것은 이태준 혼자만의 일은 아니었다. 실제로 이태준이 속한 방소문화사절단의 대표 25명을 이끌고 조소친선협회의 위원장 자격으로 평양을 떠났던 것은 해방 전 프로문학 계열

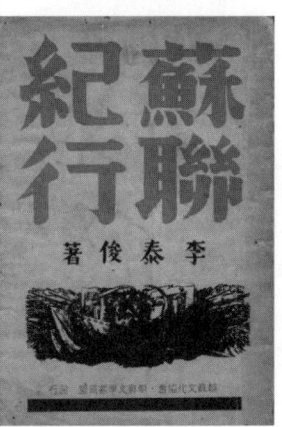

이태준은 1904년 강원도 철원에서 태어났다. 휘문고보와 일본 조치 대학에서 수학했고, 1925년《시대일보》에 단편〈오몽녀〉를 발표하면서 등단했다. 1946년 월북 이후에는 북조선문학예술동맹 부위원장을 역임하는 등 활발한 활동을 벌였으나 이후 정치적으로 숙청당했다. 1988년 월북 작가 해금 조치를 통해 부활한 작가 중의 하나이다.

최고의 농민소설가로 알려진 민촌民村 이기영이었다. 이태준이 1946년에 소련을 방문하고 유명한《소련기행》을 출간했다면, 이기영은 1946년부터 1954년까지 네 차례에 걸쳐 소련을 방문하고 그 감상을 정리한《기행문집》을 남겼다.[14] 일찍이 숙청당한 이태준과 이후 35년간 북한 문화계의 핵심 권력을 누렸던 이기영은 엇갈린 정치적 운명을 맞았지만, 두 사람 모두 소련에서 북한 사회주의의 이상적 발전 모델을 발견했다는 점은 일치했다.

그러나 이태준이나 이기영 같은 월북 문인을 제외하면, 남한 문화계 인사가 소련이나 사회주의 중국에 관해 기행문을 쓰는 일은 거의 없었다. 냉전 체제가 흔들리는 조짐이 나타나기 시작한 1980년대 후반 무렵이 되어서야 가능해질 일이었다. 중국 대륙이 공산화되는 역사적 순간을 취재했던 김병도의 《신문기자가 본 중국》 같은 예외적인 경우를 제외하면, 사회주의 아시아 국가들에 관한 기행문은 거의 전무했다. 그 대신 이 지역에 관한 상상과 재현을 담당했던 것은 대부분 외국인의 번역물이었다. 개중에는 궈모뤄郭沫若 같은 사회주의 중국 작가가 우호적 시선으로 쓴 《소련기행》이 남쪽 독자들에게 소개되는 일도 간혹 있었지만, 그것은 1947년, 아직 남조선 과도정부 시절의 일이었다. 대한민국 정부 수립 이후 사회주의 국가들에 관해 허용되는 정보란 국제적 냉전의 전략적 판세 분석을 위한 것이 주류였다. 그렇지 않으면 〈나는 소련에서 자녀를 기르고 싶지 않았다〉 같은 유의, 사회주의 체제를 직접 경험한 외국인들의 폭로성 기사가 대부분이었다.

사정이 이러하므로 이 책에서 다룰 여행기의 저자들이 떠났던 아시아 지역은 주로 비非공산권 국가에 치중되어 있다. 구체적으로 여행 지역은 동쪽으로는 일본을 비롯하여 태평양의 미국령 섬들로 하와이까지를 포괄한다. 남쪽으로는 타이, 인도네시아, 싱가포르, 말레이시아, 홍콩, 타이완 등 흔히 동남아시아로 일컬어지는 지역이다. 인도와 실론(스리랑카), 파키스탄 등 서(남)아시아 지역에 관해서도 기록이 남아 있는 편이다. 그러나 중앙아시아의 많은 부분을 차지했던 소비에트는 아시아의 일부로 간주되기보다는 미소 간 냉전이라는 대립 항 속에서 그저 소련으로 인식되는 것이 일반적이었다. 공산화 이후의 중국 본토는 말할 것도 없지만, 베트남·라오스·버마 같은 인도차이나 국가들에 대한 여행 기록 역시 매우 희소하다. 여행지의 선택 자체가 냉전이라는 패러다임 속에서 이미 결정된 셈이었다.

한 가지 눈길을 끄는 점은, 범아세아대회의 명단에 터키와 이집트도 올라 있었다는 사실이다. 여행자들의 각종 언급으로 미루어보면, 당시에는 유럽과 아시아, 아프리카와 아시아의 경계에 자리한 이 국가들도 응당 아시아 지역에 속하는 것으로 인식되었다. 아시아란 고정불변하는 지시 내용을 가진 객관적 '실재'라기보다는 현실 속에서 탄력적으로 변화 가능한, 역사적이고 문화적인 구성물이라는 점을 다시 한번 확인할 수 있는 대목이다.

기행 서사와 네이션

비행장에서 입국 수속을 마친 다음, 세관에서 수하물을 검사하기 전에 인종의 차별과 성의 구별 없이 한 사람씩 조그마한 밀실에 넣어서 조사관이 외화外貨, 사진기, 보석, 기타 귀중품의 소지의 신고를 받는다. 물론 조금이라도 의심스러운 점이 있으면, 신체 수색까지 할 작정인 것은 말할 것도 없다. 밀수입을 방지하는 것도 좋고, 신흥 국가의 의기意氣도 그럴듯하지마는, 너무 지나치는 것은 외국인에 대하여 예禮를 실失한 것이며, 필요 이상으로 불쾌감을 주는 것이다. 그 후 귀임 도중 신가파新嘉坡[15]에 들렸을 때, 칸트리 구락부에서 어떤 외인外人과 잡담하던 중 우연히 화제가 이 문제에 오르니, 그는 말하기를 "나도 경험하였지마는 그 당시는 두 번 다시 인도네시아에 여행할 생각이 나지 않더라."[16]

1953년 6월 하순 무렵, 한국은행 홍콩 지점장으로 재임 중이던 천병규[17]는 이웃 동남아 국가들을 향해 여행길에 올랐다. 한국은행의 지점 설치를 교섭하고자 싱가포르를 방문하고 나서, 마닐라·방콕·타이페이 등지를 두루 여행했던 그는 인도네시아의 수도 자카르타 공항 세관에서 불쾌할 정도의 신고식을 치른다. 오늘날의 해외여행객들에게는 '당연히' 거쳐야 하는 절차로 이제는 낯설 것도 없게 되었지만, 국가가 주관하는 입국 심사와 세관 통과는 당시만 해도 '자연스러운' 풍경은 아니었다. 이 입국 절차는 국민국가라는 역사의 '발명품'과 함께 도래한 전적으로 새롭고 낯선 형식이었다.

물론 배나 기차 대신 비행기로 교통수단이 변화했다는 사실 자체가 새로운 국경 넘기의 문화를 만들어낸 것은 사실이었다. 기선이 여전히 나라와 나라 사이를 여행하는 사람들의 중요한 이동 수단이기는 했지만, 1945년 8월 이후 쓰인 기행문들에는 드디어 비행기에 관한 묘사가 대거 등장하기 시작한다. 이전에는 결코 알 수 없었던, 높은 고도에서의 수직 조망이라든지 비약적으로 시간과 수고를 절약해주는 첨단 과학기술에 대한 경이에 가까운 감격을 이 시기 기행문에서는 흔히 발견할 수 있다. 이때 공항은 단순히 비행기가 이륙하고 착륙하

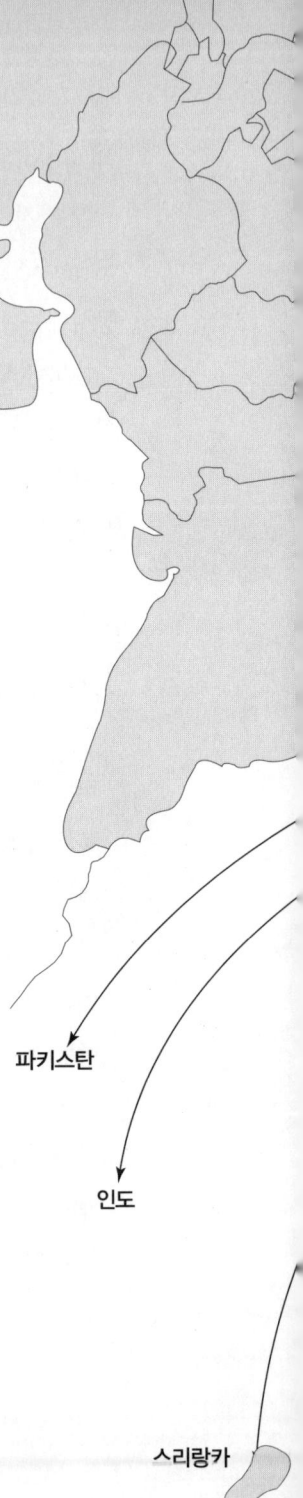

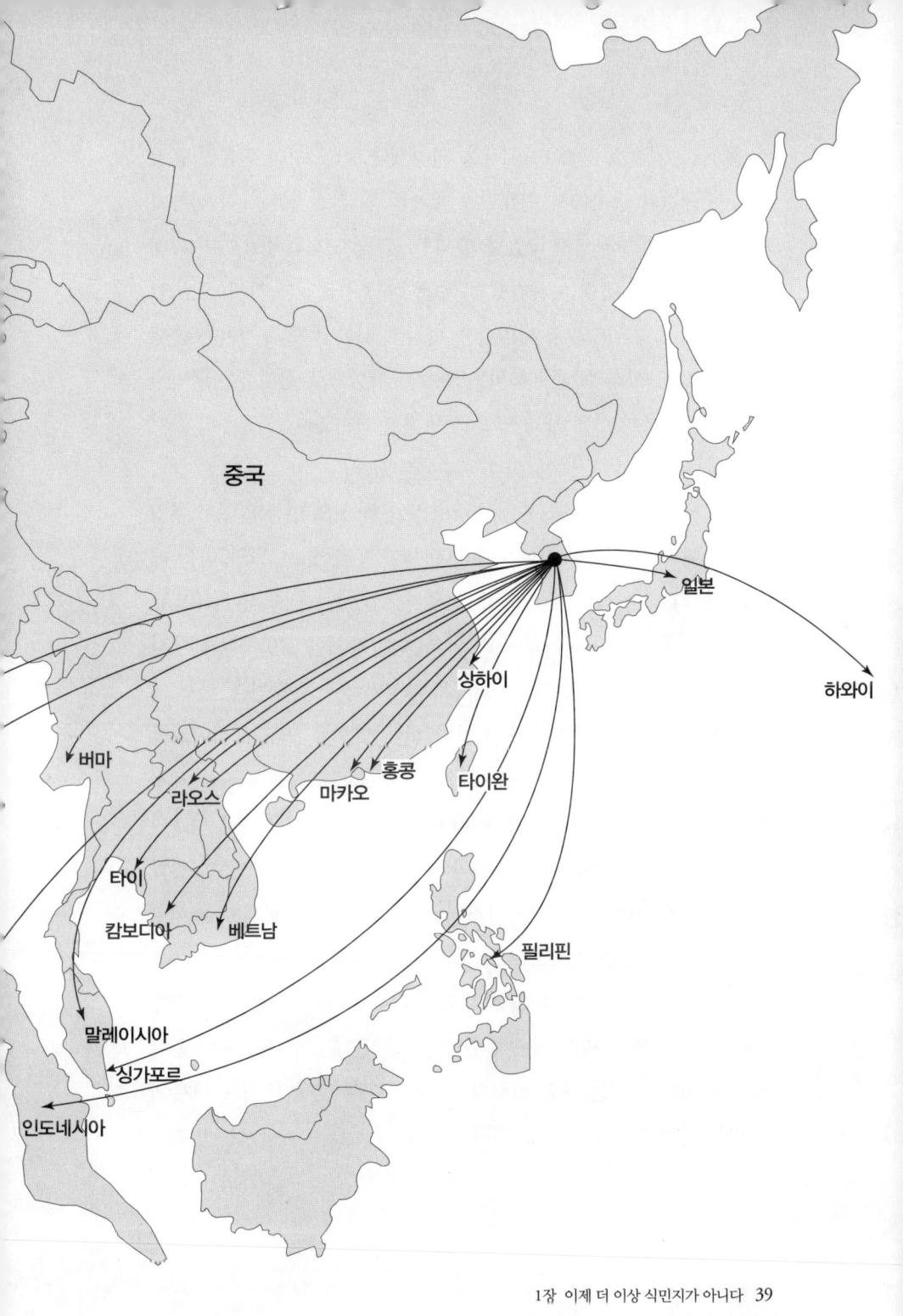

는 물리적·기술적 장소 그 이상을 의미했다. 한 국가의 관문인 공항이라는 공간과 그곳에서 행해지는 일련의 입국 절차는 아직 비행기 여행이 일반에 보급되지 않았던 20세기 전반, 배나 기차로 이미 다채로운 월경越境의 경력을 자랑했던 이들에게조차도 익숙하지 않은 엄격한 통제의 형식이었다. 나라마다 더하고 덜한 정도의 차이는 존재했지만, 입국 심사와 세관 통과는 추상적 개념으로 존재하는 국민국가의 실체감을 일상의 풍경 안으로 뚜렷이 가시화하는, 일종의 국가 장치State apparatus인 셈이었다.

지구 상에 존재하는 모든 물리적 공간이 한 치의 빈틈도 없이 특정 국가에 귀속되며, 그렇기 때문에 결코 양도할 수 없는 '국토'라는 배타적 개념으로 인식된 것은 분명 근대 이후의 일이다. 그러나 식민 통치에서 갓 풀려난 아시아의 여러 국가는 이 장치를 모방하는 데에서는 서양의 여느 오랜 국가들에 뒤지지 않았던 것으로 보인다. 아닌 게 아니라 천병규가 싱가포르에서 만난 한 서양인은 "인도네시아뿐만 아니라 인도, 파키스탄 등 신흥국가들은 대체로 번잡한 수속을 제정하여 자기만족을 느끼는 모양"이라고 까다로운 입국 절차를 냉소한다. 1957년 《파리기행》이라는 제목의 기행집을 발간한 노동계 관료 이병주 역시 여권을 발급받기까지의 길고도 복잡한 행정적 애로 사항을 한탄스럽게 묘사한바 있다.

교통과 통신이 발달하지 않은 세계에서 평생 자신이 태어난 고장을 떠나지 않은 채, 뚜렷한 신분적 위계질서 가운데 군락을 이루며 살아왔던 시대와 근대는 단연 다르다. 근대는 이동(성)을 전제로 세계(지구)라는 새로운 지평이 열린 시대이다. 국가의 영토 내에서는 원칙적

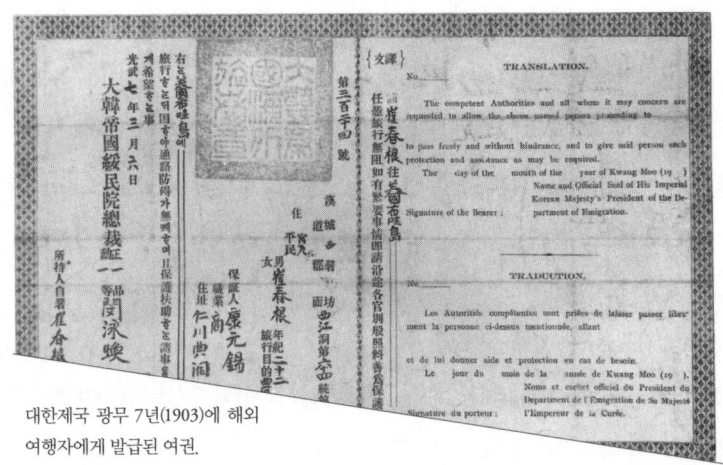

대한제국 광무 7년(1903)에 해외
여행자에게 발급된 여권.

으로 신분의 차이가 없는 동등한 '국민'이 거주하는 균질적인 공간으로 짜여 있다. 그리고 바로 이러한 국민국가들이 촘촘하게 세계 지도를 가득 메운 시대가 바로 근대이다. 한 가지 역설적인 것은, 이 무한히 넓어진 세계를 향한 지평 확대가 오히려 자신이 속한 '국가'와 '국토'에 대한 지대한 관심을 낳았다는 점이다. '나/우리'에 관해 인식한다는 것은 달리 말하면 타자와의 차이를 확인하는 가운데 '나/우리'의 경계를 확정하고 그것의 시·공간적 과거와 현재를 이해하는 행위이다.[18] 예를 들어 조선의 지식인들은 중화中華의 유교적 공간을 세계의 전부로 인식하고 삶을 영위했지만, 근대 초기 서양의 존재를 알게 되면서부터는 세계에 대한 인식과 함께 자기 자신에 대한 이해와 표상도 급작스럽게 달라질 수밖에 없었다. 수많은 조선의 지식인이 서구로부터 밀려드는 근대의 충격 가운데서 조선의 경계 밖을 여행했다. 여행을 통해 '나/우리'로서의 조선의 정체성에 확실하게 눈뜬 그들은 더 이상 유교적 소중화小中華 의식을 지탱하기 어려웠다. 동아시아의 야심 넘치는 제국들 사이에 위태롭게 놓인 조선의 위치를 그들은 절감해야 했다. 근대의 기행 양식은 그 여행지가 국내건 국외건 공간을 '국토'의 형식으로 분절화하여 이해하는 가운데 강력한 민족주의적·국가주의적 상상을 촉발시키는 대표적 장르이다.

눈여겨볼 것은 1945년 8월 이후 아시아 지역으로 이동하는 데는 국가의 개입 정도가 한층 강화되었다는 점이다. 어째서일까. 여행의 조건이나 목적, 여행 당사자의 신분을 이전 시기나 서구 지역과 비교해보면 이동의 내셔널한 성격이 상대적으로 부각되었다는 사실은 틀림없다. 예를 들어, 기행문이라는 장르의 생산이 가장 활발했던 1920년대와 비교해보자. 당시 유럽이나 미주 지역을 향해 길을 떠나는 이들은 물론 공무의 성격을 띤 경우도 없지 않았지만, 그보다는 오히려 선진 문물을 학습하려는 개인적 동기를 가진 유학생이나 지식인이 대부분이었다. 이 현상은 한편으로는 당연한 것이었다. 국가가 없는 식민지 상태에서 국가를 대표하는 공식 사절로서 여행한다는 것은 불가능했기 때문이다. 조선이 국가 사절을 공식 파견할 수 있었던 것은 조선 말기와 합방 이전의 대한제국(1897~1910) 시기에 국한되었다. 물론 국민국가의 부재가 오히려 조선의 여행자들로 하여금 의식과 심정의 차원에서 국가의 필요성을 더욱 갈망하게 만드는 '내셔널한 효과'를 낳을 수는 있었다. 그러나 여행의 물적 조건 그 자체로 국한해보자면, 식민지 시기 해외로 이동하는 목적은 단연 사적 성격이 우세할 수밖에 없었다. 실제로 조선인들의 해외여행 업무를 관장해왔던 조선총독부의 행정 조치가 3·1 운동 이후 비교적 완화되면서, 조선인들은 주로 기독교 선교 단체가 주선하는 민간 루트를 통해 기차와 증기선을 타고 구미행에 올랐다.[19]

그러나 이제 사정이 달라졌다. 해방이 되자 해외여행은 신생국가 기구의 전적인 관리와 통제하에 비로소 가능했다. 3년간의 미 군정 시기에도 그랬지만, 대한민국 수립 이후 국내외의 출입 통제는 국민국가 간 체제의 상징인 여권과 비자 발급, 공항 통과 같은 까다롭고 복잡한 행정절차를 거치면서 한층 더 엄격해졌다. 물론 밀항 같은 방식이 존재하지 않았던 것은 아니다. 내전에 가까웠던 1948년의 제주 4·3 항쟁과 여순사건, 한국전쟁으로 민족적 대참사를 경험하면서 자신과 가족의 안전을 위해 가까운 일본으로 밀항하는 조선인이 다수 존재했던 것은 틀림없는 사실이다. 그러나 세월이 흘러 후대의 누가 소설적으로 이 이동을 형상화하는 경우가 아닌 다음에야, 밀항자들은 그 떠남의 비밀스러운 성격 탓에 제대로 된 기록을 남기기 어려운 형편이었다. 결국 밀항 같은 형식을 제외한 합법적 월경일 경우, "당대 아시아로의 출구는 국가에 의해 장악, 통제, 조정"되었다고 보아야 한다.[20]

물론 아시아뿐만 아니라 다른 지역으로 이동하는 경우에도 국가의 관리와 통제라는 점에서는 크게 다르지 않았다. 그러나 일본을 제외한 아시아 지역은 모더니티를 습득할 수 있는 장소로 간주되지 않았던 탓에, 개인적인 학습 동기를 가진 유학생이 그리 많지 않았다. 해방 이후 유학생 대부분의 발길이 향하는 곳은 일본에서 구미 지역으로 역전되었다. 아시아행은 국가 대표의 자격을 띤 정치인과 신생 파워엘리트로서 국가 차원의 공식 방문을 하는 경우가 대부분이었다.

조선 최초의 공항은 1916년 여의도 육군 간이 비행장이었다. 그 후 1924년에 정식 비행장으로 승격하고, 1958년 김포로 공항 기능을 이전했다.

여의도 비행장은 공항이라기보다는 이름 그대로 비행기의 이착륙을 위한 비행장이었다.

여기에 언론인과 학자, 문인, 예술인과 기업인, 특히 선교 활동과 관련된 종교계 인사의 공적 성격이 강한 이동이 추가되었다.

상징자본으로서의 미국

'사람의 운수란 참 모를 일이야.' 백 주사는 속으로 절절히 이렇게 탄복도 아니치 못하였다. 코 삐뚤이 삼복의 이 눈부신 발전은, 그러나 백 주사가 희한히 여기는 것처럼 무슨 명당바람이 났다거나 조화를 지녔다거나 그런 신기한 곡절이 있는 바가 아니요, 지극히 간단하고도 수월한 것이었다. 다못 몸에 지닌 재주 가운데 총기가 좀 좋아서 일찍이 영어 마디나 익힌 것을 잊어버리지 아니하였다는, 일종의 특수 조건이 없던 바는 아니지만.[21]

1946년 발표된 채만식의 〈미스터 방〉에는 일본으로, 중국으로 신통치 않은 벌이를 하느라 떠돌아다니던 머슴 출신 방삼복이 해방 이후 눈부신 벼락출세의 가도를 달리는 과정이 풍자적인 어투로 묘사되어 있다. "먹고 자고 꿍꿍 일하고, 자식새끼 만들고 할 줄밖에는 모르는 상일꾼"이었던 방삼복은 어제의 그 방삼복이 아니다. 중국 "상해에서 귀로 익힌 토막 영어"가 용산에 있는 연합군 포로수용소를 다니면서 "조금 더 진보"하게 된 후, 이제 방삼복의 알량한 영어는 미 군정 치하에서 모두가 부러워하는 '상징자본'이 된다. 미군 소위의 통역이 된 지 얼마 안 되어 미스터 방은 '저택'을 장만하고 햇볕 잘 드는 그의 정원 연못에선 잉어가 한가롭게 뛰논다. 진사 벼슬을 지내고 호조판서를 지냈다는 조상의 구닥다리 족보 같은 것은 명함도 못 내미는 세상이 되고 만 것이라고, 화자는 능청스럽게 당시의 세태를 비꼰다. 채만식의 〈미스터 방〉은 짧은 분량의 소품이지만, 해방과 함께 순식간에 교체되어버린 지배 권력의 패러다임을 언어라는 문제를 통해 고스란히 보여준다. 언어가 의사소통이라는 실제적인 효용 가치를 가지기도 하지만, 동시에 사회적 신분과 계층적 위계hierachy를 결정하는 교육과 지식, 나아가 권력의 문제에까지 깊이 결부되어 있다는 사실은 당시 일상을 살아가는 평범한 사람들도 피부로 체감할 수 있을 정도였다.

실제로 일인 행정가나 실무직 관료가 물러가고 난 공백을 채우기 위해 새롭게 영입되었던 공직자 중에는 식민지 시기 도미했던 미국 유학파의 약진이 두드러졌다.[22] 예를 들어, 천리구千里駒라는 호를 가진 김동성을 보자. 그는 미 군정기 초대 공보처장을 지낸 인물로, 미국의 대학에서 수학한 자타 공인의 미국통이었다. 1890년생인 김동성은 영국 작가 코난 도일Arthur Conan Doyle의 셜록 홈스 시리즈를 직접 번역한 문인이었지만, 미국에서 신문의 만화나 만평에 대한 실무를 익히고 돌아온 언론인이기도 했다.[23] 해방 이후 미 군정청이 발행한 여권 1호의 소지자였던 김동성은 이후 대통령 특사와 국제연합 사절단 등의 자격으로 아시아뿐만 아니라 전 세계를 누빈다. 그의 프로필에 주의를 기울일 필요가 있는 것은 김동성으로 대표되는, 국제적 월경이 허용된 공무公務 여행자 대부분이 미국 유학과 기독교 네트워크라는 전형적 패턴을 보이기 때문이다.

실제로 이 시기 여행자들은 정치, 경제, 언론, 문화, 예술, 교육 등 각 분야의 최고 전문가로 인정받은 이들이었고, 대개 미국 유학이라는 경험을 공유하고 있었다. 그런데 중요한 사실은, 식민지 조선에서 미국 유학이란 기독교와 연관이 없다면 좀처럼 생각하기 어려운 선택이었다는 점이다. 조선의 청년들이 일제 식민 통치하에서 미국으로 건너가는 일 자체도 쉽지 않았지만, 교회는 도미 이후 유학생들의 등록금과 생활비를 여러 형태로 지원했다. 그런 식으로 교회의 후원을 받으며 미국에서 학업을 마친 유학생들이 귀국한 후에 교회 조직과 어떤 식으로든 관련을 맺는 것은 어찌 보면 당연한 결과이기도 했다. 여권 1호 소지자인 김동성 역시 감리교 선교사의 주선으로 미국 유학을 갈 수 있었다. 그뿐만이 아니다. 앞서 살펴본 범아세아대회 남조선과도정부 대표 3인의 경우도 전형적인 상징자본의 패턴을 보여준다.

1909년생인 고황경의 경우를 보자. 그녀는 식민지 시대에 도일하여 일본 도시샤 대학 여자 전문학교를 졸업한 후 다시 도미하여 미국 미시간 주립 대학교에서 박사 학위를 받은 미국통이었다. 게다가 고황경은 장로교의 독실한 신자로, 해방 직후 이미 전미수美 장로교 부인연합대회에 교육사절단 자격으로 참석한 경력을 가지고 있었다.

《신천지》의 사장이었던 하경덕의 경우는 어떨까. 그 역시 이 모델에서 예외가 아니다. 1897년생인 하경덕은 1925년 하버드 대학 사회학과를 졸업하고 박사 학위를 받은 인물로, 하버드의 정규 과정을 졸업한 최초의 한국인으로 알려져 있다. 하경덕도 귀국 후 기독교 네트워크 안에서 활동한 것은 대동소이했다. 그는 조선중앙기독교청년회 사회조사위원회 총무를 지내고 흥사단 업무에 관여해온 것으로 알려졌다. 그러나 하경덕의 미국 이력이 본격적으로 빛을 발하기 시작한 것은, 역시 해방 직후 미 군정 시기부터였다. 미8군사령관 하지John R.

하경덕(1897~1951)은 1928년 하버드 대학에서 철학 박사 학위를 받고 이듬해 귀국했다. 1931년 연희전문학교 교수를 지냈으며, '흥사단'에 가입했다. 해방 후 《코리아 타임스》를 창간하여 사장에 취임했고, 서울신문사·합동통신사의 사장을 지냈다. 그 후 종합 잡지 《신천지》를 발행했다. 1950년 6·25 전쟁 중 미 국무성의 특별 촉탁으로 일본 도쿄 연합군 최고사령부에 있다가 이듬해 도쿄 병원에서 사망한 것으로 알려져 있다.

Hodge 중장이 정간시킨 친일 매체 《매일신보》의 재산관리인으로 임명된 것이 계기가 되어, 이후 《서울신문》을 비롯해 이념 잡지 《신천지》 창간에 관여하게 된 것이었다.

또 한 사람의 대표였던 백낙준 역시 기독교와 미국이라는 상징자본에 관한 한 남부럽지 않은 이력을 갖추었음은 두말할 필요가 없다. 1895년생인 백낙준은 근대 문명과 기독교 문화를 적극적으로 수입했던 서북 지방[24] 출신이었다. 그는 선천의 신성중학 시절부터 이미 교장이며 선교사였던 매쿤G. S. McCune 목사(한국명 윤산온)의 감화 아래에서 성장했다. 선교사들의 도움으로 중국으로 망명한 백낙준이 그곳에서 중국어를 통해 영어를 배우며 미국 유학을 준비한 일화는 널리 알려져 있다.[25] 범아세아대회 대표 3인의 경력에서 단적으로 드러나듯이, 아시아로 떠났던 이들 대부분은 그 지역에 관한 지식을 가진 전문가나 아시아 국가의 언어 능통자가 아니었고, 미국 유학과 기독교라는 두 가지 서로 밀접하게 관련된 상징자본으로 무장한 이들이었다.

모든 아시아행이 그러했던 것은 아니지만, 아시아와의 조우는 식민지 시대 이래 미국통으로 알려진 엘리트들이 미국이나 유럽으로 임무를 수행하러 가는 중에 '덤'으로 얹힌 형태, 말하자면 의도하지 않은 부산물일 때조차도 더러 있었다. 이 경우 아시아 지역은 그야말로 들러 가는 경유지로, 여행의 최종 목적지는 유럽과 미국이었다. 일차적으로, 이러한 상황은 유럽이나 미국으로 가는 선박이나 항공편의 여행 루트가 반드시 아시아의 여러 도시를 거쳐야만 했던 당대의 물리적 교통 제약에 따른 문제이기도 했다.

예를 들어, 1948년 8월 영국 런던에서 개최된 올림픽을 취재하러 떠났던 아나운서 민재호 일행의 여정을 보자. 취재 일행의 이동 경로는 부산을 출발하여 일본의 요코하마, 중국의 상하이, 홍콩까지 우선 배로 이동하는 것이었다. 성실한 기록자였던 민재호는 경유지인 아시아 도시들에 관해서도 꼼꼼한 인상을 남겼지만, 아시아 지역 내에서의 이동은 어디까지나 중간 기항지에서 비행기를 타기 위한 것이었다. 민재호 일행의 이후 경로는 홍콩, 타이, 인도, 이집트, 이탈리아, 네덜란드를 차례로 경유하여 드디어 런던으로 들어가는 우회로의 대

백낙준(1895~1985)은 1895년 평안북도 정주군에서 출생했다. 1913년에 평북 선천에서 중학교를 졸업하고 톈진의 신학서원을 거쳐 1918년에 미국의 파크 대학교에 입학했다. 1922년부터 1925년까지 프린스턴 신학교에서 수학했다. 1927년에는 예일 대학교에서 철학 박사 학위를 받았다. 1946년 연세대학교 초대 총장이 되었고, 한국전쟁 기간 중에는 문교부 장관을 지냈다. 1960년대에는 야당 지도자로 활동했다. 사진은 1956년 아시아민족반공대회 대표단의 귀국 모습이다.

1930년 YMCA 하기 봉사 활동 때의 기념사진(오른쪽으로부터 현제명, 하경덕, 고황경).

장정이었다. 유럽이 아니라 미국이 최종 목적지인 경우에도 사정은 비슷했다. 일단 배로 일본의 도시를 거쳐 그곳에서 비행기로 태평양을 횡단하는 경로가 대부분이었다. 현재 남아 있는 아시아 지역에 관한 기록의 적지 않은 부분이 유럽과 미국을 가기 위한 여로에서 부산물로 남겨진 것이기도 하다.

그러나 교통 문제는 차라리 부차적 요인에 속했다. 아시아가 종착지가 아니라 경유지가 되었던 근본적인 이유는 국제 외교나 문화 정책의 중심이 대부분 구라파와 미주 지역이었다는 데에서 비롯하는 것이었다. 아시아를 향해 떠나는 여행자의 상징자본과 삶의 이력, 여행 목적, 여행지에서 겪은 구체적 경험에 이르기까지 당시 아시아행 전체에 드리운 미국이라는 요소는 해방 이후 아시아 인식이나 재현의 방향 자체와 내용을 결정짓는 구조적 요인으로 작용한다.

2장

신화의 해체와 새로운 아시아의 발견

조병옥(趙炳玉, 1894~1960)
연도 : 1948년
지역 : 파리(일본, 중화민국, 필리핀, 미국령 태평양 제도 경유)
프로젝트 : 1948년 파리에서 개최되는 제3차 유엔총회에 특사로 참석.
저술 : 《특사유엔기행》

太平洋을 건너

우리 一行은 二十日 下午 八時頃 汎太平洋會社旅客機에 搭乘하고 太平洋을 橫斷하여 美國으로 向하야 出發하였다. 同旅客機는 그 航路를 直行하기 前 마닐라市 上空을 一周하였는데 눈아래 展開된 無數한 네온싸인으로 裝飾된 不夜城의 「마닐라」市야말로 一大 壯觀이었다. 旅客機는 羅針盤의 表示에 依하야 旣定航路로 邁進하는 것이다. 마침 어두운 밤(闇夜)이었으므로 呂宋島의 自然風景이나 都市村落은 求景하려야 求景할 道理가 없었거니와 다만 電燈의 標識을 通하여 都市인듯한 無數한 場所를 偵察하면서 西太平洋을 向하여 나르고 있었다.

우리 旅客機의 第一着 陸地는 「구암」島이었는데 이섬이야말로 美日戰爭期間 「사이판」 豪灣 「오끼나와」 硫黃島 等의 水域을 連結하는 戰略的 中心地이었었다. 戰爭期間中 이 水域에서 熾烈하게 벌어진 海空陸戰에 對하여 주먹을 쥐고 燦爛히 期待하던 그때의 일을 다시 回想하여 보았다. 日本 大本營이 每日같이 勝戰艦과 같이 몇個의 美艦艇과 幾百臺의 美軍機를 沈沒或은 陸落시켰다고 發表하는 報道를 볼때 그眞否를 알지 못하는 우리들은 半信半疑의 狀態에서 無限 苦悶하지않、었던가 왜그런고하니 이水域에서의 制海

—(27)—

아시아, 낯설고도 익숙한

1947년 4월 고황경이 상세히 기록한 뉴델리의 범아세아대회로 다시 시선을 돌려보자. 범아세아대회에 대한 기록은 고황경뿐만 아니라 동행했던 하경덕 역시 남겨놓았는데, 이 시기 여행기의 저자들은 앞선 식민지 시대를 살아오면서 '서양'의 대립물로 '동양'을 자연적으로 떠올리도록 철저하게 교육받은 세대였다. 서양/동양이라는 식의 이항대립적인 사유의 틀 안에서 서양과의 차별성은 강조되는 반면 동양 내부의 차이와 다양성은 최대한 축소되거나 표면적으로 부각되지 않도록 억압되게 마련이었다. 돌이켜보면 식민지 말기 대동아공영권의 통합 서사는 동양이 인종적으로 하나이며 이 동질성을 기반으로 전全 동양이 문화적 공통성을 이루고 있다는 것을 기본 축으로 삼았다.

이러한 상황을 참작한다면, 1945년 8월 이후 아시아 지역을 직접 목격한 이들이 일종의 '문화 충격Culture Shock'을 경험하리라는 것은 어렵지 않게 짐작할 수 있다. 여행자들이 가장 먼저 발견할 사실 가운데 하나는 이 지역에 거주하는 이들이 놀랍도록 다채로운 인종으로 구성되어 있고, 그에 따라 천차만별의 문화적 이질성을 보인다는 것일 터였다. 실제로 고황경이 뉴델리의 대회장에 도착하여 받은 첫인상 역시 아시아 역내의 인종적 다양성과 문화의 차이에 관한 것이었다.

식당에 나갔더니 "아세아亞細亞에 이만큼 여러 인종人種이 사는구나" 하는 느낌을 눈을 통해서 더욱 역력히 갖게 되었다. 우리가 스물일곱째 나라이란 말을 들을 때에는 별로히 놀라지 않았으나 여러 특색을 가진 얼굴과 의복이 눈에 뜨일 때 그 인상이 깊어졌다. 나도 그 신기하고 생전 처음 보는 아세아 각국 여자 의복에 눈이 팔리었지마는 그 사람들은 전부가 굉장히 내 옷에 시선을 집중시킨 듯하였다.[1]

고황경의 기록 속에 자주 등장하는 범아세아대회 참석 국가들은 인도·필리핀·버마·중국·인도네시아·섬라(타이)·안남(베트남)·네팔·이란·러시아·이집트 등으로, 이 나라들은 동북아시아에서부터 중앙아시아, 동남아시아, 서아시아 등지를 포함하여 유럽의 일부와 아프리카 북부까지 포괄하는 실로 광대한 지역에 걸쳐 분포해 있었다. 그런 만큼 대회 참석자들의 생김새며 의복, 언어, 종교, 관습 등은 도저히 아시아라는 하나의 단어에 포괄될 수 없을 정도로 각양각색일 수밖에 없었다. 특히 인종적ethnic 차이는 가장 손쉽고 뚜렷하게 드러나는 외관상의 특질이었던 탓에, 여행자들은 자신들의 무지와 때늦은 발견으로 충격과 부끄러움에 가까운 감정을 동시에 경험했다. "아세아의 대표로 왔지만, 얼굴은 순 구라파 여성"과 흡사한 이란의 왕녀라든지, 용모나 의복의 특색으로 보아서는 "중국과 피릿핀을 합해놓은 듯"한 인도네시아 대표를 여행자들은 무척이나 신기한 듯이 대면했다. 아시아라는 단일한 명칭 아래 실로 다양한 인간 군상이 실존한다는 엄연한 사실을 여행자들은 새삼 깨달았다.

범아세아대회의 실제

인종이나 의복 같은 외관상의 특질은 한눈에 차이를 파악할 수 있어 그나마 나은 편이었다. 그러나 한발 더 나아가 아시아 각국의 최근 역사와 정치에 관해 조금만 깊이 들어가면, 여행자들이 가진 지식은 그야말로 백지상태에 가까웠다. 이를테면 인도네시아 대표가 네덜란드 통치로부터 자국이 독립했다는 인사를 기쁘게 건네와도 조선 대표는 우물쭈물할 수밖에 없었다. 이 나라가 1947년의 조선처럼 '해방'이 되고도 아직 독립국을 세우지 못한 상태인지 아니면 그야말로 '완전 독립' 상태인지를 몰라 주저하는 상황이었다. 이런 식의 어색한 상황은 실은 범아세아대회 내내 계속되는 광경이었다. 그러나 아시아에 대한 무지는 비단 조선 대표만의 것은 아니었다. 아시아 각국인 상호간의 무지이기도 했다. 실제로 범아세아대회의 현장에는 "조선이 몽고 옆에 있느냐" 하는 식으로 묻는 각국 사절도 적지 않아 조선 대표들을 몹시 낙담하게 만들었다. 고황경은 다음과 같이 기록한다.

인도 온 후의 불만이 같은 아세아 사람으로서 조선의 존재를 못 알아준다

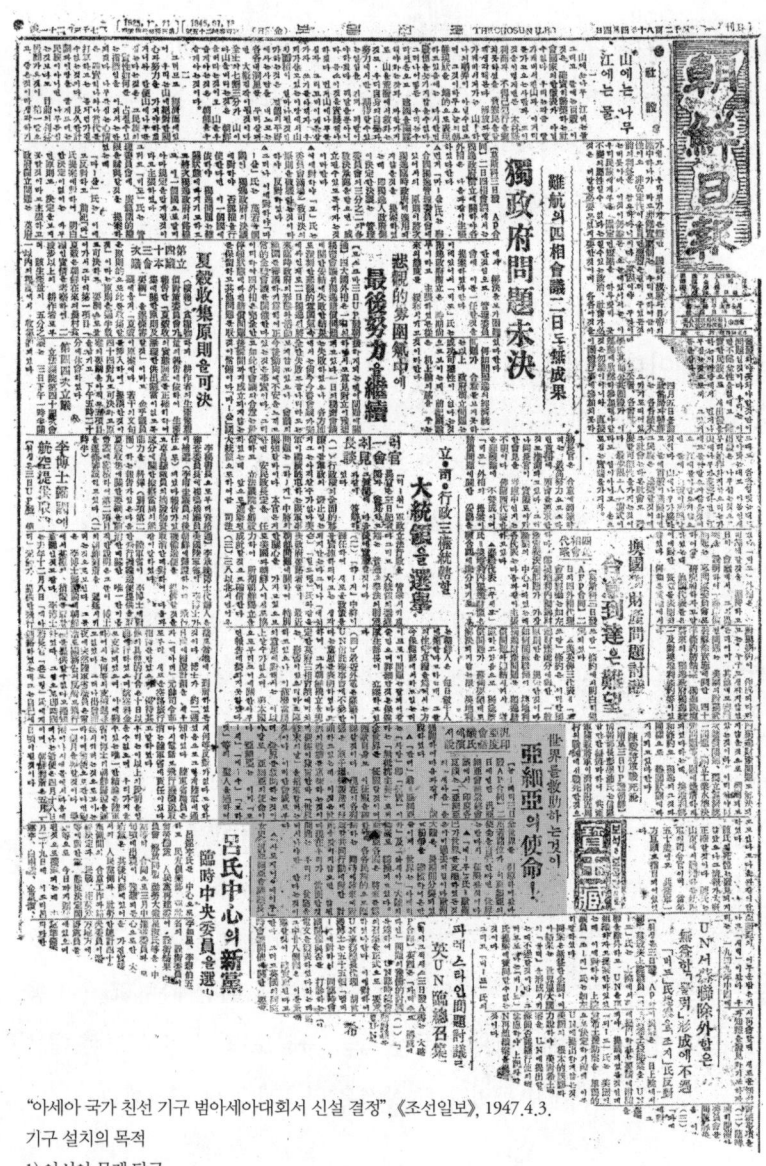

"아세아 국가 친선 기구 범아세아대회서 신설 결정", 《조선일보》, 1947.4.3.
기구 설치의 목적
1) 아시아 문제 탐구
2) 아시아 국가 상호 협력 조장
3) 아시아 국가 경제 발전 및 후생 문제 탐구

"세계를 구조하는 것이 범아세아대회의 사명", 《조선일보》, 1949.4.4.

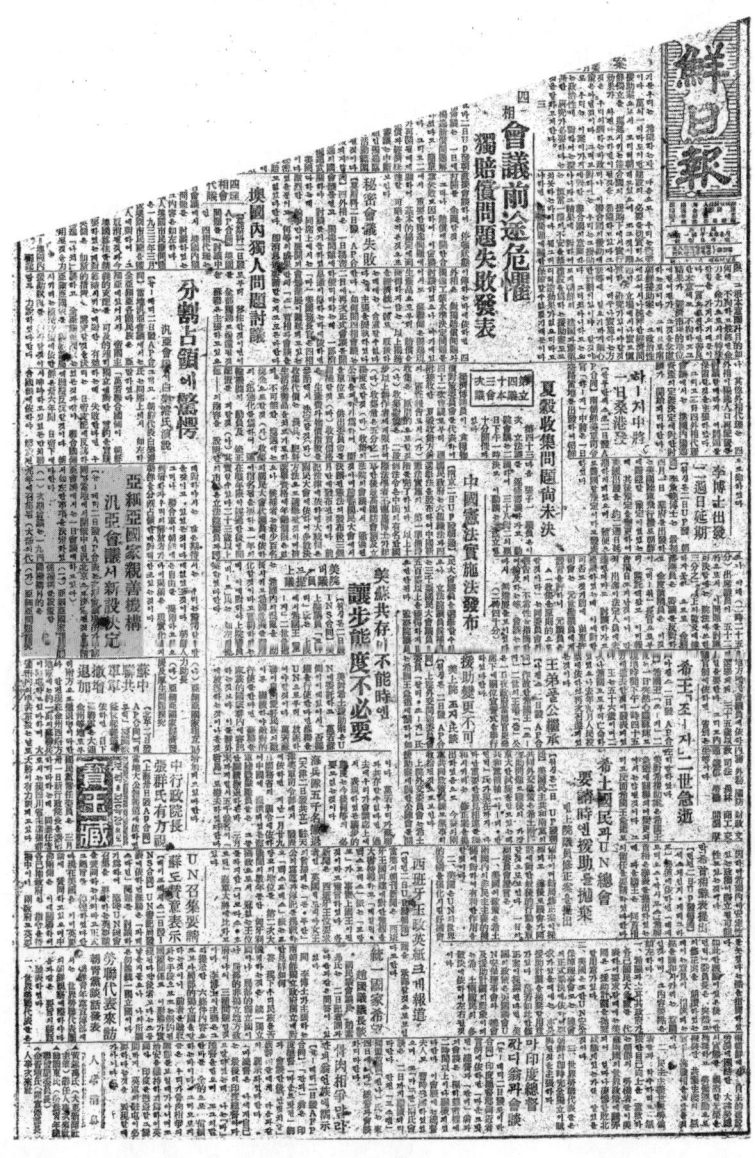

는 것이었는데 나는 네팔이란 나라에 대해서 전연 백지이란 것이다. 인도네시아를 몰랐을 때에 망설거리다가 용기를 내서 물은 것처럼 지금 비록 미안하고 창피하기는 하지만 모른다고 고백하고 알고 싶은 대로 다 물어보는 것이 상책이 아닐까 해서 뱃심을 한번 든든히 가지고 물어보았다. 당신은 조선에 대해서 어느 정도의 지식을 가지고 있는지, 지금 우리가 이처럼 만난 기회에 알고 싶은 것이 있으면 다 아는 대로 말해주겠다고 선급을 주었다. 그 대표자[2]는 좀 미안한 듯 어색한 듯한 구조口調로 대단 미안하지만 조선에 대해서는 전연 백지이요 조선 사람의 용모가 어떻다는 것도 이번이 처음이라고 한다. 그때 나는 비로소 마음이 가벼워져서 그러면 피차 일반이니 서로 상대국에 대해서 일학년부터 시작합시다 하고 내가 우선권을 가지고 묻기 시작했다.[3]

결국 뉴델리의 제1차 범아세아대회는 과거 식민지의 역사적 경험과 국민국가 건설이라는 현재형의 정치적 어젠다를 제외하면 상호 간의 공통성이 매우 희박하다는 것을 참가국 회원들이 이제 겨우 자각하는 출발점이었다. 더구나 미래는 언제나 다가오지 않은 추상적인 것이기에, 아시아 국가들의 친선과 화합이 향후 제대로 실현될 수 있을지의 여부는 대회 현장의 우호적이고 낙관적인 분위기와는 별도의 차원에 놓여 있는 것이었다. 아시아의 여러 지역은 아직 완전히 독립되지 않았을 뿐 아니라 유럽 열강과 군사적 분쟁에 빠져 있는 지역도 적지 않았다. 게다가 동일한 아시아로 불리는 국가들 사이에서도 역사적 장애물이 존재했다. 특히 과거 제국 일본의 피점령국이었거나 식민지였던 나라들과 일본의 관계는 순탄해 보이지 않았다. 예를 들어, 여행기의 필자들이 뉴델리를 방문하던 무렵 조선에서는 거대 제국이자 고압적 통치국이었던 일본을 아시아의 일원으로 여기지 않는 분위기가 강했다. 궁극적인 성공 여부와는 별개로, 일제의 '잔재'를 하루라도 빨리 '청산'하려는 열망 자체가 조선의 지식인들 사이에 팽배해 있었다. 〈40년간의 일본 죄악사〉, 〈폭로된 일본 제국주의의 음모〉[4]와 같이 과거 식민 제국의 과오를 처단하려는 의지가 한창 공론화되는 즈음이었다. 일본은 일본대로 패전국의 위치에서 미 군정의 통치를 받고 있던 시절로, 1951년 샌프란시스코 강화조약 이전까지 일본은 독립된 국가의 자격으로 자국 인사들을 외국에 파견할 수도 없는 시절이었다. 실제로 일본은 뉴델리에서 열린 제1차 범아세아대회에도 불참했다. 앞서 이야기한 대로, 아시아라는 기표는 일차적으로는 지리적인 것이었다. 그러나 1945년 8월 이후, 아시아는 고통 받는 '약소민족'이라는 의미를 내포하는 가운데 제국주의 열강과 반대되는 일종의 정치적 메타포로 사용되기도 했다.

식민지 오리엔탈리즘은 여전히

문제는 '아시아의 발견'이 인식의 지평을 확장하는 경험이기도 했지만, 다른 한편으로 식민지 시대 이래 고수해온 상상의 틀을 답습하는 계기가 된 경우도 적지 않았다는 점이다. 다양성의 발견이 오히려 그 차이를 가치 평가하거나 위계화하려는 욕구로 나타났던 까닭이다. 예를 들어, 남조선 과도정부의 농상국장을 지낸 현근은 1947년 '동양 미곡 연구회'에 참석한 후 남긴 〈인도 인상기〉에서 인도의 '야만성'을 자세하게 묘사한다.

> 필자는 회의 관계로 뉴델리로부터 다시 봄배이 마라스를 경유하여 인도 반도의 최첨단 지방에서 체류하였는데 이 지방은 열대 삼림이 울창하고 각종 화초목이 사시절 끊임없이 무성한 곳입니다. ……중류나 하류계급은 식탁에서 수저를 쓰지 않고 대개는 맨손으로 백반을 각종 양념을 섞어서 집어 먹는 것이 보통입니다. ……기후가 더운 고로 농촌의 남자와 노동계급은 상의는 입지 않으며 보통은 나족裸足입니다. 호텔의 종업원도 의복은 대단 화려하게 차려입었으나 나족이고 순사 역시 대개는 나족입니다. 필자의 또 한 가지 깊은 인상은 엄격한 종교의 의전儀典과 종교 간의 격렬한 투쟁입니다. ……인도인은 종교에 너무도 구속함으로 정치, 경제, 문화 등 모든 방면에 일대 지장이 되는 것을 절실히 느꼈습니다.[5]

무성한 삼림이나 더운 기후라든지 음식을 손으로 집어 먹거나 신발을 신지 않는 문화적 풍습을 묘사하는 현근의 어조는 비록 노골적이지는 않더라도 야만과 미개의 문화를 문명국 독자들에게 소개한다는 뉘앙스를 은연중에 포함하는 것이었다. 이런 식의 묘사는 식민지 말기 조선인들에게 제국 일본으로의 완전한 편입과 영토 확장의 판타지를 한껏 심어준 '남방'에 관한 이러저러한 담론을 이내 떠올리게 하는 것이기도 했다. 태평양전쟁 시기 대동아공영권의 프로파간다 내에서 남방이라고 불렸던 인도 이하 동남아시아 지역은 당시 원시성과 원주민의 표상으로 재현되는 전형적인 장소였다. 원주민에 대한 우월감을 바탕으로 식민지 조선이 남방을 이런 식으로 재현한 근저에는 물론 "새로운 아시아 블록에서 제2인자로서의 우월한 지위를 점하려는, 식민지인의 분열적인 욕망"이 깊숙이 자리하고 있었다.[6]

열대의 기후나 무진장한 자원의 보고寶庫, 나태와 비위생 같은 남방의 전형적 특성 이외에 현근의 글에서 새롭게 추가된 것은 끊임없이 사회 갈등을 빚어내는 현상으로 인도의 종교가 지목되었다는 점이다. 흔히 1인 전제정치나 종교 갈등 문제는 정사政事가 합리화되지 않은 전근대의 일반적 특징이거나 아시아적 퇴폐, 야만의 징표로 종종 인식되는 것이 일반적이다. 간단히 말해 이러한 묘사는 오리엔탈리즘의 다양한 변주에 가까웠다. 중요한 것은, 기후나 식습관의 차이, 종교 갈등 같은 관찰자의 눈에 비친 사실fact이 단지 개별적 사실의 차원에 그치는 것이 아니라 '우월한 것/열등한 것', '서양적인 것/동양적인 것'의 위계질서로 번역되면서 여전히 고정된 지역 이미지를 형성하고 반복·재생산된다는 점이었다.

실제로 태평양전쟁 시기 형성된 남방의 열등한 이미지는 해방 이후 오늘날에 이르기까지 한국 사회가 동남아시아를 재현하고 소비해온 주류적인 방식의 소산이다. 그러나 영국이 인도를 식민화하고 지배하는 과정에서 종족과 종교 간 차이를 교묘하게 이용한 분할통치를 도입했다는 점, 그리고 이에 기초한 정책을 적극적으로 시행한 역사적 사실은 이런 식의 묘사에서는 결코 제대로 드러날 리 없었다.

물론 뉴델리 범아세아대회의 또 다른 참석자였던 하경덕의 경우와 같이, 인도의 종교에서 잠재된 어떤 힘을 발견해내는 관찰자가 전혀 없는 것은 아니었다. 〈인도에 다녀와서〉라는 글을 남긴 하경덕은 뉴델

"일본에 수출하고 남은 쌀. 아세아의 제국은 조선에 기대―동양 미곡 연구회 참석한 현씨 담談", 《조선일보》, 1947.7.5.

리 시내에 산재한 웅장한 종교 건축과 조각들이 서구 문명의 요람 격인 그리스의 수준에 결코 뒤지지 않는다고 감탄을 거듭했다. 곧이어 그는 뉴델리의 대표 유적인 후마윤 능陵과 레드포트 궁궐의 화려함을 소개하는 한편, 이 유적들이 영국의 식민 통치에 맞서 인도 민중이 일으킨 세포이의 항쟁(1857)과 연루되었던 인도 근대사의 에피소드를 조선 독자들에게 설명한다. 비록 여전히 서양과 동양이라는 상상의 이분법적 틀을 토대로 한 묘사이기는 하지만, 하경덕에게 이 틀은 고정된 문명의 위계라기보다는 오히려 제국주의 열강과 피식민자들의 현실 정치, 나아가 역사상의 역동적인 계급 대립의 문제로 해석되었다. 이러한 현재적 관심의 연장선상에서라면, 인도 사회 내부의 극심한 빈부 격차와 노동자계급의 실태에, 말하자면 인도의 생생한 '현실'에 시선을 돌리는 일도 가능해진다.

> 수백 년간 영국의 통치하에 있었던 만큼 상류계급에 속하는 인도인의 생활양식은 모다 영국식이다. 그리고 인도인의 상류계급은 영국 정신화했다고 할 수 있다. 특히 고등교육을 받은 사람은 학술, 기술, 문학 등 방면에 있어서 우리 조선인이 우러러볼 만한 정도이다. 이 반면에 하류계급의 인도인 생활은 조선과 막상막하라고 할까. 노동자들은 맨 처음 눈에 띄는 것이 영양부족이다. 그들의 다리는 실로 놀랄 만큼 가늘고 혈색이 좋지 못하다. ……농민들의 생활을 보면 그 집들이 이름 모를 풀로 발을 치고 살고 있는데, 조선 농민보다도 오히려 비참한 생활을 하고 있다.[7]

하경덕의 관찰은 인도 전체를 원주민화하거나 신비하고 이국적인

2장 신희의 해체와 새로운 아시아의 발견 65

존재로 만들지 않는 가운데 현실 속에 존재하는 각 계층에 대한 관심으로 세분되어 있었다. 원주민화된 전형적인 인도 민중이 왜 현재 그런 모습을 하고 있을 수밖에 없는지를 투시透視하려고 했다는 점에서, 그의 시선은 분명 구조적이고 역사적인 것이었다. 무엇보다 당대의 조선 농민들에 대한 연상으로 되돌아오는 대목에서 알 수 있듯이, 구체적 역사의 맥락으로부터 타자를 바라보는 시선은 결국 자신이 처한 상황에 대한 반성이나 성찰을 불러일으키는 힘을 가지게 마련이었다. 하경덕의 묘사는 인도라는 동일한 대상이 관찰자의 관심과 지향에 따라 어떻게 달리 취급되고, 어떻게 새롭게 재현될 수 있는지를 보여주는 좋은 예이다.

대동아공영권의 유산

태평양전쟁 시기 조선의 공론장에 만개했던 남방 담론의 특징 중 하나는 동남아시아로의 영토 확장을 기꺼이 지지하는 가운데 이 지역을 서구 제국주의와 이들의 패권에 철저히 유린당하는 '원주민'들이 대립하는 공간으로 재현하는 것이었다. 이 이항 대립에서 조선은 물론 제국 일본의 영향을 받아 반反서구의 기치를 높이 들었지만, 그렇다고 해서 이 지역민들과 스스로를 동일시한 것도 아니었다. 지역민들을 '원주민'화하는 담론 전략이 증명하듯이, 결국 남방 식민화에 대한 조선인들의 욕망은 분명한 것이었다. 내지內地 호적과 외지外地 호적의 차별로 '완전한' 일본인은 될 수 없었지만, 많은 조선인이 이제 대동아공영권의 확대된 판도 속에서 적어도 일본인 다음의 '넘버 투'가 될 수 있다는 기대와 낙관을 품었다. 특히 태평양전쟁 말기의 조선 청년들은 제국이 동등한 신민臣民 자격을 조건부로 내걸면서까지 참전을 적극적으로 유도했던 학병學兵의 주된 권고 대상이었다. 제국은 식민지의 청년들에게 어서 빨리 군인이 되라고 부추겼고, 조선의 많은 청년이 실제로 자의든 타의든 일본군의 군복을 입었다.[8] 광대한 '대동아' 전선 각지로 파견된 그들은 일본군의 자격으로 '성전'을 치렀고, 경우에 따라서는 일본군보다 더 충직한 신민임을 '적'에게 과시하기도 했다.

그렇다면 이 대목에서 몇 가지 가능성을 생각해보는 일이 가능하다. 해방 직후 아시아 이곳저곳을 여행했던 저자들은 이 가까운 과거와 어떤 식으로든 조우하지 않았을까. 시간적으로, 공간적으로 충분히 가능한 일이었다. 그것은 자신도 모르게 환기되는 무의지적 기억일 수도 있었고, 혹은 조선인들의 과거 행적을 생생히 기억하는 낯선 외국인과의 예기치 못한 만남일 수도 있었다. 그들은 이 순간을 기록으로 남겨두었을까. 만약 기록했다면 분명 유쾌할 리 없는 이 과거의 기억은 그들의 기행 서사 속에서 과연 어떤 식으로 이야기되고 있을까. 갑작스레 맞닥뜨린 이 과거는 여행자들의 현재와 어떠한 맥락을 만들며 이어졌을까.

에피소드 1 : "빠카야로 코리앤"

당시 기행문들을 살펴보면, 예기치 못하게 과거와 조우하는 장면에 관한 기록이 자주 눈에 띄는 것은 아니다. 그러나 아주 없지도 않다.

가장 인상적인 예는 안동원의 《세계일주기―붕정십만리世界―周記―鵬程十萬里》에서 발견할 수 있는데, 그가 당시로선 보기 드문 세계일주를 떠난 것은 대한민국 정부 수립 직후의 일이었다. 전 세계적인 연결망을 가지고 있는 기독교 청년 단체 YMCA의 후원 아래, 안동원의 여행 목적은 아시아 몇몇 도시와 유럽 일대를 포함한 20여 개국의 정치, 경제, 문화 일반을 두루 시찰하는 것이었다. 이제 갓 나라가 세워진 상황에서 각국의 "신건설책으로 어떠어떠한 계획과 실행이 추진"되고 있는지를 견학하는 것이 여행의 주된 미션이었다. 비록 분단은 되었을지언정 새 나라의 국민이 되어 어떻게 하면 남들과 같은 어엿한 나라를 만들 수 있을까 하는 미래의 일로 머릿속이 꽉 차 있던 안동원에게 이 느닷없는 과거와의 조우는 분명 큰 충격으로 다가올 수밖에 없었다.

먼저 애굽[9]과 체코슬로바키아의 경기가 끝난 후 잠시 쉬는 시간에 나는 소변을 보려고 밖으로 나아가서 변소를 향해 가는데 중도에서 한 영국인이 앞을 막으면서 "유, 코리앤?" 하고 묻는다. 나는 그렇다고 고개를 끄덕이었더니 그는 대뜸 "유, 빠카야로―" 하고 소리 지르면서 금시 나를 때릴 듯이 달려든다. 나는 영문도 모르고 얼른 변소 속으로 피하여 들어갔다. 변소 밖으로 다시 나오니 영인은 기다리고 섰다가 또 내 앞을 가로막으면서 "빠카야로, 빠카야로" 하고 자꼬 되노인다. 나는 내가 쨉[10]이 아니고 코리앤이라고 설명하였으나 그는 더한층 골을 내면서 "코리앤이 더한층 빠카야로" 하며 덤빈다. 피하려 해도 피할 수 없고 술이 취한 놈인가 자세이 살펴보았으나, 술 먹은 얼굴은 아니었다. 그는 흥분한 태도로 자기는 씽가포

르에서 일본군 포로가 되어 삼 년간
을 수용소에서 고생하였는데 그때
수용소 간수 하는 놈들이 코리앤인
데 그때 그 코리앤들에게 학대받고
매 맞고 빠카야로라고 하로에도 수
십 차 욕을 먹은 분이 아직 풀리지
않아서 코리앤을 만나면 분풀이를
단단히 하려고 여태 기다리었으니
"그때 내가 너의 코리앤에게 맞은
매를 여기서 갚아야겠다" 하면서 달
려드는 것이었다.[11]

1949년 태극서관에서 발행된 안동원의
《세계일주기─붕정십만리》의 표지.

예상외로, 과거 제국 신민의 기억을 일깨워준 이 장소는 그가 여정 중에 차례로 거쳤던 상하이나 홍콩, 타이, 인도 같은 아시아의 도시가 아니라 바로 서구 제국의 심장부였던 영국의 수도 런던이었다. 그러나 역사를 돌이켜보면 이러한 식의 우연한 만남은 실은 꽤나 개연성이 높은 것이었다. 태평양전쟁 당시 제국 일본은 적대 진영을 형성하며 이 지역에 이미 식민지를 대거 소유했던 연합 열강을 조롱하고 희화화하며 ABCD 진영(미국America, 영국British, 중국China, 네덜란드Dutch)으로 부른 바 있다. 이 호칭은 식민지 조선에서도 널리 사용되었는데, 영국은 이처럼 미국과 더불어 적대의 중핵을 이루는 귀축미영鬼畜米英[12]의 나라였다.

갑작스러운 공격에 안동원은 어떻게 반응했을까. 제국의 신민으로

2장 신화의 해체와 새로운 아시아의 발견 69

인정받기 위해서는 진짜 일본인보다 더 일본인다워야 할 수밖에 없었던 식민지인의 복잡한 심리 기제가 분명 존재했을 터이지만, 안동원의 응답은 의외로 담백한 것이었다. "일제日帝에게 충성을 한들 원 그렇게까지 하여서 우리나라 사람에게 적개심을 일으키도록 한 그 병정 놈들이 미웠다. 이자가 인제 나를 따리면 나는 묵묵히 얻어맞었지 별 도리가 없다" 하고 안동원은 그 순간을 담담히 기록한다. 이 흥미로운 에피소드로 미루어 짐작할 수 있는 사실은 두 가지이다. 첫째, 제국의 신민 자격으로 행한 행위라 할지라도 이는 역시 오갈 데 없는 '코리앤'의 행위로, 결국 민족적 차원에서 기억된다는 점이었다. 동등한 일본인의 지위를 약속한 제국의 프로파간다가 설령 법적으로 실현되었다 하더라도, 제삼자의 시선으로 보자면 이 기획은 처음부터 실패할 수밖에 없는 허황한 것이었다. 몇 년의 시간 차를 두고 이 사실이 다시 한번 분명하게 확인되는 순간이었다.

둘째, 생면부지 이방인의 욕설에 대한 안동원의 '관대함'은 자신이 이제는 식민지인이 아니라 새 나라의 새 국민이 되었다는 데에서 오는 일종의 자신감에서 비롯하는 것이었다. 지우고 싶은 부끄러운 과거와의 조우를 자신의 기억과 기록 모두에서 삭제하는 일도 어쩌면 가능했을 것이다. 그러나 안동원은 굳이 기록하고 기억하는 쪽을 택했다. 이때 그의 선택 근저에 자리 잡은 기본 전제란, 한 개인은 곧 국가를 대표하는 존재라는 인식이었고, 무엇보다 그에 대한 자발적이고도 기꺼운 동의였다. 대표할 수 있는 국가가 이제는 존재한다는 자신감과 기쁨으로, 그는 과거 조선인들이 저질렀던 과오를 끌어안았고, 인정할 수 있었다.

그러나 엄격하게 말하면, 안동원의 신속하고도 솔직한 인정은 스스로에 대한 자부심이나 명예심을 심각하게 훼손하는 일이 없는 '안전한' 수준의 것이기도 했다. 그의 반응은 "우리가 한때는 식민지인이라 그런 시절도 있었지"라는 정도의, 씁쓸하면서도 한편으로는 흐뭇한 감정이 뒤섞인 회상에 가까웠다. 독립된 한 나라의 국민이라는 현재적 정체성identity이 그리 자명한 것이 아니라는 사실, 그리고 그 사실과 느닷없이 마주친 사람의 동요나 당혹스러움 같은 것은 그에게서 발견되지 않는다. 그 누가 되었든 '코리앤'을 그저 만나게 되기만을 별렀던 타자의 오랜 원한을 재빨리 받아들인 덕분에, 그는 여행 중 더 이상 조선 민족의 과거에 관해 진지하게 생각하지 않아도 좋았다.

에피소드 2 : 조선의 악인상

저녁 후에 호텔 라비에 앉아서 신문을 읽고 있노라니까 마래馬來[13]에서 온 대표자가 먼저 인사를 한다. 여러 가지 대회의 유쾌한 경험을 다 이야기한 후 전쟁 중에 일병日兵이 마래에 왔을 때에 얼마나 조선 사람이 일병의 부하가 되어서 잔혹한 행동을 많이 했다는 것과 자기는 마래에서 지도자 중의 한 사람인 까닭에 많은 주목과 시달림을 받는 중에도 전 가족이 붙들려 조선 사람에게 무지한 고문을 당하였다는 말을 한다. 조선 사람의 칭찬이나 나오면 흥치興致가 날지 그만한 불평이 나오니까 입맛이 써서 말이 안 나왔다. 온 세상이 조선을 몰라주는데 혹시 조선을 안다고 하는 것은 그런 악惡인상을 통하여만 알려졌으니 참으로 불행이라는 감이 전기와 같이 머리 속을 찌르르하게 하였다.[14]

고황경의 《인도기행》은 대동아공영권의 유산과 관련된 또 하나의 유사한 에피소드를 소개하고 있다. 그러나 고황경의 경험이 안동원의 사례와 다소 구별되는 까닭은 그녀가 조우한 시선이 다름 아닌 '공존 공영'을 함께 약속한 아시아인들로부터 직접 발원하는 것이기 때문이었다. 달리 말하면, 이 순간은 대동아공영권의 신화가 해체되고 탈구축되는 순간이었다. '아시아는 하나'라는 과거 이데올로기가 간신히 봉합하고 있던 모순과 균열이 가차 없이 누설되는 폭로의 순간인 셈이었다. 더구나 아시아 국가들끼리 새 출발을 다짐하는 범아세아대회의 현장이었던 만큼, 고황경은 안동원보다 충격이 훨씬 컸던 것으로 보인다. 그녀의 반응은 과연 어떠했을까.

우선 "같은 조선 사람이라는 연대책임을 느끼고 사죄를 하고 싶다"라고 대답한 뒤 이어지는 그녀의 응답은 조선을 대표하는 공식 문화 사절답게 외교적이고 '세련된' 것이었다. 그녀는 말레이시아 대표에게 두 가지를 이야기했다. 첫째, "일본 군대에게 강제로 붙들려 간 것만큼 일본 사람이 신용할 만큼 하려면 일본 부하의 몇백 배를 해야만" 되는 사정이 있었다는 것이다. 둘째, "적국에 대한 잔학한 행동은 일부러 조선 사람을 이용한 일이 많았으므로 그 고충苦衷이 있었을 것이요, 또 한 가지는 사람이 자기가 진정으로 원하지 않는 일을 어떤 압박과 강제에 못 이겨서 할 때에는 반동적으로 더 잔학하게 나가는 것이 어떤 심리적 자연 발로인 듯"싶다는 것이었다.

실상 고황경의 대답은 해방을 맞이한 조선인의 입장에서 나올 수 있는 거의 모든 것이기는 했지만, 그럼에도 과오의 대부분을 일본 쪽으로 전가하고 있다는 점에서 교묘한 '변명'에 가까운 것이기도 했다.

아닌 게 아니라 그녀의 변명을 듣고 난 다음 말레이시아 대표의 반응은 여전히 냉랭하기만 한 것이었다. "우리도 그런 점을 다 생각하고 나서도 비난할 여지가 있다"라는 싸늘한 응답이 그쪽으로부터 돌아왔다. 결국 이러한 에피소드는 해방 직후 조선인들이 가지고 있던 '피해자'로서의 자기 정체성을 근저에서부터 뒤흔드는, 일종의 전율 경험이었다. 고황경은 실제로 "찌르르"한 전기 충격의 느낌으로 이 순간을 표현하고 있기도 하다.

그러나 이 강렬한 충격은 결코 오래 지속되지는 않았던 것으로 보인다. 불편했던 경험은 그저 여행 중의 인상적인 에피소드 수준에서 처리되었다는 점에서 그녀의 경험은 기실 안동원의 경우와 크게 다르지 않았다. 오히려 이 지점에서 목격되는 것은 실상 하나의 이데올로기가 와해되는 순간이 또 다른 강력한 이데올로기로 대치되어버리는, 역사 진행의 지나친 '기민함'이다. 고황경은 아시아인들의 비난에 진심으로 곤혹스러워하기는 하지만 그것도 잠시, 그녀는 이내 내셔널 단위로 조직된 조선 축구단의 상하이 원정 경기에 온통 주의를 빼앗기는 자신의 모습을 별다른 자의식 없이 제시했다. 단일한 실체로 상정되었던 아시아의 통합적인 상이 해체되는 자리에 재빠르게 들어선 것은 개별 네이션에 대한 열정과 당면 국민국가 건설이라는 어젠다에 대한 엘리트적 소명 의식이었다.

여행기의 저자들이 해방 직후 아시아 지역을 둘러보며 가장 먼저 발견한 것은 이처럼 만세일계의 천황 통치 아래 전 동양 인종이 유기적 번영을 누릴 것이라는 과거 신화적 아시아주의의 소멸이었다. 그리고 그 자리를 신속하게 메운 것은 다양한 만큼 이질적이고 역사 경험 역시 상충하는 새로운 아시아의 발견이었다. 이는 달리 표현하면 과거 대동아공영권이라는 관념적 프로파간다의 철저한 허구성을 확인하는 일이기도 했다. 그렇다면 정작 이 신화의 진원지였던 구 제국 일본에 대한 여행자들의 관찰과 소회所懷는 어떠한 것이었을까. 남조선 과도 공화국이든 이후의 대한민국이든 신생국의 대표 사절로 여행하는 이들에게 일본은 언어적으로나 문화적으로나 가장 편리하고 익숙한 공간이었던 반면, 역사적으로 혹은 심리적으로 가장 긴장되고 복합적인 기억과 감상을 불러일으키는 땅이었다.

패전국 일본의 프로필

애수 혹은 설욕

해방 직후 한국 사회의 경우에도 해외여행은 공식적인 업무 수행의 영역으로 지극히 제한되었지만, 패전국으로서 연합군 총사령부GHQ의 군사점령을 받고 있던 일본은 여타 아시아 국가들처럼 활발하게 대외 활동에 나설 수 없는 상태였다. 예를 들어 제2차세계대전이 끝난 이후 처음으로 개최된 1948년 7월 하계 런던 올림픽만 해도, 남한은 조선이라는 임시 국호로 태극기를 앞세우고 선수단을 파견했던 반면[15] 일본은 패전국이었던 서독, 동독과 함께 초대조차 받을 수 없었다. 일본인이 해외로 나가는 것도, 외국인이 일본으로 입국하는 것도 엄격하게 통제되던 무렵이었다. 물론 그렇다고 해서 패전 후의 일본에 대한 관심조차 사그라진 것은 아니었다. 식민지 시대와 비교해 인적·물적 교류가 극적인 낙차를 보이며 뜸해졌던 만큼, 패전국 일본에 대한 궁금증과 호기심은 오히려 유례없이 왕성한 것이기도 했다.

실제로 이 시기는 국내적으로는 친일파에 대한 사법 처리가 초미의 관심사로 떠오른 무렵이었다. 잘 알려졌다시피, 대한민국 제헌국회 헌법에 의거하여 발족된 이른바 반민특위(반민족행위처벌법 기초특별위원회)는 1949년 1월, 식민지 조선의 최대 실업가이자 재벌이었던 박흥식을 체포하는 가운데 본격적인 활동에 들어간다. 이후 반민특위의 활동은 이승만의 반민특위 법률안 완화 개정과 연이은 국회 프락치 사건, 그리고 경찰의 특위 습격으로 유야무야되지만, 일본이라는 화두 자체는 한국 사회에서 여전히 뜨거운 관심을 불러일으키기에 충분했다. 아니, 도둑처럼 해방이 찾아왔다는, 유명한 표현처럼 어쩌면 일본이 이제 완전한 '외국'이 되었다는 사실 자체가 아직 실감 나지 않은 것일지도 몰랐다. 당시 일본을 공식 방문할 수 있었던 몇몇 파워엘리트나 언론인, 문화인은 한국 독자들의 지대한 관심을 의식하면서 패전 직후 일본 도시의 인상과 일본인들의 생활상을 꼼꼼하게 묘사했다.

승무원이 지나가다가 삼십 분만 있으면 히로시마에 도착한다고 하며 히로시마에서는 약 30분간 정차하여 잠깐 거리 구경도 할 수 있다고 한다. 모다 카메라를 꺼내 든다. 차차 파괴 장소가 보이기 시작할 때 그 승무원이 다시 와서 친절히 설명을 해준다. 원자탄이 히로시마 중심에서부터 좀 이쪽에 떨어졌기 때문에 여기서부터 중앙 이남이 피해가 심하였습니다. 저—기가 제일 심했습니다. 등등 마치 명승지 안내자와 같이 미소를 띄워가며 설명을 한다. 그렇지만 마음속 감정은 다르리라! 정차하기를 기다려 거기로 나가보니 거리가 상당히 정리되어 있다. 물론 바락 식으로 급조한 건물들이지만 놀랄 만치 깨끗하다. 미군의 판손pension · 헛hut(유선형 간이 병사)을 그대로 모방한 것도 있다. 여기저기 원자열에 타버리고 여름이 온 줄도 모르고 서 있는 나무들이 보인다. 큰 건물들이니 공장 연돌 같은 것은 아주 파괴되지는 않았지만 콘크리트색이 불탄 집같이 변하고 창문들이나 실내는 깨끗이 타버렸다.[16]

〈전후 일본 기행〉의 저자인 김길준은 공식 업무가 아닌 개인 휴가로 일본행을 택할 수 있었던 드문 인물이었다. 이 파격적 '특혜'는 물론 그가 당시 공보처 고문顧問이라는 신분이었기에 가능했다. 김길준은 패전 후 히로시마의 모습이 생각했던 것보다는 정리가 되어 있다고 전하면서도 옛날 히로시마의 면모를 회복하려면 적어도 20년은 걸리지 않을까 예측한다. 그의 예상은 이후 물론 빗나간 것이 되지만, 그가 관찰할 당시 히로시마 사람들이 얼굴색과 동작을 보아 이내 알아챌 수 있을 정도로 영양부족 상태에 있던 것만큼은 사실이었다. 피폭지인 히로시마뿐만 아니라 교토, 고베, 오사카, 도쿄 등을 차례로 방문한 뒤 김길준이 "과거 일본에 대한 회상을 가지고 왔다는 것"이 부끄러울 정도였다고 소감을 밝힐 만큼 옛 식민 제국은 급격히 쇠퇴해 있었다.

한편 한국 YWCA의 대모代母 격인 최이권[17]이 중국 항저우杭州로 가는 길에 들러 일별했던 일본의 인상 역시 김길준이 느낀 바와 크게 다르지 않았다. 그녀는 《항주여행기》에서 쓸쓸하고 버려진 낯선 도쿄를 다음과 같이 묘사한다. "8년 전 그 화려하던 시가지 양편은 거의가 문허진 터로 그냥 남아 있고 임시로 세워논 납작납작한 집 속에는 사람이 사는지 어데로 갔는지 모두 고요이 문이 닫힌 채 쓸쓸해 보였다. 아직도 전투모를 쓰고 국민복을 입은 남자 몇 명, 몸뻬를 입은 여자 몇 사람, 시가 중심지에는 사람도 많고 복잡하다는데 이 거리는 쓸쓸하고도 조용하다."[18] 확실히, 원자탄으로 인한 일본의 몰락을 묘사하는 저자들의 어투에는 거대한 폐허가 야기하는 어떤 종류의 숙연함이 있었다. 거의 예외 없이 청년 시대 일본에 유학한 경험을 가졌던 식민지 최고의 엘리트들이었던 만큼, 그들의 시선에는 과거 이 나라의 번영과 영화를 누구보다 잘 기억하고 있는 데에서 오는 처연한 애수 역시 깃들어 있었다.

그러나 공공장소에서 마주치는 일본인들의 서툰 영어에서 단적으로 드러나듯이, 미 군정의 통치를 받고 있는 패전국 일본의 상황이란 구 식민지 출신 엘리트들로서는 어쨌든 그 자체로 '설욕雪辱'으로 받아들여지는 풍경일 터였다. 예를 들어, 영어로 접대하는 일본 종업원들의 "얼굴이 좀 붉어진 것같이 보인 것은 내 잘못 본 탓"[19]이라는 최이권의 묘사는 언뜻 겸손하게 들리지만, 분명한 의도를 담은 것이기도 했다. 예의 범아세아대회의 히로인 고황경 역시 일본인들의 영어 사용에 대해 한마디 하는 것을 잊지 않았다. "한때는 영어 배척을 몹시 하다가 지금은 미국 말을 배우자고 하는 대단한 노력을 보니 열흘 붉은 꽃이 없다."[20] 일본과 일본인들의 영락을 묘사하는 여행기 저자들의 어조는 이렇듯 기저에 사필귀정事必歸正의 뉘앙스를 띠고 있었다.

도심 곳곳의 폐허에 이어 여행자들을 또 한 번 놀라게 한 것은 미군이 일본에서 누리고 있는 완벽한 치외법권적 대우였다. 저자들의 묘

1949년 수도문화사에서 간행된 설국환의 《일본기행》의 표지(왼쪽)와 내지(오른쪽).

사에 따르면, 당시 도쿄의 공공장소 대부분에는 인종 분리 정책이라고 해도 좋을 만큼 미군의 전용 통로와 공간이 따로 마련되어 있었다. 어디 그뿐이던가. 총사령부 건물을 중심으로 미국인의 왕래가 많은 거리에는 전부 미국식 도로명이 붙어 있고, 그 거리를 군용 지프나 최신형 미제 차들이 달리는 광경이란 구 식민지 출신 엘리트들에게는 급격한 파워 이동의 실감 바로 그 자체였다.

물론 남한 역시 3년간 미 군정 통치를 받았다는 점을 환기해보면, 도쿄의 풍경은 기시감déjà vu을 불러일으키는 익숙한 것이었다. 이를테면 합동통신 기자로 한 달여간 일본을 취재했던 설국환은 "여기서 (호텔 도쿄) 발행된 'OSS 카―드'가 거리의 암시장에 양담배 화장품 등을 흘리는 '루―트'가 되고 있음은 우리나라의 경우와 별다른 것이 없다"[21]라고 관찰한다. 게다가 공보부 고문 김길준의 어떤 묘사는 조선 독자들로서는 오히려 씁쓸한 것이기조차 했다. 그는 도쿄의 미군 클럽 시설들이 화려한 반면 미군이 진주하고 있는 곳 치고 조선같이 시설이 나쁜 곳은 없다는 일본 주둔 미 장교의 현지 반응을 여과 없이 전달했다. 분명 조선의 독자들은 여행자들이 전달하는 일본의 패배 풍경에 연민과 설욕의 복합적 감정을 함께 느꼈을 것이다. 그러나 그들은 동일한 점령지라도 구 제국과 식민지 사이에 변함없는 위계 구조가 버티고 있다는 부인할 수 없는 사실을 다시금 확인해야만 했다.

"조선 민족은 기억해야 한다"

아세아亞細亞에서 현대 문명을 최고 속도로 흡수한 것이 일본이요 그 대표적 장소가 동경인데 전쟁 전 동경이 즉 그것이다. 전쟁 중 식량 절약, 폐품 갱생, 공습 대책을 제일 전형적으로 나타낸 것도 동경이요 무조건항복과 아울러 무장해제를 당하고 극동 총사령관 및 연합군 아래에서 지휘를 받고 사는 일본을 축도縮圖해놓은 것도 동경이다. 그러나 우리로서 흥미 이상으로 정신 차려 본 것은 작년 동경과 금년 동경이 다르다는 것이었다. 작년 8월에 교육 사절단의 사명을 마치고 미국에서 돌아오는 길에 나흘 동안 요코하마橫濱에 류留하면서 하루 동안 동경을 구경을 한 일이 있는데 그때 보던 일본 사람들의 사정보다 훨씬 씩씩해졌다.[22]

패색이 짙은 일본이기는 하지만, 한편으로 여행자들이 이내 발견한 것은 폐허 아래에서 부단히 진행되는 전후 재건과 갱생의 열기였다. 특히 그 엄청난 전화를 겪어내고도 여전히 웅장하게 건재한 도쿄 도심의 모더니티는 처음부터 여행자들의 마음을 놓지 못하게 만드는 불안한 요소이기도 했다. 결코 일본을 무시할 수 없다는 느낌, 일본이 경제적으로 신속하게 '재기'하고 있다는 징후들은 여러 여행자의 공통된 인상이었다. 앞서 김길준이 히로시마의 폐허를 묘사할 때도 잠시 드러난 바이지만, 일본인들의 전후 부흥에 대한 의지와 재건 속도를 경험한 여행자들의 반응은 너 나 할 것 없이 한국의 독자들에게 어떤 불안과 경계심을 전달하려는 것이었다. 예를 들어, 대한민국 정부 특사의 자격으로 유엔 회의 참석차 세계 순방길에 올랐던 조병옥[23]의 경우를 살펴보자. 그는 패전으로부터 불과 3년여 후 일본의 경제 재건 양상에 긴장과 위기감을 느끼면서 한국의 독자들에게 다음과 같은 경고의 메시지를 보낸다.

일본의 청년과 학생들은 "오하요オハヨ!"나 "곰방와今晩ハ" 대신에 겐세츠 建設란 말로써 인사를 한다고 한다. …… 7, 80만의 일본인들을 해방의 덕택으로 축출함에 안심치 말고 후일의 환患을 예방해야 한다. 전후 일본일망정 한국보다 강대하다는 것을 알아야 한다. 인구로 보더라도 우리보다 오천만이 많고 무장해제를 했다 하더라도 궁시창검을 쓰는 묘술에 있어서는 엄청 우월, 과학과 생산력에 있어서도 전진. 적일망정 민족적 사기에 있어 우리보다 월등 세련을 받은 민족인 것을 알아야 한다.[24]

　일본을 직접 경험한 여행자들의 육성을 통해서뿐만 아니라 당시 한국의 공론장 안에서도 일본 경제의 부활을 우려하는 목소리는 높았는데, 특히 일본의 패전 후 4~5년이 지난 시점부터 이 경계심은 훨씬 구체적이고 실증적인 것이 되었다. 한국의 미디어들은 〈최근 일본 산업 실태〉,[25] 〈일본 경제의 현황과 그 방향〉[26] 같은 유의 기사를 통해 일본 내의 산업 동향을 기민하게 분석하는 한편 〈일본의 세계 통상과 한국〉[27] 같은 글에서는 전후 일본의 무역 네트워크와 한국의 것을 비교하며 국내 정치인과 경제인의 분발을 촉구했다.

　그러나 신생 대한민국의 엘리트들을 불편하게 하고 긴장하게 만든 것이 일본 경제 부흥의 무서운 속도에 국한된 것은 아니었다. 여행기의 저자들로 하여금 한층 경계심을 가지게 한 것은, 1946년 9월 일본에 평화헌법이 제정되었음에도 재차 불거져 나오는 일본의 재무장설이나 연합군 총사령부의 미국식 민주주의의 도입이 과연 얼마나 성공을 거둘 수 있겠는가 하는 정치와 군사 부문이기도 했다. 실제로 기자 설국환은 《일본기행》이라는 단행본에서 일본의 총선 결과를 전달하며 점차 우경화하고 있는 일본의 정계와 민주주의에 대한 일본 국민들의 의식 수준을 의심의 눈초리로 주시한다.

그들이 지금 받고 있는 정치의 대부분이, 특히 그중에서 '일본식'이 아닌 또는 구식이 아닌 정치의 대부분은 자신들의 정치가가 생각해낸 것이 아니라는 의미에서 일단 남의 것이라 생각하고, 이런 생각은 부동의 전제가 되어가지고 '민주'라는 두 글자까지도 '남의 것', '잘 알 수 없는 것'으로 쳐버리는 경향이 많은 것 같다. 그러므로 오늘날 일본서의 민주주의는 아직도 그것이 패전, 그리고 그것으로부터 받는 국민적 굴욕을 달게 받는 무리들의 전용어로 해석하는 애매한 층이 많고, 이 애매한 층이야말로 지방에 있어서 우익 세력의 지반이 되고 있다. 그들은 아직도 '도죠東條가 이겼더라면' 하는 생각을 잊지 못하고 있는 듯하며, 오늘날 상태의 경제적 곤궁은 물론이거니와 그들이 자랑하던 근대 건물의 대부분이 그들의 사용권 외에 있는 일이라든가 거리에 붙은 여러 가지 고시들이 모두 첫머리에 "진주군 당국의 명령에 의해서……"라고 씌어져 있는 것을 볼 때마다 자기네의 민족적 혹은 국가적 비운이 자기 국가의 잘못된 지배자들 때문이 아니라 전패자戰敗者로서 마지못해 '강제'당하는 불만스러운 '민주주의' 때문이라고 생각하고 있는 것 같다.[28]

기자 설국환의 우려는 1948년 일본 총선의 전체 구도가 극우와 극좌로 양분되는 두 경향 모두에 관한 것이었다. 그로서는, 보통 4개석 안팎이던 공산당의 의석이 35석으로 비약적으로 급증한 것도, 그리고 중의원의 과반수를 보수당인 민자당에서 가져간 것도 모두 점점 명확

해져만 가는 세계의 진영 태세를 그대로 반영하는 '불길'하기 그지없는 뉴스였다. 좌파의 약진 못지않게 우파 세력의 확장 역시 반가운 일은 못 되었다. 과거 일본 군국주의의 부활을 곧장 연상시키는 현상이기 때문이었다. 설국환은 극단의 정치적 선택을 취한 일본 국민들의 전후 민주주의 수준을 결코 후하게 평가할 수 없었던 것으로 보인다.

패전 직후 일본의 풍경에 관한, 기억할 만한 저작 《패배를 껴안고》의 저자 존 다우어John Dower의 관찰과 비교해보면, 설국환의 시각이 지나치게 비관적인 것은 사실이다. 존 다우어에 의하면, 헌법 개정 당시 법학자 마쓰모토 조지松本烝治 같은 남성 엘리트들의 경우는 메이지 헌법을 그대로 유지하면서도 민주주의와 개혁이 가능하다고 굳게 믿은 것이 일반적이었다. 그러나 일본인 대부분은 천황의 권한을 대폭 축소하고 "출생, 지위, 성별, 인종, 국적에 의한 차별의 금지와 귀족제 폐지, 노동자 권익"을 광범하게 보장하는 자유주의적 조항들을 적극 지지했다.[29] 그뿐만이 아니었다. 헌법 개정 당시 일본의 언론 역시 보수적 엘리트들이 내놓은 개정안이 미흡하다는 의견 쪽으로 기울었다. 메이지 이래 일본에는 군국주의적 흐름이 완강하게 존재했지만, 그에 못지않게 자유 민권 운동의 전통 역시 무시할 수 없는 저류를 형성해온 것도 그들의 역사였다. 물론 점령 당국자들이 보수적 엘리트들을 견제하는 수단으로 정치적 자유주의자들을 적극 활용한 측면도 없지 않았지만, 기나긴 15년 전쟁[30]에 염증을 느낀 일본 국민들은 대체로 자유주의적 헌법 개정에 호의적이었다.

미국인인 존 다우어의 관찰을 100퍼센트 신뢰할 수 있는가 하는 문제는 여전히 남지만, 아무래도 기자 설국환이 예민하게 신경을 곤두

세웠던 것은 민주주의에 열광하는 일본인들이라기보다는 과거의 영화를 그리워하는 듯한 향수에 젖은 일본인들, 천황의 권위에 여전히 머리를 조아리며 과거 신민의 모습을 고스란히 연상시키는 일본인들이었다. 실제로 '인간 선언人間宣言'[31] 이후, 오키나와를 제외한 일본 전역을 순행한 양복 차림의 천황을 일본 국민들은 만세 삼창과 눈물로 환영했다. 때때로 천황에 대한 조롱이나 '불경'한 분위기가 감지되지 않은 것은 아니었지만, 천황의 '마법'은 심지어 공산주의자들에게조차 약효를 발휘하는 것이기도 했다. 미쓰비시 중공업의 좌익 노동자들은 천황의 전쟁 책임을 추궁하기로 결정하고 공장 방문을 거부할 의사를 표시했으나, 막상 천황의 행렬이 도착하자 조합원 대부분이 히노마루日の丸[32]를 흔들면서 감격하는 희대의 진풍경을 연출했다.[33]

그런 의미에서 보자면, 과거 군국주의 부활에 대한 염려는 구 식민지인들로서는 어쩌면 자연스러운 것인지도 몰랐다. 설국환뿐만 아니라 공보처 고문 김길준 역시 일본인들이 패전 이후에도 한결같이 천황을 숭배하는 모습을 두렵게 지켜보았다. 여행 일정 중의 어느 일요일, 그는 도쿄의 지요다 구 황궁 앞 니쥬바시二重橋[34] 근처에 구경을 나갔다가 여전히 각계각층의 시민들이 몰려와서 참배하는 광경을 목도한 후 씁쓸하게 자문한다. "연합군 최고사령관 맥아더 원수가 일본의 민주화를 위하여 그 지도에 당當하고 있고, 정부에서는 신헌법을 제정하고 천황의 신성을 부인하지만 시민들이 궁성 참배를 단념하지 못하는 것은 무엇을 의미하는 것일까?"[35] 결국 김길준은 1947년 도쿄 체재 중 답을 찾지 못한다. 미 군정의 관료인 김길준이 연합군과 맥아더에게 보냈던 노골적인 지지의 뉘앙스를 덜어내고 듣는다면, 그의

종전 후 천황의 순행.

즉위 2주년 당시 쇼와 천황(1926~1989)의 모습. 제2차세계대전 이전에는 정치적·경제적·군사적으로 막강한 권력을 가졌고 신격화되었다. 패전 이후에도 일본 사회는 상징 천황제의 형태로 여전히 '국체'를 유지한다.

2장 신화의 해체와 새로운 아시아의 발견

물음은 현재까지도 여전히 유의미한 질문이기도 하다.

국민국가 서사의 우위

해방 직후부터 한국전쟁 전후 시기까지 남한의 지식인들은 좌우를 망라하고 식민지 경험을 공유한 아시아 각국에 대해 적지 않은 관심을 표명해왔다. 이러한 관심의 근원은 크게 세 방향으로 분류할 수 있다. 첫째, 1945년이 벅차게 상징하는 '탈식민'의 시대정신zeitgeist, 달리 말해 코스모폴리탄적 공감이라는 차원에서 유래한 관심을 들 수 있다.[36] 앞서 박인환의 시적 감수성에서 알 수 있었듯이, 이 공감의 파토스pathos는 식민 통치로부터 독립한 아시아인들에 대한 조선 민족의 자발적이고도 뜨거운 반응이었다. '나'와 '우리'와 닮은 이웃에 대한 자연스러운 관심이었다. 둘째, 앞의 관심과 연동되면서도 국민국가 만들기 차원에 좀 더 무게 중심이 가 있는 경우를 들 수 있다. 여전히 잔존하는 유럽 열강의 식민 파워와 분열된 내부 정치 세력들 사이에서 어떻게 아시아 지역의 인민이 새로운 국가를 만들어나가고 있는가 하는 네이션 구상의 참조 차원에서 비롯된 관심이었다. 셋째, 이 지역 신생국들이 소련의 이데올로기적 영향을 받을 것을 우려하는, 전 지구적인 냉전 서사로부터 유래한 관심이었다. 이후에 좀 더 자세히 언급하겠지만, 이 경향은 국가 만들기 프로젝트가 일단락되는 대한민국 정부 수립 이후에도 지속적으로 등장한다.

아시아 논의의 전체 지형 속에서 보자면, 1947년 뉴델리 범아세아

대회에서 고황경이나 하경덕이 표시한 인도에 대한 관심은 동일한 피식민 아시아 국가로서 느끼는 공감과 연대의 표시이면서도 사실상 향후 국민국가 건설을 위한 참조의 성격을 강하게 띠는 것이었다. 같은 시기 인도를 다녀왔던 농상국장 현근의 경우도 크게 다르지 않았다. 비록 그가 '야만/문명'이라는 틀에서 일종의 우월감을 가지고 인도의 전통을 묘사했지만, 인도의 국가 만들기 진행 과정이 화제가 되면 인도와 조선은 능히 대등한 위치에 놓일 수 있는 적절한 비교와 대조의 대상이었다. "대중의 위생 교육 정도는 대단히 얕으나 경제 방면으로 보아서는 조선보다 훨씬 우월하다는 것이 필자의 인상입니다. 탁월한 언론계의 민중 지도력도 찬양의 대상이 되거니와 대외, 특히 영국에 대한 일치하고 신중한 태도는 외교적이며 현실적이고 또 건설적인 국민의 위대성을 현현하는 상징이 아닐까 합니다."[37]

범아세아대회에 참석했던 하경덕 역시 영국으로부터 독립하는 과정에 놓인 인도가 종교 문제로 분리의 조짐을 겪는 상황을 눈여겨보았다. 비록 원인은 다르다 할지라도 분열의 소지가 과거 영국의 식민 정책으로부터 발원한다는 점에서, 인도의 정세는 남북 분단 상황에 처한 조선 지식인의 이목을 강하게 끌어당길 만한 요소였다.

현재 인도 정권은 형식상으로 영국인으로부터 인도인에게 넘겨주었고 또 실질상으로는 넘겨주는 도중에 있다. 네루의 조종으로 인도 통일의 일대 암이었던 인도 교도와 회교도 간의 거의 원만한 제휴를 해가고 있다. 그러나 아직도 난관이 없지 않다. 거의 전 인도 인구가 이 양 교로 나누어 있다고 해도 과언이 아니다. ……한편 양 교도의 알력軋轢은 자연 영국의 분열제 정책의 기초를 이루었다. 그러나 인도의 최근 정계의 암은 회교연맹 수령 '진나'의 '팍키스탄' 운동 즉 회교도 국가는 지역별로 따로 세우자는 운동으로 말미암아 거의 쉴 새 없이 양 교도 간에 충돌이 각지에서 계속 발생되고 있다. 이 같은 인도의 정치 상황은 우리 조선인으로서도 타산지석으로 可以攻玉이라는 말과 같이 참고될 점이 불소하다.[38]

독립했으나 곧바로 분열되어가는 유사한 상황으로 말미암아 자연스레 기행문의 저자들은 네루Jawaharlal Nehru와 간디Mohandas Karamchand Gandhi 같은 정치 지도자들의 리더십에 깊은 관심을 표명했다. 실제로 하경덕이 "인도에 가서 가장 절실히 흥미를 느끼고 감격"했던 대목은 인도의 찬란한 과거 유적이라기보다는 "과거 사회주의자요 진보적인 네루와 신비적인 깐듸의 양 정치가의 인격"[39]에 관해서였다. 이념적 성향이 다른 두 인도 정치 지도자의 모범적인 파트너십은 조선 엘리트들로서는 단연 선망의 대상이었고, 이 점에 대해 저자들은 한결같은 목소리를 냈다. 농상국장 현근 역시 "인도에는 위대한 지도자가 많다는 점에 감탄을 금할 수 없다"라고 진술한다. 그는 목전에 놓인 인도의 분열이 현실적으로 불가피하게 되었다는 진단을 내리면서도, "지도자의 열렬한 애국정신으로 인도는 반드시 위대한 국가를 이루고야 말 것"이라는 희망적인 예측을 내놓았다.

국내든 국외든 근대 기행문이라는 양식 자체가 네이션에 대한 상상력과 밀접하게 연관되어 있음은 주지의 사실이지만, 특히 대한민국 정부 수립 직후는 여행 현지 자체에 대한 순수한 기술이나 아시아라는 지역 단위에 대한 관심보다 네이션 서사의 우위성이 그 어느 때보다 두드러졌다. 예를 들어,《세계일주기》의 안동원이 내건 출발의 변_辯은 바로 "전승국이나 패전국이나를 막론하고 각국은 그 신건설책"으로 어떤 계획과 실행을 추진하고 있는지 견학하는 일의 중요성이었다.[40] 국민국가 수립을 향한 관심은 이 여정의 자세한 기록인《세계일주기》에 유감없이 잘 드러나 있다.

실제로 안동원의《세계일주기》에 제시된 구체적인 방문지의 배치나 그것에 대한 소감 역시 대부분 네이션 서사와의 밀접한 연계 속에서 결정된 것이었다. 이를테면 아라비아 사막을 비행기로 내려다보면서 그가 가장 먼저 떠올리는 것은 바로 유대 민족의 출애굽 해방 서사이다. 이집트의 카이로에 도착한 안동원이 가장 먼저 세우는 계획 역시 조선의 독립을 약속한 카이로 회담이 열린 메네하우스 호텔을 찾아가 기념사진을 찍는 일이었다. 또한 긴 여정의 첫 기착지이며 당시 장제스蔣介石 국민정부의 통치하에 놓여 있던 중국 상하이를 방문한 안동원은 일본 재벌들이 남겨놓은 거대한 방적 공장들이 현재 어떻게 관리되고 있는지를 독자들에게 상세히 소개한다. 적산관리라는 동일한 상황에 처해 있는 조국의 기업인들에게 참조가 되기를 열렬히 희망하면서, 그는 중국인들이 공장을 인수한 이후의 조직표를 입수하여 이를 자신의 기행문에 삽입하는 수고까지도 아끼지 않았다. 국민국가를 어떻게 건설할 것인가는 기행문 저자들의 궁극적인 관심사였다.

말해지지 않은 것 혹은 말할 수 없는 것

물론 민족과 국가에 대한 열성을 텍스트에 일차적으로 드러난 저자의 의도 그대로 읽을 것인가, 아니면 드러나지 않는 행간을 참조하며 또 다른 의미를 끄집어낼 것인가 하는 최종적인 해석의 문제는 여전히 남아 있다. 이를테면 최이권의 《항주여행기》는 이 시기 다른 기행문들과는 달리, 후대의 독자에게 중층적 읽기의 단서들을 남겨놓은 문제의 텍스트이다. 그녀의 기행문은 지식인들의 '애국'이라는 한결같은 코드가 어떤 배면을 가지고 있는지를 조심스레 누설하고 있는 까닭이다.

1948년, 백낙준의 부인 최이권이 중국 항저우를 향해 떠난 것은 세계 YWCA 대회에 남조선 대표 자격으로 참석하기 위해서였다. 일단 분명한 것은 첫 번째로 방문한 도시 상하이에서 그녀의 시선을 사로잡은 것이 모던한 도시 상하이의 외관은 아니었다는 점이다. 오히려 최이권에게 각별한 인상을 남긴 것은 세관의 모든 사무원이 중국인이었다는 점, 세관 입구에 높이 휘날리는 깃발이 연합군인 미군이나 소련군의 것이 아니라 중국의 국기라는 사실이었다. 공항 같은 공공장소는 어김없이 점령군인 미군이 통제하던 조선이나 일본 땅에서와는 달리, 중국인들 스스로의 힘으로 새 나라를 건설한 것에 대해 그녀는 열렬한 선망의 시선을 보낸다. 상하이나 항저우에서 목격하는 모든 이국적이고도 새로운 풍경이 국민국가 건설이라는 차원으로 환원되는 가운데 최이권은 조선 과도정부의 대표라는 입장에서 이 코스모폴리탄적 대회 분위기에 100퍼센트 동화되기 어려운 심정을 토로한다.

세계 평화를 부르짖는 이런 국제적 회합에 와서 우리는 이름에 아직 못 끼였으니 우리 같은 불상한 민족을 도아 어서 이 이상을 실현하라고 자기 약점은 호소는 할 수 있을 것이다. ……여기까지 오고 보면 우리는 이 회합에 도움을 받으러 온 것이지 이 운동에 참가하는 제일인자의 격은 못 가진 것……본국을 떠나면서 '조선을 잘 소개하라'는 부탁도 많이 받았고 또 나 자신도 기회 있는 대로 힘껏 해보리라 하고 떠났던 것도 사실이다. 그러나 와서 정말 하랴고 보니 '무엇을 할까!'가 문제이다. 우리는 먹을 것이 부족하고 우리나라는 두 조각에 졸라매었소 우리는 36년이나 남의 종질을 하였소 무엇 하나 뼈줏이 내여놓을 만한 것이 못 된다. ……나는 이번 항주를 왜 왔던고! 집에 앉어 나 할 일이나 하나라도 해치우는 것이 더 효과적이 아니였을가! 나는 사실 아모 자격도 없다. 첫째, 내 신앙이 부족하여 기독교 운동의 책임자 될 자격이 없다. YWCA 운동의 지식도 경험도 천박하지 않은가. 차라리 좁게나마 좀 더 소극적인지는 모르지만 독립운동이나 우리 민족운동이 나에 더 취미를 가진다고 함이 솔직한 편이다.[41]

본인의 자질 부족을 탓하는 겸양의 형식이기는 하지만, 결국 최이권의《항주여행기》는 대회 현장에서 내내 역설된 보편적 기독교 운동의 유효성이나 아시아 각국 여성 운동의 실천적 유대보다도 눈앞의 애국 운동의 긴박함에 눈뜨는 자신을 정당화하는 쪽으로 기울어진다. 실제로 최이권은 해방 직후 1945년 대한애국부인회 부회장을 지냈고, 1947년에는 이미 대한소년단 실행위원으로 일한 경력이 있기도 했다. 번민 가운데 그녀가 마음속으로 외치는 말은 이런 것이었다. "우선, 착취를 당하고 자유가 없고 나라가 없는 사람은 제 발등에

1919년 세계 YWCA 대회 포스터.

해방 이후 YWCA 회원들의 대외 활동.

불부터 먼저 끄고 나서야 세계 운동을 할 것이 아닌가!" 물론 항저우 대회에서 결심했던 것과는 달리 그녀가 이후 YWCA 조직에 평생 깊이 관여했던 것은 잘 알려진 사실이다. 그러나 거꾸로 생각해보면, 이 일화는 한국 YWCA의 대모라고도 할 수 있는 최이권이 스스로 정의하는 '종교 운동'과 '애국 운동' 사이에서 번민했던 갈등의 깊이를 보여주는 실례인 셈이었다.

그런데 최이권의 서술은 과거 역사의 맥락 속에 놓고 보면, 단순한 충정으로만은 읽히지 않는 성질의 것이었다. 그녀가 1948년 국가 건설 사업에 관해 뜨거운 열의를 보였던 것은 식민지 말기 YWCA의 이력과도 깊은 관련이 있는 것으로 보이기 때문이다. YWCA는 식민지 시대 대표적인 기독·여성계 인사였던 김활란의 주도 아래 1923년 창설된 단체였다. 그러나 근대 초기 선각적인 민족운동가나 단체 대부분이 그러하듯이, 1930년대 후반 이후 YWCA 역시 전시체제하 부역 활동에 적극적으로 관련을 맺는다. 특히 중일전쟁 발발 이후인 1938년 6월 조선 YWCA 연합회는 단체의 독자성을 스스로 부정하고 일본 YWCA 산하로 들어가는 '동맹'을 결의한다. 그리고 이때 YWCA가 내세웠던 명분은 "황국신민으로서의 앞날의 활동을 예비"한다는 것이었다. "YWCA 운동의 지식도 경험도 천박하지 않은가"라는 서술에서 암시적으로 드러나듯이, 최이권은 과거 YWCA가 본격적인 '친일' 활동에 연루되어가는 과정에서 이 단체의 활동을 잠정 중단한 바 있다. 그러나 그녀 역시 1942년에 이르면 주로 고황경, 김활란 등 기독교 여성 교육자들 중심으로 이루어진 부역 단체인 조선임전보국단 부인대의 간사 명부에 이름을 올렸던 것도 사실이다.

《항주여행기》의 서술에 따르면, 1948년 당시 일본 YWCA 대표는 "국제 관계상 국제 강화조약이 성립되기 전에 자기 나라를 떠날 수 없었기 때문에 이번에 참석"하지 못한 상황이었다. 그리하여 양국 대표가 식민지 시대의 '동맹' 이후 이 국제 대회에서 어색하게 조우하는 일은 생기지 않았고, 대회는 제국주의가 이미 쇠패하여 물러갔음을 경축하고 치하하는 미래 지향적 분위기로 가득했다. 최이권은 YWCA 내에서의 향후 활동에 대한 자신의 망설임을 섬세하게 묘사했지만, 물론 이 갈등에 적극적인 친일 부역과 관련된 YWCA의 과거 자취는 전혀 언급되어 있지 않다. 오히려 그녀는 1948년 항저우 대회에서 같은 조선 대표로 참석한 김활란의 국제적인 활약상을 감탄 섞인 뉘앙스로 간략히 전달하고 있을 뿐이었다.

흥미로운 것은, 앞서 고황경의 《인도기행》에서는 도쿄 YWCA 지부에 들르는 장면이 꽤 자세하게 묘사되어 있다는 점이다. 그녀는 자신이 왜 일본의 YWCA와 친숙한지 그 이유를 독자들에게 설명하는데, 교토 유학 시절 도쿄를 여행할 때 자주 머물렀던 장소였다는 사실은 언급한 반면 조선과 일본의 YWCA가 과거 어떠한 관계에 있었는지에 대해서는 서술이 생략되어 있다. 그 대신 그녀가 이 방문 에피소드를 통해 조선의 독자들에게 전달하고자 했던 바는 노골적이지는 않지만 분명한 설욕의 '쾌감'이었다. 일본의 YWCA가 믿어지지 않을 정도로 영락하여 미군의 집무실로 사용되고 있는 풍경, 일본 민주주의는 어느 정도 진전되었느냐고 일본 YWCA 간부들에게 당당히 물어보는 자신을 묘사하는 대목에서 그녀는 이렇게 이야기한다. "朝鮮 사람에게서 이런 질문이 나가니까 좀 거북했을 터인데 시치미를 떼고 이야기하는 그 태도에 놀라지 않을 수 없었다."

결국 이러한 점으로 미루어 짐작할 수 있는 것은, 식민지 시기 최고의 엘리트였던 여행자들의 기행 서사는 적극적으로 말해진 것 이외에도 '말해지지 않은 것', '말할 수 없는 것'을 함께 고려하면서 독해해야 하는 매우 함축적인 텍스트라는 점이다. '해방' 조선에서 '친일파'의 사법적 처리에 관한 논의가 무성했지만 결국 흐지부지되었던 것처럼, 정작 과거 역사에 대한 판단과 평가를 내려야 할 주체들 자신이 이 '혐의'로부터 결코 자유로울 수 없었다. 해방 직후 고위 공직자이거나 문화계 유명 인사였던 여행기의 저자들이란 당연히 이 범주에 해당되는 이들로서, 이들은 경유지로서 일본을 거쳐 갈 때든 혹은 일본 자체가 목적지일 때든 과거 '친일'이라는 화두에 대해 대부분 함구할 수밖에 없는 처지였다. 최이권의 텍스트가 흥미로운 점은 바로 이 말해지지 않은 것 혹은 말할 수 없는 것으로 인한 긴장과 불편을 매우 조심스럽고 우회적인 방식으로 표출하고 있다는 점이다.

거리를 내다보는 우리 눈에 띄운 사실 하나는 우리 거리에 보는 벽신문들이 없는 것. 전주나 집 모퉁이나 어데나 그저 뜯어버리고 또 붙이고 찢어진 한편에 또 다른 종이들이 몹시도 숨차게 붙어 있는 우리 집 담들보다는 너무나 무미할 만큼 아무것도 붙은 것이 없다. 일본은 모두가 전쟁범죄자이기 때문에 특수한 민족 반역자도 없고 일본은 일본이기 때문에 친일파를 끌어낼 엉터리가 없는 탓인지 혹은 일본 사람이 제아무리 약은 민족이라고는 하지만 인쇄비 아니 들고 좋은 종이 아니 쓰고라도 수지쪽에 몇 자 써서 붙여놓으면 힘 아니 드리고 진보적 민주주의도 발표할 수 있고 국외로 추방할 인물도 집어낼 수 있고 또 누구누구 어느 당 어느 단체가 친일파 민족 반역자라는 것도 다 잘 선전할 수 있는 수단은 아직 없었는지도 모를 일이다. 일행은 지나간 날 쓰린 경험의 가지가지가 머리 속에 떠올라 쓴우슴을 웃었다.[42]

최이권은 물론 "지나간 날 쓰린 경험의 가지가지"가 구체적으로 무엇이었는지는 기술하지 않았다. 다만 그녀는 일본은 일본이기 때문에 친일파 색출이나 처단을 요구하는 "엉터리"들이 존재하지 않으며, 따라서 거리의 전단이나 벽보가 필요 없는 "무미할 만큼" 깨끗한 도쿄의 풍경을 서술하고 있을 뿐이다. 그러나 친일과 관련된 기억은 분명 커다란 트라우마였던 듯, 곧 이어지는 문장에서 그녀는 "모르는 사이에 눈 종자에 힘이 스고 가슴속이 또 두근두근하는 것은 오래동안 앓던 흔적 습관의 재발 기운"이라고 불편한 속내를 다시금 드러내 보인다. 그녀는 일본 땅에서 자꾸만 약해지려는 자신을 향해 "8·15가 있었지 않았나 또 어쨌던 새 시대가 바로 눈앞에 만져질 듯 보여질 듯하는 이때가 아닌가. 가끔 꿈속 같은 아니 악몽 같은 괴로움에서라도 머리를 흔들어버릴 수 있을 만큼 희망에 살지 않는가"라고 덧붙이며 스스로를 독려한다. 그리고 앞서 살펴보았던 대로, 그녀는 이제 의식적으로라도 미 점령군의 헤게모니 아래 놓여 있는 일본의 거리 풍경을 조선의 독자들에게 세세하게 전달하는 것이었다.

최이권의 텍스트에 암시적으로 삽입되어 있는 이 조심스러운 긴장으로부터 추론해낼 수 있는 점은 두 가지로 요약될 수 있다. 첫째, 제국의 통치에 적극 협력했던 엘리트들과 그들의 경험이 어떠한 성찰이

"자숙하라! 친일 군상",
《조선일보》, 1948.8.17.

반민특위는 1949년 1월 해외로 도피하려던 화신백화점 소유주 박흥식을 백화점 현관에서 체포했다. 박흥식에 이어 관동군 촉탁 이종형, 중추원 참의 최린, 경찰 노덕술을 비롯하여 최남선과 이광수 같은 문인도 검거되었다. 사진은 반민특위에 의해 체포된 김연수(경성방직 사장, 가운데), 최린(오른쪽) 등이다.

나 반성의 국면을 거치지 못한 채 그대로 해방 이후 국민국가 건설에 직접 활용되었다는 점이다. 이러한 연속성이 가능했던 것은 물론 일차적으로 근대국가 건설의 경험이 박약하다는 데 원인이 있었다. 그러나 결정적으로 이 연속성은 대외적인 세계 냉전의 심화와 더불어 미 군정이 대내적으로 소요되는 정치적·경제적 비용을 줄이기 위해 기존의 인력 풀을 거의 고스란히 가동하면서 필연적으로 수반된 현상이었다. 제국의 징병 지원 연설에 앞장섰던 김활란의 해방 직후 활발한 활동상이나 YWCA의 건재가 단적으로 드러내듯이, 미 선교사들에 의해 주도된 기독교 네트워크나 이와 연계된 미국 유학 경력 혹은 이 두 가지를 모두 겸비한 이력이란 미 군정하 조선 과도정부에서 일하기 위해서는 단연 돋보이는 조건이었다.

둘째, 따라서 신생 네이션에 대한 그들의 '충정'은 물론 공직 수행이라는 여행의 목적 자체에 이미 포함된 것이기도 하지만, 자신들의 과거에 대한 일종의 보상 심리로 마치 강박과도 같이 기행 서사의 기저를 계속 장악한 결과이기도 했다. 전면화되어 있는 국가·민족에 대한 열정은 단순히 미래 지향적인 기획과 의지만은 아니었다. 텍스트 표면에 넘실대는 애국과 소명의 코드는 복잡했던 과거 역사의 그림자가 길게 투영되어 있는, 일종의 신경증적 '증상'이 함께 표출된 결과였다.

여행자들의 눈앞에 감각적으로 펼쳐진 것이 처음 접하는 아시아 지역의 이국적 풍광과 문화임에는 분명하다. 그러나 이런저런 이유로 인해서, 다채로운 풍경을 배치하고 통어하는 기행 서사의 최종 심급은 결국 그들의 조국, 오랜 식민 통치 끝에 분단을 맞이한 그들의 신생 네이션으로 오롯이 귀결되었다. 탈식민 직후 아시아 기행문에서 발견되는 가장 유력한 서사 패턴의 하나는 단일한 실체라는 과거 신화적인 아시아 상을 '해체'하고 신생 국민국가 건설의 긴박한 과제를 독자들 앞에 활짝 펼쳐 보이는 방식이었다.

미국, 새로운 탈식민 파워

거북이처럼 괴로운 세월이
바다에서 올라온다

일찍이 의복을 빼앗긴 토민土民
태양 없는 마레[43]
너의 사랑이 백인의 고무원園에서
소형素馨[44]처럼 곱게 시들어졌다.

민족의 운명이
크메르 신神의 영광과 함께 사는
앙코르 와트의 나라
월남 인민군
멀리 이 땅에도 들려오는
너희들의 항쟁의 총소리

가슴 부서질 듯 남풍이 분다

계절이 바뀌면 태풍은 온다

아세아의 모든 위도緯度

잠든 사람이여

귀를 기울여라

눈을 뜨면

남방의 향기가

가난한 가슴팍으로 스며든다.[45]

말레이시아, 베트남 등 동남아시아 국가들을 차례로 호명하고 있는 시 〈남풍〉은 예의 〈인도네시아 인민에게 주는 시〉의 저자 박인환이 쓴 작품이다. 격동의 해방기, 문학적 상상력이 거의 예외 없이 국가 만들기라는 어젠다 안에서 좌우 진영으로 극심하게 양분되어가고 있을 당시, 박인환은 드물게 시야를 네이션의 경계 너머로 확장한 문인 중의 하나였다. 이 시에서 두드러지는 것은 1945년 8월 이후에도 동남아시아 지역에 대한 미련을 버리지 못하는 유럽 열강에 맞서 싸우는 아시아인들을 향한 공감과 연민이다.

그러나 아시아 약소민족 대 식민제국이라는 구도 설정과 관련하여 좀 더 중요한 사실은, 여행자들이 이 지역에서 목격한 바를 근거로 삼아 식민 열강을 차별화하기 시작했다는 점이다. 이들에 따르면, 1945년 이후에도 계속되는 유럽 열강의 동남아시아에 대한 시대착오적 식민주의의 야심은 비난받아 마땅한 것이었다. 실제로 영국의 식민지인 홍콩을 방문한 여행자들은 영국이 청나라에 대해 얼마나 교활한 침략자였는지 청 왕조의 근대사를 덧붙이며 자세하게 설명하는 것을 잊지 않았다.[46] 여행자들의 묘사는 국내 언론의 아시아 담론과도 적극 공명하는 것이었는데, 예를 들어 베트남에 대한 프랑스, 인도네시아에 대한 네덜란드의 우민정책과 독립운동 탄압은 1945년 이후에도 지속되는 유럽 제국주의를 공격할 때 빠지지 않고 등장하는 항목들이었다. 해방 이후 반일 의식으로 무장한 남한의 지식인들이 적어도 동남아시아에 관해서는, 일본 제국의 통치보다 유럽 열강의 통치가 훨씬 가혹했다는 평가를 내릴 뿐만 아니라 동남아시아에 대한 일본의 우위를 인정할 정도였다. "화란Holland이란 상전 앞에 몸서리 날 굴욕을 당했던 나머지 그들이 같은 아세아의 지도자 일본에 대해서 은근한 공감을 느꼈음은 부정할 수 없는 사실이다."[47]

따라서 반反식민주의라는 척도에서 보자면, 동남아시아 지역을 둘러본 엘리트들은 유럽 열강과 비교해 미국에 매우 관대한 평가를 내리고 있던 것이 사실이었다. 필리핀을 제외하면 동남아시아에 식민지를 소유하지 않았던 미국은 1945년 이전의 식민 통치에 대한 비판으로부터도 어느 정도 자유로울 수 있었다. 게다가 미국의 필리핀 통치는 유럽 열강의 식민 통치와는 뚜렷이 구분되는 것으로 받아들여지는 가운데 새로운 탈식민 파워 미국을 오히려 부각시키는 요소이기도 했다.[48] 특히 "미국이 교육자로 들어와서 친구로서 나간 것을 감사한다"[49]라는 종류의 발언은 필리핀 현지인의 말을 직접 인용하는 방식이었던 까닭에 장르 특유의 '사실 효과'를 극적으로 드러냈다. 동남아 지역을 체험한 여행자들은 제2차세계대전 이후 탈식민 파워로 등장한 미국의 정치적 헤게모니를 적극적으로 승인하는 한편, 아시아의 각 도시에서 이미 광범하게 수용된 미국의 경제적 위력 또한 생생하게 목격했다. 물론 미국의 경제적 영향력은 동남아시아 지역에 투하된 대규모 경제원조에 기인한 것이었다.[50] 하지만 여행자들이 이를 피부로 절감한 계기는 바로 여행 자체를 가능하게 하는 물적 조건인 화폐, 즉 현지 통화 대비 미국 달러의 압도적 위력을 통해서였다.

> 美國 달라를 가진 줄만 안다면 어느 商店에서든지 너도 나도 바꾸고 싶어하니까 換算率이 유리해서 고생하고 시간 허비하면서 銀行에 가서 바꾸는 것보다 적은 돈을 가지고 많은 물건을 살 도리는 얼마라도 있었는데도 不拘하고 그것은 暗取人이라고 할까 우리는 그 方法을 안 取하는 까닭으로 은행마다 문을 두드리고 애를 썼던 것이다. ……印度는 英國의 經濟政策 아래서 굳게 包圍되어 있는 줄 알았더니 英國 돈보다도 印度 돈보다도 美國 돈을 더 慾心내고 思慕하는 것은 確實히 世界에서 第一 安定된 經濟를 美國이 가지고 있다는 것을 證明하는 것이다. 印度뿐만 아니라 上海도 그러하였고 香港도 그러하였다.[51]

여행자들의 증언에서 여실히 드러나는 것은 바로 안정적인 세계 기축통화로서 유통되기 시작한 미국 달러의 보편성이다. 화폐가 재화의 가치를 매개하는 상징체계라면, 사물의 의미를 매개하는 상징체계로서 각국 언어 가운데 호환성이 가장 높았던 언어 역시 영어였다는 점은 아시아 국가들 사이의 의사소통 문제에서도 변함없는 공리였다.

여행지가 아시아 지역임에도 이 지역 여행자의 절대다수가 해당 지역 언어 능통자가 아니라 유창한 영어 실력을 검증받은 식민지 시대 미국 유학파였다는 점은 새삼 거론할 필요도 없는 사실이었다.[52]

"파도치는 태평양"[53]

미 군정 통치하에서 경무부장警務部長을 지낸 조병옥은 대한민국 정부가 수립된 지 한 달여 만인 1948년 9월, 이번에는 대통령 이승만의 특명을 받은 유엔 특사로 전격 발탁된다. 특사로서 맡은 첫 번째 임무는 1948년 12월 파리에서 개최될 제3차 유엔총회에 참석하는 것이었다. 총회를 개최하기 전에 우방국들을 차례로 방문하여 외교적 지원을 얻어내는 것, 그리하여 최종 목적지인 파리 총회에서 대한민국 정부 수립을 공식적으로 승인받는 일이 특사의 임무였다. 38선 이북과 격심한 체제 경쟁을 벌이고 있던 대한민국으로서는 국제연합의 승인이 절실한 시기였다. 경무부장 시절 '좌파 색출'에 혁혁한 공을 세운 조병옥은 단연 대한민국의 대표성을 호소하는 이승만의 유엔 특사로 선발되었다.

물론 당시 한국의 지식인들 사이에서 국제연합의 승인이 가질 실제적인 유효성에 대한 우려가 전혀 없었던 것은 아니다. 유엔은 창설될 당시 애초 의도했던 바대로 보편적인 이념과 윤리가 구현되는 장場이라기보다는 실상 미국의 의지가 주로 관철되는 무대였기 때문이다. 몇몇 지식인은 유엔이 오히려 지역적이고 특정한 이해를 대변하는 분파적 단체로 전락할 위험을 경고했다. 예를 들어, 박기준 같은 언론인은 유엔을 무대로 통일 조선을 기도한다는 것은 이북 정부가 소련의 '블록' 안에 편입되는 것과 크게 다를 바 없다는 목소리를 내기도 했다.[54] 그러나 당시 이승만 정부에 중요한 것은 보편이든 의사擬似 보편이든 국제적 승인을 어떻게든 받아내는 일이었다. 유엔 특사로 나선 조병옥의 순방 일정은 당시 《서울신문》에 연재되어 자세한 내용이 일반 독자들에게 널리 소개되었다. 이듬해에는 곧바로 단행본으로 출간될 만큼 그의 특사 일정은 세간의 주목을 받은 것이 사실이었다. 일종의 가치 전도가 일어난 셈인데, 국내 미디어의 지대한 관심 속에서 국민들은 유엔에 의한 국가 승인 자체가 정부 수립의 궁극적 목적인 양 인식하기 쉬웠다. 마치 성배를 찾아 나선 파란만장한 모험담과도 같이, 조병옥의 기행 서사는 유엔이라는 기관의 권위를 빌려 국가 주권을 물신화한 형태로 재현하는 데 큰 몫을 했다.[55]

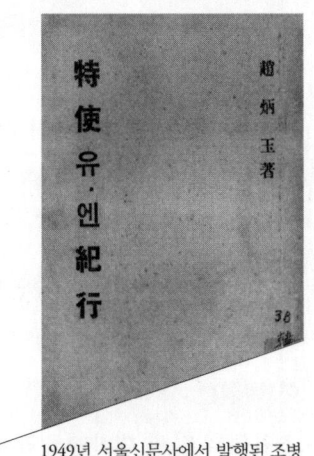

1949년 서울신문사에서 발행된 조병옥의 《특사유엔기행》의 표지.

그런데 조병옥의 유엔 특사행은 국제연합의 승인 외에도 실상 중요한 목적을 하나 더 가지고 있었다. 점점 눈앞의 현실로 다가오는 주한 미군 철수 방침을 철회하도록 트루먼Harry Truman 대통령과 회견하는 일 역시 이번 특사행의 주요한 임무였다. 실제로 1947년 후반부터 미국 내에서는 이미 남한 주둔 미군의 철수를 둘러싼 논의가 등장하기 시작했다. 이승만 정부는 미국 내의 여론과 철수 움직임에 촉각을 곤두세우는 한편 국내에서도 다양한 방법을 동원해 미군 철수를 연기시키고자 했다. 예를 들어 윤치영 내무장관이 그해 9월 8일 성명을 발표했는가 하면, 남한 국회는 미군의 계속적인 주둔을 요청하는 결의안을 채택했다.[56] 따라서 조병옥의 유엔행은 임박한 미군 철수를 저지하고 정부 수립을 합법적으로 승인받는다는, 대한민국 정부로서는 몹시 탐나는 두 마리 토끼를 한꺼번에 잡기 위해 기획된 일정이었다. 이렇게 시작된 조병옥의 여정은 일본과 중화민국(타이완), 필리핀을 거쳐 태평양 지역을 횡단하여 미국과 캐나다, 영국, 그리고 마지막으로 총회 장소인 파리의 순서로 이어지는 3개월여에 걸친 대장정이었다.

그런데 조병옥의 이 일정에서 특히 눈여겨볼 곳은 태평양 지역이었다. '아시아 태평양'이라는 지정학적 조어가 가리키듯이, 태평양 지역은 미국과 일본 양자 모두 자국의 헤게모니를 확대하기 위해 영토 팽창의 모험을 감행했던 경계의 공간이자 치열했던 전투의 장소였다. 태평양전쟁 당시 미·일의 격전지였던 괌 섬과 웨이크 섬, 미드웨이 섬과 하와이 일대를 둘러본 신생 대한민국의 특사는 도쿄에서 느꼈던 승리감에 버금갈 정도의 통쾌한 생각을 금치 못하며 새삼 일본의 패배를 확인했다.

그러나 1941년 8월 25일, 삼천리사가 주최한 임전대책협의회에 참석했던 조병옥이 당시 대동아공영권의 프로파간다를 전파하는 데 매우 적극적인 인사 중 하나였다는 점을 환기해보면,《특사유엔기행》 역시 제국 일본 시절의 기억과 관련된 특정 대목을 대거 생략한, 전형적인 결락의 텍스트라는 점을 알 수 있다.[57] 그 대신 그 공백을 메운 것은 일본 해군을 끝내 물리친 미국 해군의 위업과 위용에 대한 아낌없는 찬사였다.

진주만은 우리 한국 민족 해방에 지대한 역사적 유서가 있음을 회고할 때 감격과 통쾌함을 금치 못한다. 1941년 12월 8일 일본 해군이 미국 해군의 국보인 이 군항을 폭격까지 아니하였던들 미일전은 좀처럼 개시되지 않았을 것이다. 귀공자의 미국민은 과거 34년간을 두고 일본과의 전쟁을 회피하여온 것은 역사적 사실이다. 일본군의 준동蠢動은 미국민의 자존심을 해하여 도전하게 됨에 미국민은 필경 그 은인자중隱忍自重하였던 정의의 칼을 뽑아들었다. 일본의 망동은 결국 일본을 자멸케 하였고 그 반대로 이 땅에는 해방의 꽃이 피게 하였다.[58]

사실상 미국은 태평양전쟁 발발 이전부터 이미 이 도서 지역에 식민 본국에 준하는 영향권을 행사해왔다. 그리고 전쟁에 승리한 후에는 현재의 태평양 사령부에 해당하는 대규모 기지 건설 사업을 본격적으로 추진하는 중이었다. 그러나 당시 미국 내에서는 이 지역에 군사기지를 건설하는 문제에 대해 좀 더 신중해야 한다는 비판도 존재한 것이 사실이었다. 주로 전후 미국 내 자유주의적 지식인들이 이러한 목소리를 냈는데, 그들은 지역 주민들의 의사를 무시하면서 군사적 조치를 강화하는 것이 미국의 전통과 일치하지 않으며 실제적으로 그런 정책이 주민의 반감 때문에 도리어 역효과를 가져올 염려가 있다는 점을 날카롭게 지적했다. 미국 내 태평양 문제의 권위자 중 한 사람이었던 케네디Robert Kennedy 역시 "경제적·군사적 측면에만 신경을 쓰고 정작 국제 관계에 가장 중요한 인간의 문제에 눈이 어두워서는 못쓴다. 태평양의 주민들을 잊어서는 안 된다. 이것이 인간 전략이라는 것이다"라고 주장했다.[59]

특사 조병옥이 둘러본 섬들은 미국 내 반대 여론이 있었음에도 명실공히 미국의 태평양 방위선으로 거듭나게 된 바로 그 '기지의 섬'들이었다. 미국이 태평양을 방위하려는 주목적은 과거 일본 군국주의의 부활을 감시하고 견제하려는 의미도 전혀 없지는 않았지만, 그보다는 1947년 말 이래 본격적으로 시작된 냉전의 진영 논리가 추가되어 반공 기지의 목적이 한층 강화된 것이 분명했다. 널리 알려졌다시피, 일본의 민주화를 추진하던 연합군 총사령부는 중국 대륙의 공산화 추이를 지켜보다가 자유주의적인 점령 정책을 급선회한 바 있다. 그리고 이 대대적인 '역코스'의 시작과 함께 한때 인도를 반공 보루로 거점화하려던 미국의 대아시아 정책은 제2차세계대전 당시 적국이었던 일본을 부활시키는 쪽으로 노선을 변경하게 된다. 미국의 동아시아와 태평양 방위의 기본 프레임은 이렇게 만들어졌다.

마침내 익일翌日 조조早朝 '구암' 도島에 도착하였다. '구암' 도는 근 이백 평방리의 면적을 가진 상당한 규모의 도서島嶼로서 전전戰前에 있어서도 미국의 아세아 정책 수행상 미국과 비율빈 사이의 교량 작용을 하던 중요한 기지이었다. ……제2차 대전 종전 후에도 미국은 태평양 방위에 착안하여 '하와이', '오끼나와'와 아울러 3대 군사 근거지의 하나로 결정하고 그 시설을 착착 진행 중에 있다. 인구로 보아도 전전에는 일만 오천밖에 안 되

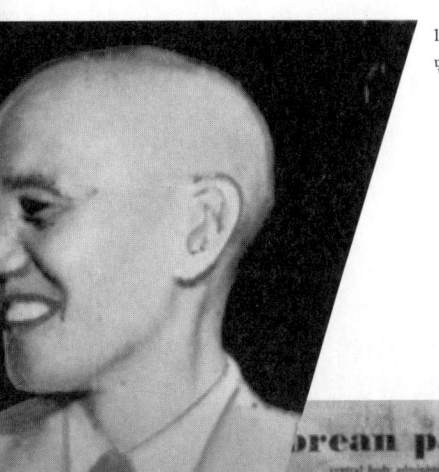

1949년 태평양 동맹의 발의자들(필리핀 6대 대통령 키리노, 중화민국 초대 총통 장제스).

북대서양조약기구에 필적하는 공동방위 체제인 태평양 동맹 체결을 위해 오스트레일리아를 방문한 초대 주미 대사 장면.

던 것이 금일에는 군대를 합쳐서 약 팔만 오천을 추산한다고 한다. 그리고 기설 해안 시설도 방대하지만은 현재 계획 중에 있는 설비가 완료되는 날에는 그야말로 문자 그대로 태평양 방비를 위한 완벽의 군사 근거지가 될 것이다.[60]

태평양 방위라는 미국의 기본 군사전략을 토대로 1949년 가을 무렵 한국의 지식인들 사이에서 떠들썩한 이슈가 되었던 '태평양 동맹'은 아시아 지역에 집단 반공 블록을 만들려는 구상 중의 하나였다. 원래 태평양 동맹의 발상은 필리핀 키리노Elpidio Quirino 대통령의 제안으로 발의된 것이었지만, 중국 공산당과 북한의 존재에 커다란 위협을 느끼고 있던 국민당의 장제스와 남한의 이승만이 각각 여기에 적극적으로 호응하는 가운데 논의가 본격적으로 확산되었다. 강성의 군사적 반공 동맹을 지향하는 태평양 동맹이라는 발상이 공론화된 것은 같은 해인 1949년 3월에 북대서양조약기구NATO가 결성되면서부터였다. 말하자면 이 동맹의 취지는 대서양 쪽의 선례를 적극적으로 벤치마킹하자는 데 있었다.[61]

조병옥의 유엔 기행 자체는 1948년 9월의 일로, 아직 태평양 동맹이 거론되기 전에 특사 일정이 시작되었지만, 그의 여행 루트는 이후 태평양 동맹의 핵심 발의 국가들이 될 중화민국과 필리핀을 거쳐 미국령 태평양 제도의 군사기지 순서로 이어진다. 이 경로는 이후 이승만 정부가 구상하는 동맹의 주체들과 정확하게 일치하는 셈이다. 이러한 점에서 보자면 태평양 동맹은 외적으로는 나토의 등장에 자극받은 것으로 알려져 있지만, 실상 그 이전부터 어떠한 형태로든 아시아 지역 국가들끼리 반공 동맹에 대한 구상을 물밑 작업의 형태로 진행했던 것으로 보인다. 한 가지 구별되는 점이 있다면, 나토의 경우 체결 당시 군사동맹 기구라기보다는 북대서양 국가들의 정치 협의체에 더 가까웠지만, 장제스와 이승만은 애초에 강력한 반공 동맹의 군사기구로 태평양 동맹을 구상했다는 점이다.

그러면 왜 태평양 동맹은 필요한가? 아니 왜 공산주의 방파제를 구축해야 하는가? 그것은 두말할 것도 없이 민족 해방과 지금의 소위 공산주의는 근본적으로 상용되지 않기 때문이다. 적어도 현대에 있어서 진정한 민족 해방이란 민주주의 정치체제의 확립을 의미하는 것이다. 그러므로 북대서양 동맹이 기존 민주주의 체제의 유지와 인간 자유의 보장을 목적으로 성립된 것과 달리 태평양 동맹은 이와 유사한 듯하면서도 그 의의와 성격을 달리하는 것은 이제 싹트려는 민주주의 요소의 개발과 발전을 위하여 단일적인 전체주의 이념을 강요하는 볼셰비키를 배격하여야 한다는 데 있는 것이다.[62]

《동아일보》 편집부장이자 이후 대한민국 5~6대 국회의원을 지낼 김상흠이 1949년 8월 《신천지》에 기고한 이 글은 당시 태평양 동맹을 둘러싼 한국 공론장의 지형을 압축적으로 보여준다. 김상흠의 글에는 남한 파워엘리트의 불안이 여실히 드러나 있는데, 이 초조함의 근원에는 제국의 식민 통치로부터 벗어난 아시아 각국에 '탈식민' 파워로서 어필했던 나라가 단지 미국만이 아니었다는 사실이 있다. 중국 대륙은 차치하고서라도 인도차이나반도의 여러 나라와 말레이시아, 인도네시아, 그리고 인도 내부에서도 지역민들의 자발적 지지에 힘입은 친소적 정치 활동은 매우 강력한 흐름으로 꾸준히 존재했다. 소련식 민주주의 모델이 상대적으로 중시하는 분배의 정의나 경제적 평등이라는 이슈가 갓 독립을 이룩하거나 독립의 과정에 놓인 아시아 지역 인민에게 광범한 기대와 호감을 불러일으킨 것은 잘 알려진 사실이다.

그러나 정부 수립 직후 발생한 여순사건(1948)의 여파로 '빨갱이' 색출에 여념이 없던 한국의 주류 사회에서 소비에트식 민주주의의 잠재된 가능성이 공론화될 여지는 거의 없었다. 해방 직후 소련과 미국을 일종의 경쟁 관계 속에서 재현하던 공론장의 다양성은 '소련=전체주의' 정권이라는 도식에 의해 급속하게 경직되고 수축되어갔다. 김상흠이 민족 해방이란 곧 '민주주의 체제의 확립'이라고 단언하면서 소련식 모델을 아예 민주주의의 논의 지평에서 삭제해버린 것도 이러한 맥락에 놓여 있는 것이었다.

물론 엄밀히 말하면, 미국과 영국 같은 서방과의 동맹을 기본 전제로 하면서도 냉전의 두 축인 미소 양측 모두의 진의를 경계하는 경우도 전혀 존재하지 않았다고만은 할 수 없다. 예를 들어, 유엔의 보편성에 대해 회의 목소리를 낸 바 있는 박기준은 "서양과의 건설적 협력을 희망하는 우리들이니만치 우랄 산맥[63]과 서에서 오는 선미로운 실행을 그것이 아세아를 진실로 사랑하는 것이라는 전제에서 기뻐 맞아드릴 것"이겠지만, "일방의 선전에 대한 타방의 역선전만이 거래할진대 우리는 결국 쌍방의 성의를 의심"할 수밖에 없다고 주장했다.[64] 그러나 이러한 '중도적인' 입장은 1948년 12월 국가보안법 제정 이후 국가권력의 기반 다지기라는 국내 정국의 진행상 좀 더 파급력 있는 수준으로 확산되기는 어려웠다.

역사를 회고해보면, 태평양 동맹이 아시아라는 지역을 하나의 단위로 사고하고 행동한 선례로 이해될 수 있을지도 모른다. 그러나 결정적으로 동맹의 성사가 미국의 참여 여부에 달려 있었다는 점에서 평가하면, 태평양 동맹이 지역주의 자체를 지향하는 외교적 노력이었다고 보기는 실상 어렵다.[65] 당시의 김상흠 역시 다음과 같이 말하지 않았던가. "태평양 동맹은 한국·중국·필리핀 3국을 중심으로 어떠한 형태로든 간에 결실을 맺을 기세를 보이고 있지만, 동맹의 실질적 면을 고려할 때 미국의 참가가 없이는 한갓 공포에 불과한 것"이 되고 말 것이라고.[66]

신생 중국에 대해서 아직 어떤 태도를 취해야 할지 마음을 정하지 못한 미국으로서는 이 강성의 군사 반공 동맹이 부담스러운 것일 수밖에 없었다. 미국의 참가 가능성에 회의적이었던 김상흠의 이 예측은 곧 현실이 되었다. 일련의 상황들을 반추해보면, 강력한 아시아 반공 블록을 간절히 구상하게 된 것도, 미국의 불참으로 블록이 끝내 성사되지 못한 것도 결국 중국이라는 거대한 대륙의 존재를 빼놓고서는 이야기할 수 없는 일이었다. 중화인민공화국PRC, 그곳은 전후 아시아의 지도 자체를 바꾸어버리는 한편 서방의 국제사회를 긴장하게 만드는 땅이었다. 하지만 달리 생각하는 사람도 많았다. 그것은 예측할 수 없는 미래에 대한 희망으로 전후 아시아의 약소민족들을 설레게 만드는 기대의 이름이기도 했다.

3장

적인가 동지인가

정비석(鄭飛石, 1911~1991)
연도 : 1956년
지역 : 타이완
프로젝트 : 한국 아세아반공연맹 회원으로 타이완 친선 방문.
저술 : 〈오리도 먼지도 없어진 대만〉

頌 • 蔣總統

— 蔣總統 銅像앞에서

이 어른은 역사를 왕래하시는 어른이시다.

이 어른은 동양을 식민의 역사로부터 해방시켜 주신 어른이시다。

이 어른은 이 민족의 모든 야욕과 침략으로부터
민족을 국토를 국가를 구출하신
이십세기 최후의 영웅이시다。

이 어른은 중화민국 오천년 사억만 민중의 영도자

이 어른은 중화민국 오천년 사억만 민중의 생명과 생존을 위하여
지금 잠을 이루지 못하시는 어른이시다。

이 어른은 인류의 무자비한 야만
공산주의자들과 싸우고 계시는 어른이시다。

태풍 전야의 상하이

1949년 4월 2일, 《경향신문》 기자였던 김병도는 특파원 신분으로 국공 내전이 한창인 중국 대륙에 파견된다. 대한민국 정부 수립 이후 최초의 언론사 해외 특파원인 셈이었다. 당시 중국 내부의 어수선한 사정 탓에 그의 중국행은 까다로운 승인 절차를 거쳐 2개월을 대기한 후에야 간신히 성사될 수 있었다. 노스웨스트 사社의 서북 항로를 거쳐 전운戰雲이 감도는 상하이에 도착한 대한민국 특파원의 눈에 비친 중국의 상황은 한마디로 비관 그 자체라고 할 만한 것이었다. 서양의 거대 자본이 선호했던 명실상부한 국제도시, 자본주의의 호화스러움과 아편에 중독된 인간 군상이 극명한 대조를 이루던 "기형적인 메트로폴리스"[1] 상하이는 이제 붉은 군대의 예고된 공격 앞에 무방비로 노출되었다.

실제로 당시 마오쩌둥毛澤東의 공산당은 1949년 1월에 베이징을, 4월에는 이미 난징을 함락하며 승승장구하고 있었다. 게다가 동북 삼성을 비롯한 만주의 전 지역을 점령한 중공군은 화북華北과 양쯔 강 이북까지 단숨에 수중에 넣은 상태였다. 상하이의 물가는 닥쳐올 전쟁의 예감으로 천정부지로 뛰어올랐고, 장제스 정부의 화폐인 금환권의 시세는 하루가 다르게 폭락했다. 심지어 음식점에서 식사를 시작할 때와 마칠 때의 가격이 달라진다는, 그야말로 거짓말 같은 이야기가 눈앞의 현실이 되어 있었다.[2] 당연한 일이지만, 반면 중공군이 사용하는 은환권의 가치는 무섭게 치솟아 올랐다. 더욱이 국제사회가 낙관했던 국공 평화 회담이 결렬되자, 두 화폐의 가치 차이는 엄청나게 벌어졌다. 전투를 갓 치른 난징을 비롯한 중국 각지로부터 신변과 재산을 보호하려는 피난민들은 거대한 흐름이 되어 출렁이고 있었다. 아, 중국이여. 식민지 시대에 이미 중국의 몇몇 도시를 방문한 경험이 있으며 해방 이후에는 철저한 '반공'의 일념으로 무장했던 대한민국의 특파원은 길고도 격앙된 목소리로 탄식했다.

중국의 내전은 아시아 지역의 향후 운명을 좌우할 것이라는 점에서 확실히 당대 남한 엘리트들에게 초미의 관심사였다. 여기에 더해 동족끼리의 분열이라는 관점에서 보자면, 국공 내전은 민족의, 아니 역사의 거울과도 같은 사건이기도 했다. 그러나 한편으로는 선뜻 이해되지 않는 부분도 분명 존재했다. 과연 조선과 중국의 경우를 동일하다고 말할 수 있는 것일까? 조선이 힘없는 약소국이며 식민지였기 때문에 분단될 수밖에 없는 측면이 있었다면, 연합국의 일원이며 전쟁의 승자이기도 한 거대 중국은 도대체 왜 '저 지경'이 되었을까. 중국은 왜 일제로부터 난징을 탈환한 지 1년도 채 못 되어 다시금 민족 간 전쟁에 휩쓸리게 되었을까. 특파원 김병도는 취재 기간 내내 꼬리에

베이징에 입성하는 인민해방군의 모습.

1949년 10월 1일 마오쩌둥은 중화인민공화국의 수립을 선포한다.

꼬리를 무는 이런 질문을 스스로에게 던지고 있었다.

김병도가 쓴 《신문기자가 본 중국》이라는 제목의 두툼한 취재기는 도저히 남의 일처럼 보아 넘길 수 없었던 중국의 실태를 정확히 파악함으로써 우리는 우리의 조국을 구출해낼 수 있다는 기대와 사명감을 한껏 내보인다. 중국 체류 기간 내내 기자 특유의 기민한 감각을 발휘한 그는 날품팔이 노동자인 쿨리들의 바닥 민심에서부터 중국의 일반 시민들, 재계나 정계, 문화계의 고위 인사들을 두루 만나고, 관찰하고, 인터뷰한다. 그리하여 특파원 김병도는 현재 민국 정부의 패인敗因이 중국인들의 특정한 '성격적 결함'에서 비롯하는 것이라는 꽤나 '과감한' 진단을 내린다.

> 오늘날 국민정부가 저와 같이 비참한 조락을 밟게 된 이유도 이상에서 말한 바와 같이 중국 민족은 개인주의와 자유주의적 경제 이념에서 키여 온 한족들임으로 원래 중국인의 숭배하는 것은 가족주의와 종족주의다. 다만 종족주의, 가족주의가 있을 뿐이지 국가주의인 즉 민족주의는 없었기 때문이다. ……여하간 중국은 세계 어느 국가에서도 그 유례를 찾아볼 수 없을 만큼 개인주의에 도취되여 있다. 그리하야 그들은 개인 없이는 국가가 없다는 생각을 하고 있어 철저하게 개인을 차저내여만 국가를 발견할 수가 있다고 주장한다. 이 생각이야말로 끝끝내 국민정부를 파괴시키게 하였고 국민정부는 국민을 토대로 한 기초를 닦지 못하였기 때문에 오늘의 쇠퇴 일로를 더듬어 나가게 되었다.[3]

김병도가 관찰한 바에 따르면, 평균적인 중국인들은 현재 시국에 대해서는 관심 없다거나 모른다는 식의 반응이 대부분이었다. 그들은 그저 화폐 가치 저락에 급급할 뿐이었고, 심지어 개중에는 전쟁이라는 혼란스러운 틈을 타 허황된 일확천금을 꿈꾸는 데 정신이 팔려 있는 '한심한' 모습도 있었다. 이어 그는 앞으로 1년 후면 명확하게 빗나갈 예측과 희망을 여기에 덧붙인다. 중국에 비하면 국가와 민족 사상이 판연히 서서 국가 의식이 강하고 단결력이 있는 그의 조국 대한민국은 국공 내전과 같은 사태를 결코 겪지 않을 것이라고.

　김병도가 중국 취재를 떠난 1949년 당시의 한국은 대통령 이승만과 초대 문교부 장관 안호상의 합작으로 만든 '일민주의'의 이념이 언론과 제도 교육의 구석구석으로 위력적인 기세로 파고들 무렵이었다. "뭉치면 살고 흩어지면 죽는다"라는 유명한 구호를 남긴 이승만의 일민주의는 원래 공산주의 배척이라는 뚜렷한 목표를 가진 반공의 프로파간다였다. 그러나 국가나 민족을 위한 개인의 아낌없는 희생을 영웅시하고 독려한다는 차원에서 보면, 일민주의는 오히려 가까운 과거 태평양전쟁 시기 동안 일제가 전쟁 동원의 논리로 악용한 일억옥쇄一億玉碎[4]의 신민의 논리와 무척 닮은 것이기도 했다. 김병도가 중국인들의 개인주의를 신랄하게 비판하고 신생 한국인들의 국가·민족 의식을 유달리 과신했던 배경에는 1949년 남한에서 빠른 속도로 보급되고 있던 일민주의의 영향이 결코 적지 않았던 것으로 보인다. 자신만만했던 김병도는 당시 세계를 놀라게 한 장제스 정부의 부패상 역시 근본적으로는 중국인들의 개인주의에서 비롯된 것이라는 분석을 내놓았다.

미국 모 사절단의 원조가 상해에 도착하였을 때다. 그 무기가 국군에게 할여割與되기도 전에 벌서 그 일부는 중공의 손에 들어가 버렸었든 사실이 당시 세상에 폭로되어 일대 '센세이슌'을 이르켰었는데 그 후 얼마 지나지 않어 역시 국군 장교가 기관총 수백 정을 중공군에게 팔아먹은 것을 위시하여 헤아릴 수 없이 그 수는 많었든 것이다. 이러한 악충은 장교 간에만 있는 것이 아니라 대소규모의 사건이 하부 졸병층에 더욱 심하게 유행되고 있다고 한다. 국가에서 일병단에 무기를 분급하면 이 전투용 무기는 그 병단의 최고 간부에서 어느 정도 분취하고 다음에 이것이 사령대로 배분되면 또 여기서도 중간층 간부들이 간부 몫으로 배분된 수량의 몇 분을 뺀다. 이러한 사실은 간부들 사이에만 있는 일이 아니라 심지어는 최전선의 졸병까지 전투는 고사하고 전투용 무기를 중공에게 팔아먹기를 일상사로 여기고 있다. ……그들의 개인주의에서 뼈쳐난 자유주의 경향과 국군의 고용 제도 등등으로 오늘의 비참한 중국의 현상을 비저낸 것은 사실이다.[5]

국공 내전 당시 국부군의 무기 매매는 중국 국내뿐 아니라 국제사회를 놀라게 한 일대 사건이었다. 기관총 한 자루당 쌀 몇 가마, 소총 한 정에는 얼마 하는 식으로 엄연한 정가가 매겨져 있었을 뿐만 아니라, 국공 간 전투가 벌어지는 현장에는 반드시 이러한 종류의 소개와 알선을 전문으로 하는 군인 브로커들이 존재했고, 이들이 거액의 재산을 모았다는 사실은 가히 충격적인 것이었다. 김병도는 이러한 사태에 대해서 국민정부가 부패한 것이 아니라 중국 국민성이 오늘날 국민정부를 그렇게 만들어놓은 것이라면서 패전의 책임을 장제스 정부뿐만 아니라 중국민 전체에게로 분산시켰다. 전쟁 책임이 단순히

장제스의 국민정부는 명분상으로는 삼민주의(민족, 민권, 민생)를 내세웠지만, 실질적으로는 계엄령하의 총통 절대 독재정치를 펼쳤다. 장제스(오른쪽)와 그의 부인 송미령(가운데)의 모습.

전투를 담당한 군인과 정부에만 있을 수는 없다는 점에서 그의 주장에도 일리가 전혀 없었던 것은 아니다. 그러나 그의 논리대로라면, 극도로 개인주의적인 성향의 중국인들이 중공군 진영에 속하게 되면 어떻게 그런 전대미문의 혁혁한 전승을 올릴 수 있는지 설명할 방도가 전혀 없었다.

한편 《신문기자가 본 중국》의 가장 흥미로운 대목 중 하나는 중국공산당에 비해 상대적으로 국민정부에 관대했던 저자가 패배의 대외적 요인으로 미국과 영국을 지목하면서 강도 높게 두 나라를 비판하고 있다는 점이다. 김병도에 따르면, "중국을 이렇게 무능력하고 약체화시켜논 근본 원인이 미국에 있는 것"을 국제사회는 깨달아야만 했다. 특히 그는 미국의 전후 처리가 나이브했다는 점을 되풀이해서 지적했다. 중공이 소연방화된 사실을 직시하지 못하고 미국은 오히려 물과 기름 사이 같은 중공과 장제스 정부의 국공합작을 적극 추진하

3장 적인가 동지인가 123

고 나섰다는 것이 비판의 핵심이었다.

《신문기자가 본 중국》은 글의 전반적인 구성상 일반적인 기행문과는 조금 다른 방식으로 쓰인 책이었다. 이 기행문은 이국에서 무엇을 새롭게 보고 듣거나 혹은 누구를 만나 이야기를 나누며 그 나라의 음식을 함께 먹고 다시 길을 떠난다는 식의 일반적인 기행문의 스타일을 취하지 않았다. 오히려 이 책은 그러한 감각적인 정보는 최소화한 채 현재 전시 중국의 정세에 관한 기자 자신의 분석과 주장을 전면에 드러낸 논문의 형태에 가까웠다. 김병도의 확고부동한 견해에 따르자면 오늘의 중국을 '이 지경'으로 만든 주범은 두 가지였는데, 첫 번째는 중국에 대한 미국의 '무지'요, 두 번째는 바로 무지에 못지않은 미국의 '무책임'이었다.

"중국을 반신불수화시킨 자 누구냐"[6]

대한민국 특파원의 이 강경한 비판은 공산당과 대치하고 있음에도 미국의 배려를 받지 못한 장제스 정부에 전적으로 감정이입하지 않고서는 나올 수 없는 발언이었다. 김병도 비판의 초점은 국공합작에 대한 기대가 애초 성사될 가능성이 없는 무리한 것이라는 점을 미국이 진작 깨닫지 못했다는 데 있었다. 당시 역사를 돌이켜보면, 미국이 국민정부와 공산당 사이에서 어떻게든 둘 사이를 중재해보려고 노력을 기울인 것은 틀림없는 사실이었다. 알려진 대로, 제2차세계대전 직후 미국은 유럽에서와 달리 동아시아 지역에서는 적극적으로 개입하기를 원하지 않았다. 그러나 사정은 이내 달라졌다. 중국이 대 항일전을 끝내고 본격적인 내전 상태로 돌입하면서, 게다가 전세가 차츰 중공군에 유리해지면서 미국으로서는 잠자코 방관하기 어려운 쪽으로 사태가 진행되었기 때문이다.

국부군과 중공군 사이의 갈등이 꽤나 오래된 것이라는 사실은 물론 공공연한 것이기도 했다. 국부군은 중공을 가리켜 일본보다 "더 무서운 적"이라고 말한 바 있거니와 이미 항일전의 와중에도 두 세력의 불화는 뚜렷하게 감지되었다. 연합군의 승리 직후, 양측 사이에 잠시나마 평화의 기운이 감도는 듯 보이는 순간이 없었던 것은 아니다. 1945년 8월 충칭重慶에서 상호 협력을 약속하는 쌍십협정雙十協定이 마오쩌둥과 장제스 사이에서 이루어져, 국제사회는 물론이고 중국 국내에서도 합작에 대한 기대가 한껏 부풀어 오르기도 했다. 그러나 회담이 진행되는 중에도, 장제스가 협상의 우위를 점하기 위해 국지적인 전투 공격 명령을 내렸다가 결국 중공군에 패배하는 일이 두 차례 벌어지기도 했다. 과연 이 두 세력 사이의 합작이란 가능하기나 한 것일까. 그럼에도, 전세가 유리했던 공산당은 여전히 기대를 버리지 않았다. 불씨가 꺼져가는 회담이 계속 추진되긴 했지만, 이러한 상황에서 양측 간의 협상이 순조로울 리는 없었다.

1945년 12월, 미국이 마셜George Marshall 장군을 중국에 파견하여 국공합작에 개입하게 한 이른바 마셜 미션이 이루어진 것도 바로 이 대목이었다. 미국의 의도는 국민당의 정치적 헤게모니 아래 공산당과 연립정부를 수립하게 하는 것이었고, 더 나아가 동아시아에서 소련과 심각한 무력 충돌 없이 자국의 영향력을 일정 정도 확보하는 것이었다. 그러나 이후의 역사가 증명하듯이, 장제스를 비롯한 국민당의 강경 우파는 사실상 합작에 대한 의지를 거의 보이지 않았고, 그 대신 중공군에 대한 '결사 항전'의 길을 선택한다.

김병도는 이 대목에서 역시 미국을 소리 높여 비판했다. 그는 미국이 국공합작을 추진하는 노력을 깨끗이 단념하고 전적으로 "국민정부를 육성시키는 것이 보다 더 중대하며 그 몇 배나 효과적일 것인가"를 생각해보라고 주문했다. 그러나 연합군의 승리 이후 미국이 국민정부에 쏟은 원조 액수가 결코 작은 규모가 아니었다는 점은 누가 보아도 분명했다. 미국은 1949년 2월까지 국민정부에 총 1억 2300만 달러 이상의 자금을 공급했고, 1948년 미 의회를 통과한 중국 원조 법안은 여기에 1억 2500만 달러를 추가로 지원하는 등 실로 방대한 규모였다. 게다가 무기 원조까지 더하면, 미국의 원조는 그 시점까지도 중공군에게 별다른 원조를 하지 않고 있던 소련과 비교했을 때 훨씬 더 의식적이고 적극적인 것이었다.[7] 물론 김병도가 전란 중인 중국 대륙으로 건너갔던 1949년 4월 당시, 미국이 내전의 정세를 관망하는 소극적인 태도로 점차 변해갔던 것은 사실이었다. 미국은 이 전쟁의 승운이 중공군에게로 확실히 기우는 상황을 확인했고, 그 결과 국민정부를 지원하는 데에서 서서히 손을 떼려는 중이었다.

국민정부가 패하고 중공군이 전 중국에서 기초를 공고하게 닦을 대로 닦는 데도 미국은 이에 대해 방관 태도를 취할 뿐 아니라 지금까지 원조하여 오던 그 물자조차 중국 사태가 돌변됨을 따라 중지하게 되어 오늘에 이르러선 더욱 중국은 보잘것없고 믿을 곳 없는 그야말로 노끈히 끊어진 도랑

이와 같이 된 이 환경을 미국은 아는가? 모르는가? 오늘날의 중국 사태가 박궈진 그 모든 원인과 책임은 하나에서 열까지 미국에 있다고 기자는 지적하고 싶다. ……미국과 중국의 우방적 관련은 저번 제2차 대전을 통해 더욱 끊을 수 없는 인연과 역사를 창조함에 따라 심각하여 갓슴에도 불구하고 지금의 미국은 중국과의 과거를 송도리채 씨서 버리고 새로 등장하려는 것은 중공과의 미묘하고 심오한 관계이다.[8]

중국 대륙의 지배자가 국민당에서 공산당으로 교체된 이 사건은 미국에도 큰 타격이었지만, 동아시아의 '자유' 진영 국가들에는 자국의 군사적 안보와 직결된 문제였다. 국민정부는 말할 것도 없고, 대한민국과 필리핀 같은 반공 국가들은 중국 사태에 극도로 민감할 수밖에 없었다. 특파원 김병도가 판단하기에, 미국이나 영국의 대對중국 정책은 철저하게 극동에서 권익을 취할 수 있느냐 없느냐 하는 실익 위주 노선이었다. "대의명분이라는 도덕적 관념"과는 당연히 거리가 먼 것이었다. 그의 견해에 따르면, 중공 측의 전세가 조금 유리하다고 해서 오랜 동맹을 저버리고 중공을 가까이하려는 것은 국제사회의 신의를 저버리는 것이었다. 김병도는 대의명분이라고 표현했지만, 정확히 말하자면 미국이 주창하는 '자유민주주의'의 이념을 끝까지 지원하라는 것일 터였다. 이런 태도는 "국공 양방은 논할 것조차 없고 널리 전 중국 민중에게 깊이 불신의 씨를 뿌리는 비애"를 면치 못할 것으로 보였다.

그러나 김병도가 노기 띤 어조로 견해를 피력했음에도, 사태는 이미 결정 난 것으로 보였다. 장제스 정부가 타이완으로 전면 후퇴하는 것은 이제 단지 시간문제였다. 중공군의 대륙 접수, 이 사건은 소련이 세계의 3분의 1을, 미국이 그 나머지를 통제하는 상태를 유지하기로 한 미소 쌍방 간의 실질적 합의인 1945년 2월의 얄타 체제를 심각하게 동요시킬 수도 있는 거대 변수로 등장했다.[9] 중국을 동아시아의 균형추로 삼으려던 미국의 정책 역시 급선회할 수밖에 없었고, 대안으로 등장한 일본은 경제적인 면에서 보자면 향후 40여 년간 이 역사의 갈림길에서 가장 큰 수혜자가 될 터였다.

상황이 이러하다면, 필리핀의 키리노, 대한민국의 이승만, 타이완으로 쫓겨 간 장제스가 미국의 참여를 제일 조건으로 내걸었던 태평양 동맹은 이제 확실히 현실성 없는 안案으로 판명되었다. 미국이 중국에 대해 이렇게 '모호한' 태도를 견지하는 한 그 동맹은 결코 성사되기 어려울 것이었다. 그리고 미국이 빠진 아시아 소국끼리의 군사 동맹이란 허울뿐인 것이 아닌가. 동아시아 반공 국가의 지도자들은 각자 그렇게 생각했다. 난징과 상하이를 아슬아슬하게 오가던 특파원 김병도 역시 이제 아비규환 같은 피난민의 흐름 속에 몸을 맡기고 있었다. 그는 타이완으로, 홍콩으로, 중공군의 입김을 피해 남쪽을 따라 새로운 취재 여행길에 올랐다.

2·28 사건과 타이완의 일어 사용

1949년 4월 27일, 특파원 김병도가 타이페이에 도착하기도 전에 감지한 것은 타이완 역시 상하이 못지않게 분위기가 심상치 않다는 점이었다. 상하이가 중공군의 공격을 눈앞에 두고 갈팡질팡하는 모습이었다면, 특파원의 눈에 비친 타이완은 조금 다른 의미에서 긴장감이 팽팽하게 감돌고 있었다. 대륙으로부터 전재戰災를 면하기 위해 피난 온 행렬이 시내 곳곳에 가득 차 있고 거리는 일본 식민 통치 시절과 비교해 훨씬 지저분해 보였지만, 정작 문제는 좀 더 심각한 데 있었다. 비행기에서 만난 청년에게서 타이완의 민심이 부글부글 들끓고 있다는 귀띔을 미리 받았지만, 실제 체감하는 타이완의 공기는 소문 이상으로 흉흉한 것이었다. 결국 여기에서도 장제스 정부의 실정失政이 문제였다. 국민정부가 파견한 천이陳儀가 행정장관 겸 경비 총사령관 자격으로 타이완을 다스리게 되자, 타이완의 실질적 다수를 이루는 주민들은 노골적으로 차별 통치의 대상이 되었다. 타이완인들의 불만과 분노는 1947년의 2·28 사건으로 이미 거대하게 폭발했고, 아직도 그 여진은 타이완 시내 곳곳에서 손에 잡힐 정도로 분명하게 떠다니고 있었다.

"우리 대만인들은 점차 과거 일제가 다시 그리워지고 동경하게 되는 적이 많습니다. 당신네들은 저 2·28 사건이 어떻게 된 것인지를 모르겠지만 이를 단적으로 설명한다면 국민정부가 대만 시정施政에 실패한 것을 세계에 폭로한 것이나 다름이 없는 것이지요"라고 말하면서 모두 대만인들은 국군의 무력에 억눌리워 할 말도 못하며 또 그리고 2인 이상만 모이게 되면 당국은 이것을 결사 조직 혐의로서 주목을 하게 되니 현하 대만인은 그 일거일동에 벌서 자유의 구속을 당하고 있을 뿐만 아니라 대만인으로서 본토 여행에 있어서는 어느 정도 유형무형의 제한을 받아 그 활동조차 자유롭지 못하다는 것이었다.[10]

1945년 10월 17일, 국민당의 군대가 타이완에 상륙했을 때 타이완인들은 51년간의 일본 식민 통치가 끝난 기쁨에 들떠 이제는 다른 세상이 오리라는 기대와 희망으로 가득했다. 마치 해방된 조선이 미군을 열렬히 환영했던 것처럼, 타이완인과 국부군 사이에는 굳은 악수와 미래를 향한 다짐이 오갔다. 그러나 조선인들의 기대가 곧바로 어그러졌던 것과 너무나 유사하게 국민정부는 처음부터 타이완을 마치 전투를 통해 획득한 적국의 군사점령지와도 같이 취급했다. 일본인이 썰물처럼 빠져나간 타이완의 최고 상층부 정부 요직은 장제스 정부가 데리고 온 외성인(대륙에서 온 중국인)으로 순식간에 채워졌다. 문제는 여기에서 멈추지 않았다. 대륙에서 온 외성인은 타이완에 원래 살고 있던 본성인의 약 두 배에 달하는 월급을 받았는데, 이 차이는 일제시대 타이완인이 일본인 월급의 60퍼센트를 조금 넘게 받았던 것보다도 오히려 더 나빠진 상황이었다. 51년을 기다린 결과라고 하기에는 믿기지 않을 정도로 싸늘한 현실이었다.

　그러나 단지 경제적인 문제만은 아니었다. 타이완인들을 한층 분노하게 했던 것은 자유의 구속과 인격을 무시하는 정부 당국의 처사이기도 했다. 본토의 중국인이 타이완을 왕래할 때는 아무런 절차가 필요 없었지만, 거꾸로 타이완인이 본토로 들어가려면 여러 단계의 절차를 밟아야만 했다. 게다가 본토로 여행하는 데에는 굴욕적인 소지품 검사마저 수반되었다. 예를 들어 담배만 해도 그랬다. 정부가 관할하고 있던 품목인 담배의 경우, 중국인은 당시 정부가 규정한 개수의 몇 배를 소지하고 있어도 별반 문제가 되지 않았다. 그러나 같은 경우라도 타이완인이 그랬다면, 몇 배의 세금과 함께 잊을 수 없는 모욕을 당하기 일쑤였다. "이리고 나서야 어찌 대만인들이 가만히 있을 수 있었을 것인가."[11] 김병도는 해방이 되고 나서 기대에 훨씬 못 미치는 조국의 실정과 타이완을 겹쳐 떠올리며 타이완인들을 깊이 동정했다.

반공과 결합된 냉전 동아시아의 노골적인 국가 폭력 중 하나였던 2·28 사건 역시 우연찮게도 담배가 도화선이 된 사건이었다. 사건의 발단 자체는 그리 대수롭지 않아 보였다. 정부의 전매품인 담배를 노점에서 팔았다는 이유로 린장마이林江邁라는 여인이 담배공사의 직원과 경찰의 단속을 받은 것이 이 거대한 사건의 시작이었다. 단속 과정에서 여인의 머리를 총신으로 구타하는 경찰을 시민들이 목격했고, 안 그래도 출구 없는 울분으로 가득 차 있던 타이완 시민들이 몰려들어 경찰의 과도한 행위에 정면으로 항의한 것이었다. 당황한 경찰은 반발하는 군중을 향해 발포했고 사망자가 발생했다. 이렇게 시작된 2·28 사건은 타이완 전역으로 삽시간에 퍼져 시민들의 시위가 계속되었다. 국부군이 타이완 땅을 밟은 지 약 1년 4개월여 만의 일로, 그야말로 타이완 민심이 노도와 같이 폭발한 것이었다. 1948년 대한민국 제주에서 일어난 4·3 항쟁이나 여순사건이 심각한 국가 폭력이었던 것과 마찬가지로, 1947년 총사령관 천이는 중국 대륙에 있는 장제스에게 군대의 증원을 요청하고 비상계엄을 선포하는 등 초강경 대응으로 일관했다. 이 과정에서 살해당하거나 실종된 타이완 본성인이 3만여 명에 이르러 타이완은 사실상 초토화되었다고 해도 과언이 아니었다.

이러한 상황에서 본토 중국인들을 향한 타이완인들의 시선이 고울 리는 없을 터였다. 타이완인들은 대륙에서 온 사람들을 '중국인'으로 불렀고, 호칭에서부터 스스로를 '중국인'과 구별되는 신분으로 규정했다. 김병도가 타이완의 거리에서 우연히 목격한 장면들 역시 본토 중국인들을 향한 타이완인들의 노골적인 적대감이었다. 이 집단적인 감정의 흐름은 타이완인들이 여전히 일본어를 사용하는 것으로도 고스란히 드러났다. '해방' 이후 국민정부는 베이핑北平[12]어를 사용할 것을 대대적으로 장려하고 선전했지만, 실제로 효과는 극히 미미했다. 타이완인들은 타이완인들끼리 모이면 당연하다는 듯이 식민지 시기의 언어인 일본어를 사용했고, '중국인'이 우연히 끼일 경우 일부러 보란 듯이 일본어로 이야기하는 광경은 타이완에서 흔히 목격할 수 있는 것이었다. '해방된' 한국에서 일본어를 공공연히 사용하면 "친일파로 당장 몰려 들어간다"라는 기자의 말에 타이완인들이 깜짝 놀라며 "그렇게 심한 것인가" 하고 오히려 반문할 정도의 분위기였다.[13]

1947년의 2·28 사건으로부터 이미 2년이 지난 시점이었지만, 타이완 시내의 공기는 김병도 같은 이방인도 금세 알아차릴 수 있을 정도로 뒤숭숭했다. 그가 관찰한 바대로라면, 국민정부의 전횡을 겪은 타이완인 대부분은 타이완인에 의한 완전한 자치권이나 독립을 꿈꾸고 있었다. 그들로서는 독립이 어렵다면 중국 영토로 완전히 환원되기 이전에 아예 연합국 관리하에 들어가는 것이 낫다고 판단할 정도였다. 혹은 국민당 치하에서 벗어나기 위해서라면 중공군과 손잡는 것까지도 가능한 대안 중의 하나로 염두에 두었다.

타이완 민심의 현주소를 파악한 대한민국의 특파원은 국민정부의 앞길에 깊은 우려를 표명하면서도, 완전히 낙담하지는 않았다. 이 희망은 물론 기자 자신의 주관이라기보다는 연합국이 취할 수 있는 대안을 그 나름으로 분석한 결과였다. 연합국이 중국 본토에서 수수방관했던 것과는 달리 타이완에 대해서만큼은 다른 태도를 취할 것이라는 점, 중공 역시 위험을 무릅쓰고 타이완까지 밀고 내려오지는 않으리라는 것이 일반적인 예측이었다. 그리고 이 예측은 크게 어긋나지 않았다. 그러나 아이러니하게도 타이완에 대한 미국의 군사 방위선이 이후 한국전쟁의 발발로 공고하게 되리라는 것까지는, 아직 1949년 5월의 김병도로서는 상상하기 어려운 일이었다.

홍콩, 영국의 점포

패배를 거듭하는 국민정부의 남하하는 동선을 따라 움직이던 김병도가 타이완 다음으로 도착한 곳은 바로 영국이 '극동' 무역의 근거지로 삼았던 홍콩이었다. 흔히 아편전쟁이라고도 불리는 제1차 중·영 전쟁의 결과 1842년 영국에 할양된 홍콩은 1949년 당시 이미 100년이 넘는 장구한 '서구화'의 세월을 보낸 뒤였다. 섬의 규모가 작은데도 홍콩은 이미 국제무역 도시로서 위용을 뽐내는 모던한 도시였다. 바위가 많은 홍콩 시내에는 산허리를 뚫어 세운 고층 건물이 즐비했고, 산 정상을 오르내리는 케이블카와 도로를 질주하는 자동차의 행렬, 세계 각지에서 들어온 근대적 상품들이 뿜어내는 자본의 아우라는 휘황찬란하기 그지없는 것이었다. 더구나 이제까지 전란의 아우성 속에서 중국인들과 함께 피난하다시피 취재를 계속해온 기자에게 홍콩이 누리는 평화와 풍요는 마치 꿈결과도 같은 비현실적인 풍경으로 다가왔을 터였다.

한편 자본이 이념을 가리지 않는 왕성한 식욕을 가진 '잡식성'의 존재라는 사실만큼 홍콩에서 유감없이 드러나는 것은 없었다. 대륙에서는 이념을 명분으로 내세운 내전이 한창이었지만, 영국령의 자유항 홍콩에서 벌어지고 있는 것은 세계 각국 상인들의 소리 없는 무역과 금융 전쟁이었다. 아닌 게 아니라 김병도보다 2년 먼저 세계 일주에 올랐던 안동원은 홍콩을 둘러보며, "이 도시에 사는 백만 인구는 국제적 뿌로카로 볼 수밖에" 없을 것 같다는 인상을 토로한다. 심지어 조선 인민민주주의 공화국조차 홍콩에서는 발 빠른 화교 상인들의 수많은 무역 상대 중의 하나에 지나지 않았다.

홍콩이 기여하는 사명이라는 것은 극동 각국에 있어서의 정보를 제일 먼저 취급할 수 있는 곳이기 때문이다. 이와 같이 홍콩에는 적敵이 없다. 어느 국가이고 정치 방면을 떠나서 경제적 타산에 의해서 행동하는 것이다. 그러므로 홍콩에는 북한서도 이미 5인의 대표자가 출장되어 있는데 주로 그들이 하는 일과 사무는 북한으로 물자를 계획 없이 수출해 내다가 파는 것과 또한 북한에서 필요물인 공업 건설에 관한 기계 같은 물품을 수입 알선하는 것이라고 한다.[14]

당시 북한의 대외무역 정책은 계획경제라는 원칙하에 정부가 상사를 지정하여 대행하는 방식이었다. 김병도의 취재에 따르면, 북한에는 민간 상사 한 개와 정부 관할 상사 두 개가 존재했다. 북한의 무역업자들이 선박을 구입하기 위해 돌아다니는 모습, 화교 상인들이 가

이드가 되어 상품을 적재한 배를 타고 북한을 왕래하는 모습도 홍콩에서는 그리 어렵지 않게 볼 수 있는 풍경이었다. 이데올로기라는 명분으로 두 개의 조선이 격돌하는 와중에도 홍콩은 배면에서 숨 가쁘게 진행되는 자본의 암약을 생생하게 목격할 수 있는 장소였다.

1949년 특파원 김병도가 북한과 홍콩 사이의 무역 현황을 애써 대수롭지 않은 것으로 여겼던 반면, 2년 전 안동원의 평가는 이와는 조금 다른 것이었다는 점도 흥미롭다. 안동원 역시 홍콩에서 북한의 무역 소식을 접했는데, 그는 북한이 인삼 시장의 판도를 바꿔놓은 사실에 크게 분통을 터뜨렸다. 실제로 식민지 시대 일본 재벌인 미쓰이三井가 독점해왔던 고려 홍삼의 판매는 해방 이후 북한이 국제시장의 실질적인 주도권을 잡은 상태였다. 대한민국의 전매국專賣局이 이렇다 할 상품을 내놓지 못하고 우물쭈물하는 사이, 북한이 물량 공세로 인삼 시장의 구조를 장악하고 덤핑 수출로 가격을 폭락시킨 까닭이었다. 요컨대, 홍콩에서라면 남과 북의 이념 전쟁 역시 시장가격과 수출 물량의 경쟁으로 어느새 바뀌어 있었다.

그런데 2년의 시간 차이를 두고 같은 장소를 여행했던 두 사람의 차이가 좀 더 확실하게 드러나는 대목은 영국령인 홍콩을 바라보는 시각이었다. 탈식민의 열기가 아직 두 개의 배타적인 국가 만들기로 수렴되기 이전인 1947년의 안동원에게, 영국의 점령은 현재 홍콩의 국제적 번영과는 별도로 역사적으로 부당한 처사임에 틀림없었다. 아편전쟁의 역사적 경위를 조선의 독자들에게 설명하는 안동원의 어조에서 느껴지는 것은 분명 탐욕스러운 제국주의에 대한 질타였다. 섬 전체를 영국에 빼앗겼을 뿐만 아니라 "배상금도 듬뿍 물고 또 아편도 해

마다 몇천 톤식 강제로"[15] 살 수밖에 없었던 19세기 청국淸國의 사정은 식민지의 기억이 아직 생생한 '남조선 과도 공화국'의 일원으로서는 전혀 힘들이지 않고, 아니 오히려 절실히 공감할 수 있는 대목이었다. 실제로 홍콩 할양 이후 중국이 서구 열강과 차례로 맺었던 조약들은 통상 항구에 군함을 파견하거나 순찰할 수 있고(망하조약), 땅을 빌려 집을 짓고 영원히 거주할 수 있는 권리를 인정하는 등 영사재판권과 함께 식민지 내 조계제도租界制度[16]의 기반을 마련하는 일방적인 불평등조약이기 때문이었다. 말하자면 아편전쟁 이후 일련의 조약은 중국 전체를 반半식민지화하는, 이미 정해진 절차이기도 했다.

그러나 식민지 홍콩에 대한 이와 같은 동병상련의 연민은 불과 2년 뒤 대한민국의 특파원 김병도에게서는 반공에 대한 의지로 확실하게 대체되어 있는 것을 발견할 수 있다. 그는 홍콩이 영국령으로 남아 있는 한 중공의 침입을 받지 않을 가능성이 절대 우세하다는 자세한 예측을 제시하면서 한국의 독자들을 안심시키고자 했다. 더욱이 그는 태평양전쟁 당시 홍콩을 점령했던 일본의 통치와 비교하며 영국의 정책이 얼마나 우월하고 합리적인 것이었는지를 강조하기도 했다.

홍콩이 산에는 그 전부가 삼림이였는데, 영국이 후퇴를 하고 수년간 잔악한 일제가 홍콩을 점령하고 있는 동안 그와 같이 무성해 있든 울창한 수목을 다 채벌했기 때문에 지금은 저와 같이 독산禿山[17]이 되어 이렇게 된 것도 애림愛林 사상이 두터운 영국인이 해방이 되자 도라와서 가추기 시작한 것이 그만큼이라도 되었다는 것이다. ……홍콩은 이렇게 일본에게 유린을 당한 후부터는 완전한 복구는 아즉 하지 못하고 있다. 더욱이 최근에는 국공 전투로 인하여 해방 직후 약 80여 만의 인구를 헤아리고 있든 것이 현재에는 배 이상인 백팔십만으로 증가되어 다른 지대에 비해볼 때 인구의 밀도는 참으로 놀랄 만치 날을 거듭할수록 면목을 달리하고 있다.[18]

현재의 홍콩은 예전보다 훨씬 삭막하고 살기 힘들어졌는가? 김병도의 대답은 단연 '그렇다'였다. 홍콩의 울창한 삼림을 죄다 벌목한 일본의 잔학한 통치, 내전을 피해 대륙에서 피신해 온 중국인들로 인해 배 이상 늘어난 인구가 바로 가장 큰 문제였다. 이런 시각에서라면, 현재의 불편과 혼란의 원인은 영국이 아니라 어디까지나 제국 일본이거나 혹은 공산화된 중국 대륙일 수밖에 없었다. 홍콩이 앞으로 어디에 속할 것인가는 결국 홍콩에 실제로 살고 있는 시민들의 판단과 선택으로 직접 결정해야 한다는, 김병도의 이어지는 주장은 물론 합리적이고 타당한 것이기는 했다. 그러나 그 목소리는 실상 영국 식민주의자들의 주장과 크게 다르지 않은 것이기도 했다. 공감과 감정이입의 대상이 자신과 닮은 꼴인 식민지인에서 오히려 식민 통치자의 입장으로 확연히 옮겨간 셈이었다. 아시아를 여행하는 대한민국 엘리트들이 보여주는 이 역방향의 감정이입은 이후 한국전쟁을 거치면서 더 깊고 더 확고하고 단단한 것으로 뿌리내린다.

필리핀이 부러운 까닭

《한국일보》의 창간자로 잘 알려진 백상百想 장기영[19]이 '동남아세아

'기행'의 일환으로 필리핀을 방문한 것은 아직 한국전쟁이 완전히 끝나지 않은 1952년 2월 중순 무렵의 일이었다. 그러나 전쟁 중이라고는 해도 1951년 7월부터 이미 남북 양측 간에 정전회담이 시작된 것을 생각하면, 전쟁은 이미 실질적으로는 교착 국면으로 접어든 시점이라고 보아도 좋았다. 더구나 당시 한국은행 부총재였던 장기영의 35일간의 스케줄은 동남아 지역 국가들의 '전후' 재건 양상을 시찰한다는 목적을 가진 것이었다. 이 일정에 포함된 나라들은 타이완과 홍콩, 필리핀이었다. 타이완의 경우 국공 내전을 치렀고, 홍콩과 필리핀의 경우에는 태평양전쟁 당시 일본군과 치열한 전투를 벌인 바 있었다. 그러나 엄밀히 말하면, 아시아 지역 국가 대부분이 전란 경험 후 재건 일로에 놓여 있었다고 해도 과언은 아니었다. 타이완·홍콩·필리핀의 순서로 구성된 장기영의 일정은 전후 재건국 순방의 의미도 없지는 않지만, 그보다는 오히려 1949년 당시 필리핀·타이완·한국이라는 태평양 동맹 발의국 간의 친선 도모를 연상시키는 쪽에 더 가까웠다.

비율빈比律賓은 더웠다. 삼월의 기온이 한국 삼복중과 같았다. 기후의 열도가 인간의 열의를 돕는다고는 말할 수 없겠지만 비도인比島人은 전화戰禍 부흥에 열정적이고 급속도이였다. 마닐라 시만 하드라도 제2차세계대전 시 여지없이 파괴되였든 도시였다. 그러나 지금 이 도시를 방문하는 외국 사람으로서 전화의 흔적을 찾어볼 길이 없을 만큼 급속한 시일에 부흥하여 놓았다. 신축된 고도 건물과 시가 정비에는 과거 칠 년간 비율빈 국민의 심혈이 경주되였다는 것을 여실히 증명하고 여기에는 물론 미국과 막

대한 물자와 기술의 원조가 병행되어 있는 것은 사실이다. 그리고 방금도 계속하여 허다한 공지空地에 고층 건물과 현대식 시가지 건설의 계획이 착착 진행되어 가고 있으니 그 무한한 발전이 예기되고 공고한 국민의 단결력, 비도比島의 늠름한 기상을 볼 때 여기에서도 자조자自助者래야 천조를 받고 자조 자강력이 있는 자래야 타인의 원조를 받을 자격이 있다는 것을 북방 고국의 하날을 바라보고 심중에 무엇인지 매치는 것을 느끼었다.[20]

이제까지 여행자들의 기행문에서 동남아시아의 더위는 흔히 '문명'의 결여태나 '야만'의 징후로 묘사되는 것이 일반적이었다. 그러나 장기영의 경우는 이상하게도 달랐다. 그에게는 찌는 듯한 아열대의 더위조차 필리핀인들이 간직한 국가 재건과 부흥에 대한 열의를 돋보이게 하는 효과적인 무대장치였다. 반공을 신봉하는 이웃에 대한 호의는 그토록 질기게 남아 있는 오리엔탈리즘의 내력마저 뛰어넘을 수 있었던 것일까. 1949년의 태평양 동맹 자체가 애초 필리핀 키리노 대통령의 발의였다는 것, 장제스와 이승만이 이 제안에 적극 호응하여 강성의 군사동맹 형태로 구상했다는 점은 앞서 이미 이야기한 바대로이다.

필리핀이나 타이완, 한국이 당시 하나의 그룹을 형성할 수 있었던 이유는 결국 세 나라가 국제적·지역적·국내적 차원에서 취하려 한 행동의 동기가 서로 유사했던 까닭이었다. 공산당이 자국 내에서 갓 성립한 정부를 뒤흔드는 막강한 경쟁 세력으로 등장했다는 점에서 세 나라는 일단 동병상련의 입장이었다. 게다가 반공이라는 이데올로기 아래 미국의 군사적 보호와 원조를 받아 아시아의 거점 반공 리더가

되기를 원했다는 점에서도 세 나라는 엇비슷한 지역 차원의 야심을 가지고 있었다. 그러나 당시 미국은 유럽에 대해 취했던 단호한 태도와는 달리 동아시아에 대해서는 어떤 뚜렷한 청사진도 가지고 있지 못했고, 이 지역 반공 국가들에 대해 어디까지 원조해야 할지 내부적으로도 충분히 합의를 이루지 못한 상태였다. 게다가 국민정부의 심각한 부패와 중국 공산당의 약진은 미국의 결정을 한층 유예시킨 원인이기도 했다. 그러나 1949년 8월, 미국은 드디어 국민당 장제스와의 결별을 핵심 내용으로 하는 중국 백서Chinese White Paper를 선언하기에 이른다. 티토Tito가 이끄는 유고슬라비아처럼, 중국 공산당 역시 소련으로부터 거리를 둔 독자적인 노선을 걸을 수 있지 않을까. 새로운 중국에 대한 기대와 희망을 미국은 아직 버릴 수 없었다. 요컨대 동아시아의 반공 소국들이 미국을 향해 끊임없이 어필했던 반면, 미국은 중국 대륙의 동향과 전망을 살피느라 여념이 없던 상황이었다.

그런데 태평양 동맹의 추이와 그 좌절 과정을 따라가 보자면, 조금 이상한 점이 금세 눈에 띈다. 장기영이 부러움에 가득 차 묘사했던 필리핀은 일찌감치 타이완·한국과의 동맹 구상을 포기하는 모습을 보이기 때문이다. 동맹을 가장 먼저 발의한 나라가 가장 먼저 마음을 접은 이유는 대체 무엇이었을까. 신생 필리핀 정부 역시 내부적으로 공산당의 세력 확장으로 고민이 깊을 때였다는 것은 분명했다. 따라서 이 수수께끼를 풀려면, 필리핀과 미국의 관계를 살펴보아야 한다. 이 시기 아시아 반공 국가들의 외교 동선을 파악하는 데에는 다른 무엇보다 미국의 거취를 파악하는 것이 가장 빠른 길이다.

필리핀의 '변심'은 결국 미국과의 직접 거래에 성공했기 때문이라는 사실이 곧 밝혀졌다. 국민당의 장제스와 손잡는 것을 부담스러워한 미국이 대통령 선거를 앞두고 재선을 노리는 필리핀 대통령 키리노와 담판한 결과였다. 미국은 키리노에게 선거를 지원하겠다는 약속과 함께 태평양 동맹의 군사적 요청에 반대할 것을 조건으로 내걸었고, 키리노는 이 조건을 흔쾌히 승낙했다. 애초 태평양 동맹의 발상 자체는 미국의 일대일 원조가 불가능하다면 아시아라는 일종의 패키지 프로그램 속에 들어가 집단으로 안전을 약속받겠다는 전략에서 비롯된 것이었다. 필리핀으로서는 궁극적 목표였던 미국의 직접 원조를 마다할 이유가 없는 셈이었다. 동맹의 구상은 비록 지역적이었지만, 결국 이해의 최종 심급은 국민국가였음이 적나라하게 드러나는 순간이기도 했다.

흥미로운 사실은 장기영의 어조 역시 과거 필리핀의 배신을 탓하거나 나무라는 뉘앙스로는 전혀 들리지 않는다는 점이다. 철저한 반공을 국시國是로 하는 대한민국 엘리트의 입장이라면 필리핀의 '약삭빠른' 처신을 통탄했을 법도 한데, 그는 어찌된 일인지 이 부분에 대해서는 전혀 유감을 표명하지 않는다. 입장이 바뀌었다면 한국 정부라도 마땅히 그렇게 행동했으리라는, 너무나 '정직한' 역지사지易地思之의 '공감' 능력 때문이었을까. 혹은 태평양 동맹의 좌절이 결국 필리핀의 '변덕'이 아니라 미국의 불참이라는 결정적 요인 때문이라는 사실을 뼈저리게 숙지하고 있어서였을까. 어쩌면 비록 좌절된 동맹이기는 하지만, 한국의 독자들에게 여전히 반공 국가 필리핀의 이미지를 호의적으로 전달하고 싶었던 것일지도 모른다.

그러나 텍스트는 이 부분에 대해서는 아무런 이야기도 들려주지 않는다. 어느 쪽이 되었든, 결국 텍스트 속의 장기영은 필리핀을 탓하기는커녕 오히려 필리핀에 대한 막대한 미국의 원조가 부러울 뿐이었다. 원망스러운 것은 차라리 원조를 받아놓고도 제대로 건사조차 못하는 한국 정부와 한국 사회 전반에 만연한 관리들의 부정부패였다. "자조 자강력이 있는 자래야 타인의 원조를 받을 자격이 있다"라며 장기영은 북쪽 고국의 하늘을 바라보며 홀로 자책하는 것이었다.

미국의 원조하에 착착 진행되는 전후 재건 양상 이외에도 장기영이 스케치한 필리핀의 인상 중 또 하나 눈여겨볼 만한 대목은, 필리핀 국민들이 전후 7년이 지나도 생생하게 간직하고 있는 반일 감정에 관한 것이었다. 찌는 듯한 더위가 재건에 대한 의욕을 반영하는 무대장치처럼 묘사되었던 것과 마찬가지로, 반일 감정 역시 필리핀인들의 전후 의지를 고취하는 일종의 집단적 에토스ethos로 승격된다.

> 비국比國 국민의 건설욕과 단결력은 대일 감정의 반발력의 소산이란 것도 일리가 있다. 그들이 전쟁 중 일인에게서 받은 원한과 증오는 골수에 사무치였고, 상금尙수도 노상에서 황색인종을 보면 모두 일인으로 간주하여 호감으로 상대하지 아니하는 형편이다. 그런고로 이 적개심이 그들로 하여금 단결과 부흥에 전심하게 하고 있는 것은 또한 만리萬里에게 무슨 문제를 제기하고 있는 것이다.[21]

과거 대동아공영권은 물론 구미인에게 반대하는 인종적 일체감을 기초로 하고 있었다. 그럼에도 전후 필리핀인들에게서 판명된 것은 이들이 일본인과 동일한 '동양인'이라는 인종적 정체성을 전혀 가지고 있지 않았다는 점이다. 아마도 장기영 역시 필리핀의 도심에서 일본인으로 오인받은 일이 적지 않았던 듯하다.

그렇다면 제2차세계대전 후 아시아인들의 대일 감정이란 실제로 어떤 것이었을까. 적어도 아시아 국가들 대부분이 군사나 외교 차원에서 일본을 반기지 않았던 것만은 확실했다. 1949년 태평양 동맹의 구상만 해도, 이 동맹은 유독 일본에 대해서만큼은 참가를 배제해야 한다는 요구 사항을 완강하게 내걸고 있었다. 미국의 참여가 보장되기만 한다면 동남아시아를 비롯한 아시아 이외 지역 국가들에 대해서도 문호가 활짝 열려 있는 동맹이었음에도, 일본에 대해서는 예외적이었던 셈이다. 말할 것도 없이, 필리핀·타이완·대한민국 중 일본에 대해 가장 단호한 태도를 취했던 것은 남한 정부였다. 심지어 이승만은 1949년 12월, 해방 이후 초대 공보처장 김동성을 외교 사절로 파견하여 중남미 국가들에조차 동맹 가입을 설득하는 광범한 연대를 구상하면서도 일본의 불참을 이 동맹의 핵심 조건으로 제시한 것이었다. 일본에 대한 두려움과 경계는 물론 식민 통치의 트라우마로부터 발원하는 것이었겠지만, 당시 아시아 국가들의 일본 견제에는 나름의 이유가 존재했다. 아시아 반공 국가들이 그토록 갈망하는 미국의 군사적 보호를 일본은 패전 후 미군 '점령'이라는 명분하에 자동적으로 획득했기 때문이었다.

그런 점에서 보자면, 필리핀도 미국과의 관계에서 어느 정도 일본과 유사한 혜택을 누리고 있는 셈이었다. 다른 동남아시아 국가들이 대부분 과거 영국의 지배하에 놓여 있었던 탓에 전후 미국이 이 지역에 마음 놓고 영향력을 행사하기 어려웠다면, 미국의 식민지였던 필

1959년 백상 장기영(1916~1977)의 귀국 인터뷰 모습.

1905년 필리핀을 방문한 루스벨트 대통령의 모습. 1905년은 미국과 일본이 각각 필리핀과 조선에 대한 식민 통치를 서로 묵인하기로 합의한 가쓰라·태프트 협정이 성립된 해였다.

리핀은 단연 예외였다. 태평양 동맹이 결국 좌절되고 한국전쟁이 발발한 직후인 1951년, 미국이 고심 끝에 태평양 조약이라는 새로운 구상을 내놓았을 때도 사정은 마찬가지였다. 거점 반공 국가로서의 일본을 어떻게든 사수하고자 미국이 구상한 이 조약에서, 다른 동남아시아 국가들이나 한국은 초대받지 못했다. 그러나 필리핀만큼은 이때도 미국의 태평양 방위권 안에 포함될 수 있었다. 미국의 입장에서 동남아 지역은 여전히 유럽 열강의 입김이 센 지역이었고, 전쟁 중인 한국은 어떻게 될지 결과를 예측하기 어려운 지역이었다.

 그러나 뭐니 뭐니 해도 가장 큰 아이러니는 일본에 한없이 유리한 조건이었음에도 이 태평양 조약이 일본의 반대로 결국 성사되지 못했다는 점이었다. 이미 미국의 보호를 확보한 일본으로서는 불편한 과거사를 지닌 다른 아시아 지역과 굳이 같은 프로그램 속에 들어갈 필요가 없다는 판단 때문이었다.[22] 전후 일본의 철저한 아시아 망각 노선이 그대로 드러나는 대목이었다. 어쨌든 당시 한국의 엘리트들이 필리핀을 부러워했던 이유는 이러했다. 과거 미국의 식민지였던 필리핀은 한국 정부가 그토록 원하던 미국의 보호를 번번이 힘 안 들이고 얻어낼 수 있었던 것이다. 문제는 역시 미국이었다.

베트남 파병에 얽힌 이야기

 베트남 전선으로 가는 군인들이 군함의 갑판 위를 새까맣게 덮고 있었다. 그들은 꽃다발을 하나씩 목에 걸고 웃으며 부두에 서 있는 사람들을 향하여 끊임없이 손을 젓고 있었다. 그들의 얼굴이 모두 어리다고 생각될 만큼 너무 젊은 것을 새삼스럽게 발견하고 현주는 충격을 받았다. ……그 여자가 우리 종족의 얼굴의 특징이라 하여 그 스크린 속에서 붙잡아 본 것들은 아마 거의 정확한 것이었을 게다. 그 특징들에 의하여 현주가 내린 결론은, 우리나라 남자들은 도무지 군인으로서는 어울리지 않는다는 것이었다. 미군식의 유니폼 때문일까? ……문득, 다른 사람과 마찬가지로 꽃다발을 목에 두르고 웃으며 손을 젓고 있는 한 군인이 클로즈업되었다. ……현주는 그 젊은이를 군함에 태워 보내고 싶지 않다는 충동을 느꼈다. 하마터면 화면을 향하여 두 팔을 내밀 뻔하였다. 그러나 화면은 곧 바뀌어서, 나부끼는 태극기의 물결로부터 군함은 점점 멀어져 갔다.[23]

1969년 발표된 김승옥의 소설 〈야행〉의 여주인공은 본영화가 시작되기 전, 극장에서 짤막하게 상영되는 뉴스영화를 보고 있다. 화면을 가득 메운 것은 파월播越 장병들과 이들이 베트남까지 타고 갈 거대한 군함, 갑판 위에 늘어선 떠나는 아들들과 그들을 떠나보내는 가족들의 환송 풍경이다. 젊다기보다는 어리다는 표현이 더 어울릴 대한민국의 군인들은 가족을 향해 그저 웃으며, 연신 손을 흔들며, 인도차이나의 어느 전선으로 떠나간다. 김승옥의 이 소설에는 인파 못지않게 화면을 가득 메웠을 소리에 대한 묘사는 나와 있지 않지만, 아마도 당시의 뉴스영화는 갖가지 이질적인 사운드로 가득 찼을 터였다. 베트남 파병을 전 국민적 이벤트로 대대적으로 선전한 언론의 분위기를 그대로 반영하듯 요란하게 울리는 군악용 팡파르, 아나운서의 떨리고 흥분된 목소리, 부둣가 어디선가 울리는 고동 소리, 작별 인사를 건네는 가족들의 아우성 같은 음성. 한국 사회를 한바탕 떠들썩하게 했던 월남 붐은 이렇게 1960년대 중반 무렵 만들어지기 시작했다.

그런데 1956년에 쓰인 최덕신의 〈동남아세아 역방기〉를 살피다 보면, 이 젊은 파월 장병들을 환송하는 풍경이 1960년대 후반이 아니라 1950년대 중반에도 어쩌면 충분히 일어날 가능성이 있는 사건이었다는 사실을 알게 된다. 1950년대에 이미 인도차이나 파병의 기본적인 프레임이 만들어졌다는 이야기이다. 〈동남아세아 역방기〉는 10년의 세월을 앞당겨 향후 닥쳐올 떠들썩한 파병 프로파간다의 줄거리를 보여주는 텍스트이다. 그렇다면 〈동남아세아 역방기〉의 저자 최덕신은 과연 누구인가. 그로부터 30년 후인 1986년에는 아내와 함께 월북을 선택하게 될 최덕신이라는 인물의 행보 자체는 대한민국 정치사상 매우 특이한 것으로 기억될 만하다. '남한의 황장엽'이라고도 불리는 그는 당시만 해도 반공 이데올로기에 철저한 이승만 정권의 파워엘리트였고, 외무부 장관으로 재직 중이었다.[24]

최덕신은 대한민국의 최고위층 엘리트였으나 1970년대 반反유신 활동으로 반체제 인사가 되고, 1986년에는 월북을 선택한다.

최덕신이 이승만의 명으로 동남아 각국을 공식 방문하기 시작한 것은 기행문이 발표된 시점보다 훨씬 이전인 1953년 11월의 일이었다. 1955년 9월까지 1년 10개월 남짓한 시간 동안 그는 동남아 각국, 즉 타이완·홍콩·베트남·타이·버마·말레이시아·싱가포르·필리핀 등지를 정부 외교 사절의 자격으로 다섯 차례에 걸쳐 방문하고 돌아온다. 여러 곳을 차례로 방문한다는 의미의 역방歷訪이라는 단어가 그야말로 들어맞는, 몹시도 바쁜 일정이었다. 1950년대 최덕신의 동남아행이 의도했던 것은 아시아의 반공 전선을 공고히 하라는 이승만의 명령을 구체화하기 위한 것이었다. 그중에서도 특히 그의 '역방'을 재촉했던 계기는 인도차이나 공산당의 창시자 호찌민Ho Chi Minh[25]이 이끄는 베트남 독립동맹군이 식민 권력 프랑스에 맞서 연일 전투에서 승리를 거두고 있는 상황이었다. 1954년 2월 최덕신의 두 번째 동남아행, 특히 베트남행의 목적은 흔히 1차 인도차이나 전쟁(1946~1954)으로 불리는 이 전쟁에서 한국이 프랑스를 지원하기 위해 군대를 파견하겠다는 의사를 반공 정권인 남베트남 정부에 알리기 위해서였다.

> 또한 동년 초 인도지나에는 전란이 가장 위험한 사태에 놓여 있었음으로 이를 군사적으로 원조하기 위하여 한국군 ○○ 사단을 인지 전선에 파견할 계획을 갖고 출발하였던 것이나 상대방 관계 당국자들과 절충을 거듭한 결과 월남인과 ○○ 측은 절대 찬동하였으되 ○○○ 측의 반대로 말미암아 한국군 참전 원조는 불가능하게 되었던 것이다. 그리고 이어 동년 1954년 4월 초에 이범령 씨와 제3차 동남아를 방문하여 반공 회의의 시일과 장소를 결정짓고 5월에 돌아와서 6월 15일에는 최초로 진해에서 아세아반공연맹 총회를 개최하였던 것이다.[26]

한국전쟁에서 휴전을 결사적으로 반대하고 무력 북진 통일을 주장했던 이승만은 아시아의 공산화를 막는다는 명분하에 돌연 1954년 인도차이나 파병을 제안했다. 한국전쟁의 휴전협정이 조인된 지 6개월이 채 지나지 않은 시점이었다. 최덕신이 텍스트에서 기술한 대로라면, 이 파병에 찬성하지 않는 것은 정작 당사국인 프랑스뿐이었지만 실제로는 미국 역시 이 제안을 탐탁지 않게 여겨 반대한 것으로 알려져 있다. 이 부분은 최덕신의 부정확한 사실 기술일 수도 있겠고, 혹은 미국이 파병 제안에 대해 처음에는 호의적이다가 나중에는 반대 입장으로 돌아선 것일 수도 있다. 어느 쪽이 되었든 미국의 입장에서 보자면, 휴전 상태인 한국에 미군이 주둔해 있는 상황에서 한국군을 베트남에 다시 파병한다는 것은 군사적으로도 실질적인 효과를 기대하기 어려웠을 뿐만 아니라 불필요하게 미국 내의 반전 여론을 자극할 뿐이었다. 이승만이 자청했던 1950년대 월남 파병은 결국 미국이나 프랑스 등 서구 국가들의 반대로 무산된 것이었다.

아세아 공산주의와 전염의 공포

한국전쟁과 마찬가지로 인도차이나에서 벌어진 전쟁 역시 북위 17도 선을 경계로 하는 영토 분할과 휴전으로 가닥이 잡히자 국내에서는 프랑스를 비판하는 목소리가 한껏 높아져 갔다. 비판의 목소리는 두 종류였는데, 하나는 충분히 예상할 수 있듯이 '진영론'에 입각한 것이었다. 이 휴전 자체가 "자유진영의 치욕적 유화책"이며, "여태껏 공산주의에 항거하라고 격려하여온 아시아 인민에 대한 무서운 타격"이라는 것이다.[27] 그러나 정작 교전 당사국인 프랑스의 국내 여론

승리를 기뻐하는 베트남 인민군들의 모습.

호찌민은 1930년 인도차이나 공산당을 창당하고 베트남 민족주의 운동을 이끌었다. 제2차세계대전 이후 아시아의 반식민지 운동을 이끈, 가장 영향력 있는 20세기 공산주의 지도자 중 한 사람으로 꼽힌다.

은 1946년부터 시작된 이 지루한 전쟁의 휴전을 열망하고 있었다. 더욱이 새로 수상이 된 망데스 프랑스Pierre Mendès-France는 공약으로 내건 휴전협정의 성사 여부를 1개월 시한으로 설정하여 전 세계의 주목을 받고 있는 상황이었다. 프랑스는 이 전쟁에서 어떻게든 발을 빼려고 안간힘을 쓰는 중이었다.

1차 인도차이나 전쟁과 관련한 또 하나의 비판은 탈식민의 시대정신을 아직도 깨닫지 못하고 식민지에 대한 시대착오적인 미련을 버리지 못하는 프랑스 정부의 태도를 향한 것이었다. 첫 번째 목소리가 기왕에 시작된 전쟁을 프랑스가 소극적으로 마무리하는 데 대한 비판이었다면, 두 번째 비판은 전쟁의 원인 자체를 애초 프랑스의 식민주의가 제공했다는 요지의 것이었다. 한국의 탈식민주의는 종종 이런 식으로 반공과 결합되어 나타났다.

> 불란서는 베트남, 라오스, 캄보쟈에 대하여 진실한 독립을 부여하지 않았을뿐더러 베트남 주민의 절대다수인 농민들의 민심을 수감收監치 못하였었다. ……베트남 주민이 전쟁에 협력 안 한 것이 아니라 동생공사하는 동지가 되도록 그네들에게 진실한 우정을 베풀지 않았던 것이다. 치욕의 휴전협정에 조인한 불란서 정부는 이 점에 있어 맹성猛省이 있어야 할 것이다.[28]

당시 남한의 미디어들은 '아세아 공산주의'라는 용어를 빈번하게 사용했는데, 이 새로운 조어造語는 소련과 대비해 아시아 지역의 공산주의가 민족적 색채가 한층 강화되어 있다는 사실을 가리키는 것이었다. 특히 이 용어는 중국과 동남아시아와 관련하여 가장 적확한 의미로 이해되었는데, 동남아시아 지역의 경우 공산당 세력은 마오쩌둥의 전술을 모방하여 유럽 열강의 장구한 식민 통치에 염증을 내는 민중의 지지 기반 속에 뿌리내리고 있다는 점을 '경고'하는 맥락에서 사용되었다. 남한 매체들의 보도에 따르면, '아세아 공산주의'는 그 계급적 성격을 내세우기보다는 오히려 "민족적 자유와 독립을 원하는 민족적 욕구를 악용하고 있다"[29]는 것이었다.

국내 언론의 입장에서 보자면, '아세아 공산주의'의 또 하나의 특징은 놀랄 만큼 빠른 '전염성'이었다. 당시 인도차이나의 공산주의자들은 프랑스군과 치른 전투에서 베트남 북부의 송꼬이 강紅河 삼각주를 확보했다. 이 지역은 농업상으로나 군사적으로나 요충지로 평가되어, 한국 언론 매체들은 이곳이 무너지면 라오스와 캄보디아는 물론 버마와 타이를 비롯한 말레이반도와 타이완 등 동남아시아 전부가 위험에 빠질 수 있다는 초조한 위기감을 공유하고 있었다. 인접국들이 연이어 공산화된 동유럽의 국제적 도미노 현상이 아시아에서도 재현되지 않을까 우려하는 전염의 공포가 당시 '자유진영' 내에 팽배해 있었다. 앞서 말한 대로, 전쟁이 더 이상 확장되는 것을 원하지 않았던 프랑스의 거절과 미국의 우려로 1950년대 최덕신의 인도차이나 파병 건은 성사되지 않은 미션으로 결말이 났다. 그 대신 최덕신은 1955년 10월 응오딘지엠Ngo Dinh Diem이 세운 반공 정권인 베트남공화국과 한·월 외교 관계를 수립하기 위해 다섯 번째로 베트남을 방문한다. 그리고 이때 맺어진 양국 간의 외교 관계는 1960년대 후반의 베트남 파병으로 이어지는 다리 역할을 하게 된다.

베트남인들은 자신들의 베트남전쟁을 흔히 '미국전쟁'이라고 부른다. 일반적인 베트남인들은 한국군의 베트남 참전 역시 철저하게 미국의 요청과 강압에 의한 '불가피한' 것이었다고 이해한다. 오랜 식민지 경험을 한 나라가 똑같은 처지에 있는 나라에 대해 그런 일을 할 리 없다는 '믿음'이 전제되어 있는 까닭이다. 그러나 1960년대에도 1950년대와 마찬가지로 한국 측은 자발적으로 파병을 제안했다. 다만 다른 점이 있다면 1960년대에는 프랑스 대신 교착 상태에 빠진 미국이 한국 정부의 파병을 수락했다는 점이었다.

잘 알려졌다시피, 정통성의 부재라는 태생적 한계를 가진 1960년대의 박정희 정부는 경제성장에 매진하는 것으로 리더십을 확보하고자 했다. 그러나 1960년대 들어 한국뿐만 아니라 미국의 對아시아 원조가 대규모로 감소하고, 원조에서 차관 형태로 미국의 지원 형태 자체가 점차 바뀌어가자 박정희 정부는 미국에 대해 일종의 거래를 제안한 셈이었다.[30] 베트남 파병을 조건으로 국내에서는 이른바 '베트남 특수'라고 불리는 경제 효과를 노리는 한편, 미국에 대해서는 파병의 대가로 원조를 얻어내고자 했다. 마침내 1965년 2월, 후방 군사원조단이었던 비둘기부대의 1차 파병으로 시작하여 한국 정부는 전투부대 파병 단계로 넘어간다. 그 후 8년여에 걸쳐 한국 정부는 총 32만여 명을 베트남에 참전시킨다. 미국에 이어 두 번째로 많은 병력이었다. 1969년 발표되어 전 국민적인 사랑을 받았던 유행가의 가사는 이 전쟁을 이렇게 명랑하게 기억한다.

월남에서 돌아온
새까만 김 상사

베트남에 파병된 해병대 청룡부대원.

1970년대 영화화된 《월남에서 돌아온 김 상사》는 국도극장에서 개봉되어 당시 관객 5만 8626명을 동원해 흥행에도 성공했다.

이제사 돌아왔네……

의젓하게 훈장 달고 돌아온 김 상사

동네 사람 모여서

얼굴을 보려고 기웃기웃……

믿음직한 김 상사

돌아온 김 상사

내 맘에 들었어요

김 상사의 훈장이 우리와 같은 아시아인들, 우리와 유사하게 식민지 경험을 했던 베트남인들을 전장에서 죽인 대가라는 사실, 나아가 파병 없이도 거둘 수 있었던 경제적 성과나 파병을 위해 희생된 기회비용 등은 전혀 알지 못하는 양, 혹은 그런 것은 알고 싶지 않은 양 당시의 노래는 그저 그렇게 흥겨웠다.

한국에는 있고 타이완에는 없는 것

시인 주요한의 동생이면서 〈사랑손님과 어머니〉라는 단편으로 알려진 소설가 주요섭은 알고 보면 교육학을 전공한 학자이기도 하다. 식민지 시대 중국의 후장扈江 대학에서 교육학을 공부한 그는 졸업 후 미국행을 결심하여 스탠퍼드 대학원에서 교육심리학을 전공했다. 영어와 중국어가 모두 가능했기 때문일까. 해방 이후 주로 언론계와 교육계에서 활동하던 주요섭은 1956년 11월, 한중 '문화친선단'의 단장으로 전격 발탁된다. 당시 《자유부인》으로 공전의 베스트셀러 작가가 된 정비석, 시인 조병화 같은 중견 문인들을 포함한 이 친선단의 임무는 보름 동안 자유중국을 공식 방문하는 것이었다. 1949년 이후 축적된 타이완 사회의 변화와 발전상에 대한 생생한 증인이 되어 한국 독자들에게 그 사정을 실감 나도록 전달하는 것이 바로 그들이 해야 할 일이었다.

그렇다면 문인들의 이 방문을 기획한 주체는 누구였을까. 타이완 관련 프로젝트가 어떻게 탄생된 것인지를 밝히려면 그로부터 2년 전인 1954년 6월, 대한민국 진해에서 무슨 일이 일어났는지를 살펴볼 필요가 있다. 당시 진해에서는 이승만이 아시아의 반공 국가 8개국에 제안하여 발족한 아세아민족반공연맹APACL이라는 민간 비정부기구의 결성식이 대대적으로 개최되었다. 이때 8개국이란 한국을 포함하여 타이완, 필리핀, 타이, 홍콩, 마카오, 베트남, 오키나와[31]를 말하는 것이었다. 이승만은 개최식에 모인 각국 대사들을 앞에 두고 다음과 같은 연설을 했다.

> 공산주의의 문제는 어느 한두 국가만의 문제가 아니라, 전 세계의 문제입니다. 공산주의자들의 목표는 세계 전체를 정복해서 하나의 세계로 만들려는 것입니다. 여기에서는 국가도 없고, 한국도 없고, 인도차이나도 없는 것입니다. 이것은 매우 위험합니다.[32]

이승만의 주도로 창설된 아세아민족반공연맹은 결국 실패로 끝났던 태평양 동맹의 구상을 많은 부분 그대로 승계한 기구였다. 일본이 빠져 있는 데에서도 단적으로 드러나듯이, 이 기구는 태평양 동맹과 마

주요섭은 1902년 평양에서 장로교 목사의 아들로 태어났다. 시인 주요한의 동생이다. 1921년《매일신보》에 소설 〈깨어진 항아리〉를 발표하면서 등단했다. 초기에는 〈인력거꾼〉,〈살인〉 등 신경향파적 소설에서부터 1930년대의 〈사랑손님과 어머니〉 같은 서정성 강한 소설, 해방기의 사회 비판적 소설까지 다작은 아니지만 다양한 제재의 작품을 남겼다. 3·1 운동 이후 형 주요한을 따라 중국으로 건너가 후장 대학에서 수학하고, 미국 스탠퍼드 대학원에서 교육학 석사를 마치고 귀국, 1931년 동아일보에 입사했다. 식민지 시기 조선의 지식인들이 대부분 일본 유학 경험자였다면, 주요한·주요섭 형제는 중국을 선택한 드문 경우였다.

찬가지로 반공과 반일의 기조를 표방했다. 특히 반공에 대해서는 타협이나 협상의 여지가 전혀 없었는데, 이 기구는 "자유가 멸망하든가, 공산주의가 멸망하든가 둘 중의 하나"라는 식의 강경한 "반공십자군" 운동으로 스스로를 정의했다. 1956년 문인들의 타이완 방문을 추진한 주체는 바로 이 아세아민족반공연맹의 한국 지부 격으로 만들어진 한국아세아반공연맹이라는 반관반민半官半民의 단체였다. 그러니까 한국 문인들의 타이완 친선 방문은 한국아세아반공연맹이 야심 차게 내놓은 사업 중 하나였다.[33] 요즘 식으로 말하자면, 반공을 화두로 삼은 '트랜스내셔널'하면서도 '로컬'한 교류였던 셈이다.[34] 문인들은 국빈 대접을 받으면서 타이완 곳곳을 시찰했고, 2년 후인 1958년《자유중국의 금일》이라는 제목의 단행본 형태로 그 결과물을 함께 발간했다.

기획 자체가 관官 주도의 반공 풍물지였음을 감안하더라도 문인들의 기행문은 순수한 관료 출신 파워엘리트들의 문체와 비교해보면, 눈앞에 펼쳐지는 감각적인 풍경에 훨씬 더 민감하고 현지의 인물이나 분위기 묘사에 충실한 편이었다. 일견 우회적으로 보이는 문인들의 글쓰기는 공식 시찰기의 목적인 프로파간다를 한층 더 '자연스럽게' 전달하는 형식이기도 했다. 정비석의 말에서 단적으로 드러나듯이, "이번 여행이 상대편이 맘대로 꾸며놓은 스케쥴에 의해서 완전히 피동적으로 움직인 여행이었던 만큼, 혹시라도 좋은 곳만 구경"[35]시키지 않을까 하는 문인 특유의 경계심은 오히려 독자들에게 신뢰감을 높일 만한 요소로 작용했다. 2주의 타이완 체재 기간 동안 정비석은 "공적 시찰과 사적 탐색을 종합"하겠다는 열의를 보이면서, 한국과 타이완의 차이를 관찰하고 기록하는 데 누구보다도 열심이었다.

이주일 동안이나 대만을 여행하는 동안에 우리는 대만이 우리와 현저하게 다른 몇 가지 특이한 점을 발견하였다. 첫째는 거지를 전연 못 보았다는 점이요, 둘째는 아무리 산속으로 들어가도 초가집을 거의 볼 수 없었다는 점이요, 셋째는 나무가 무성하지 않은 산을 못 보았다는 점이요, 넷째는 경찰관을 보기가 어려웠다는 점이요, 다섯째는 대학생들이 신사복 입고 다니는 것을 못 보았다는 점이요, 여섯째는 양담배 피우는 사람을 못 보았다는 점이요, 일곱째는 거리에 택시가 멋없이 굴러다니는 것을 못 보았다는 점이요, 여덟째는 공원이나 동물원 같은 곳에 수지나 과실 껍질이 흩어져 있는 것을 못 보았다는 점이요, 아홉째는 기차에 등급이 있는 것을 못 보았다는 점이요, 열째는 어떤 공고公告에서나 "엄벌에 처함"이라는 문구를 한 번도 본 일이 없다는 점이다.[36]

정비석이 발견한, 한국에는 있고 타이완에는 없는 것 열 가지는 모두 타이완의 비약적인 경제 발전을 드러내는 가시적 지표였다. 놀랍게도, 문인들이 본 타이완 시가지에는 한국에선 차고 넘쳐나는 것(구걸하는 거지와 쓰러져가는 초가집, 붉은 민둥산)이 없었다. 타이페이 거리의, 타이완의 인상 자체가 달라 보이는 것은 당연했다. 더욱이 남녀노소를 가릴 것 없는 타이완 국민들의 검소함이라든가 국산품을 애용하는 전 국민적인 습관, 철저한 위생 관념이나 준법정신 같은 항목은 정비석이 보기에 현재 타이완의 발전을 가능하게 만든 보이지 않는 원동력이었다.

타이완에 대한 문인들의 태도와 감상은 물론 개인마다 약간씩 내용의 차이를 보였다. 예를 들어 조병화가 낯선 이국땅에 대한 묘사와 시인 특유의 서정적인 감각으로 일관했다면, 정비석이나 이무영 같은 소설가들은 상대적으로 타이완 사회 현실의 구체적인 세목에 관심을 보였다. 그러나 이런저런 차이가 있었음에도, 문인들이 보름간의 여행 끝에 도달한 공통된 결론은 타이완이 어느새 남한보다 훨씬 앞서 나가고 있다는 것이었다. 그들에게 이번 시찰 여행은 타이완이라는 물리적 공간 자체에 대한 재발견이었다. 나아가 1949년 타이완으로 쫓겨 온 장제스 정부의 와신상담臥薪嘗膽과 재기의 노력을 재평가하는 계기였다. 식민지 시기 타이완이라는 지역에 대한 조선 사람들의 인상이 기껏해야 "빠나나와 설탕이 많이 나는 더운 나라" 내지는 "아직도 번족蕃族이 많이 살고 있는 미개한 나라" 정도였음을 생각하면 더욱 그랬다.[37]

그렇다고 1945년 8월 이후 타이완에 대한 인식이 나아졌던가? 결

1955년 명동 밤거리에서 포즈를 취한 문인들(왼쪽부터 차례로 최영해, 정비석, 조병화)의 모습.

조병화는 1921년생으로, 경기도 안성 출신이다. 경성사범 졸업 이후 일본으로 건너가 도쿄고등사범학교 이과를 졸업했다. 1949년 첫 시집 《버리고 싶은 유산》으로 등단한 이후, 1952년 피난지 부산에서 "식민지의 등대처럼 나는 내 어둠을 비친다"라는 유명한 문장으로 시작되는 세 번째 시집 《패각의 침실》을 출간했다. 한국 시사詩史에서 유례가 없을 정도의 대중적인 다작 활동을 한 시인이다.

3장 적인가 동지인가 161

코 그렇지 못했다. 워낙 부정부패의 이미지가 강했던 탓에, 으레 세상에서 부패한 정부를 지목할 때는 장제스 정부가 인용되는 일이 비일비재했다. 그러나 1949년으로부터 불과 7년이 흐른 시점, 타이완 곳곳에서 직접 목격한 장제스 정부의 '환골탈태'는 부러울 지경이었다고 문인들은 어느새 너도나도 고백 투의 어조가 되어 있었다. 방문단 문인들 중 하나로, 《여성계》의 주간이자 수필가였던 조경희는 이 놀라운 변화를 이렇게 간단히 요약했다. "중국은 되살아나고 있다."

공산주의가 두렵거든 토지개혁을 하라

덕원네가 칠복동을 뜨던 날도 삼십 년 전 윤호가 북간도 뜨던 때나 작년 가을 재만네가 뜨던 때와 다름없이 아침부터 왼 동리가 술렁했다. 백사지 땅이나 진배없는 대전大田이기도 했으려니와 친척이나 아는 사람 장을 대고 가는 터도 아니다. 일찍감치 떠나서 해나 있어서 들어서야만 했다. 웬만한 것도 팔기도 하고 신세 진 집에 돌려주기도 한 터라 짐이라야 옷 보퉁이 두 개에 솥 한 개에 그릇 나부랭이를 꾸린 뭉치 하나다.[38]

타이완 친선방문단의 일원 중 하나였던 소설가 이무영[39]은 식민지 시기 이래 주로 농촌을 소재로 한 작품을 써온 작가이다. 흔히 보릿고개라는 단어로 더 잘 알려진 농촌의 빈궁기를 묘사한 〈맥령麥嶺〉이라는 이 작품의 시·공간적 배경은 일제 치하도 북간도도 아닌, 토지개혁이 엄연히 실시된 이후의 1950년대 대한민국 농촌이었다. 소설은

환갑이 되도록 살아왔던 고장 칠복동을 버리고 연고 없는 대전으로 떠나는 덕원네의 쓸쓸한 출발 장면에서 시작된다. 떠나는 이들의 짐조차 단출한 까닭은 빚을 갚기 위해 그나마 가진 세간을 모두 팔았기 때문이다. 오늘 길을 떠나는 사람은 덕원네이지만, 그들을 전송하는 마을 사람들 역시 쫓기다시피 동리를 떠날 날이 그리 멀지 않았을지도 모른다. 실제로 덕원과 한 동네에서 나고 자란 친구들은 그저 입에 풀칠을 하기 위해 최근 뿔뿔이 흩어지지 않았던가. 〈맥령〉이 포착하고 있는 것은 식민지 시절과 별반 달라지지 않은 현재 농촌의 피폐함, 그리고 전망 없음이었다.

이무영은 1908년 충북 음성에서 태어났다. 휘문의숙을 거쳐 일본으로 건너가 가토 다케오의 문하에서 4년간 소설 수업을 받은 것으로 알려져 있다. 이효석, 정지용 등과 함께 구인회 동인이었다. 1933년 경기도 군포로 귀농한 이후에는 본격적인 농촌 소설을 쓰기 시작했다.

〈맥령〉을 비롯하여 1950년대 농촌에 관한 소설들을 통해 이무영이 던진 질문은 자신의 명의로 된 토지가 생겼어도 왜 농민의 생활은 여전히 나아지지 않는가 하는 것이었다. "빛 좋은 개살구루 면소에마 내 이름으로 돼 있으면 뭣 하나"라는 작중인물의 한탄처럼, 당시 농민들은 정부에 결코 만만치 않은 토지 대부금을 상환해야 했다. 그나마 농사가 잘되면 다행이지만, 생산성은 여전히 낮아 한 번 흉작이라도 될라치면 잡부금이나 수득세 같은 것들은 고스란히 농가의 빚으로 돌아왔다. 구호양곡이라는 것이 얻어걸리는 사람도 마을의 높은 사람과 가까운 인물 몇몇에 지나지 않았다. 당시 농촌에는 농민을 겨냥한 사채가 극성을 부렸다. 쪼들린 농민이 한 번이라도 사채를 끌어 쓰기 시작하면, 그것으로 끝장이었다. 이무영이 파악한 1950년대 한국의 농촌 풍경은 이처럼 결코 화사하지 않았고, 그렇다고 앞으로 나아지리라는 희망이 보이는 것도 아니었다. 그러나 이무영이 타이완에 와서 직접 보고 느낀 것, 특히 타이완의 농촌에서 목격한 현실은 한국의 농촌 현실과는 전혀 딴판으로 보였다. 처음에는 시찰단인 자신들의 눈을 속이고 있는 것은 아닐까, 의심이 덜컥 들 정도로 타이완의 농촌은 윤택하고 여유로워 보였다.

이만하면 오늘의 중국이 어느 정도 토지개혁·농촌 재건에 성공하고 있다는 것을 추상할 수 있을 것입니다. 농가의 삼분지이가 재봉기와 라디오를 갖고 있다는 숫자를 반신반의한 나도 이 사실을 알고는 시인하지 않을 수 없었습니다. 농촌 부녀들과 여직공들이 자전거를 타고 경작지와 직장에 가는 것을 처음 보았을 때는 정말 기적 같았지만, 닭 열여섯 마리 팔아서 재봉틀이나 자전거를 살 수 있다면 나는 내일이라도 다시 농촌으로 돌아갈 용기가 나겠습니다. 닭 세 마리면 자녀의 반년 학비가 되고 닭 세 마리로 대학생의 한 달 기숙사 식비가 되고 한 집에서 수백 마리씩 기르는 집오리 열 마리면 대학생의 2개월 식비가 됩니다. ……농촌에서 고리채 근멸책으로 각동에 12호 단위로 반을 두어 반 단위로 연 3분리의 저리 대부도 부흥위원회의 심사를 거치게 되어 있는 점, 소작농에게 토지를 준다는 원칙 모두 우리가 구상하지 못한 바 아닙니다. 다만 그들은 이를 잘 운용했고, 우리는 못했을 뿐입니다.[40]

장제스 정부는 대륙에서 쫓겨난 후, 중국의 공산주의 혁명이 인구의 절대다수인 농민들에게 다가갈 수 있었던 핵심이 다름 아닌 토지개혁이었다는 사실을 뒤늦게 깨닫는다. 그 후 "토지개혁의 실패는 자유중국의 멸망을 의미하고, 그 성공은 대륙 광복의 기초가 되는 절체절명의 시금석"이라는 절박한 모토 아래 타이완 정부는 필사적인 의지로 토지개혁에 매달렸다. 문인들의 보고에 따르면, 토지개혁으로 "간접 혁명"을 이루어내겠다는 장제스 정부의 의지는 실로 단호했다. 국가가 소유하고 있던 토지는 무상으로 분배하고 지주가 소유하고 있던 토지는 국가가 직접 매입하여 농가 1호당 약 2만여 평씩 농민들에게 분배되었다는 것이다.

그렇다면 이무영의 소설 〈맥령〉에서 한국 농촌의 고질적인 문제로 등장했던 토지 상환금 문제는 어떻게 처리되었을까. 놀랍게도, 타이완에서는 5개년 연부금으로 1954년에 상환금이 이미 완납된 이후였다. 1956년 한국 문인들이 타이완을 방문했을 당시 타이완은 30만 호 남짓의 농가가 연부금을 상환하고 자작농으로 변신한 뒤인 셈이었다. 같은 해 9월, 국내의 이념 잡지 《사상계》도 〈대만의 토지개혁〉이라는 기사를 번역 게재하고 있어 당시 타이완의 성공적인 토지 정책에 대한 높은 관심을 엿볼 수 있다. 이 글에 따르면 타이완의 토지개혁 정책은 세 방향으로 구상되어 있는데, 첫째, 소작농 경지의 감세, 둘째, 공유 경지의 개방, 셋째, 사유 경지의 제한이었다. 위계 피라미드 가운데 가장 하부를 구성하는 약자인 소작농을 보호하는 한편 공유 경지를 개방함으로써 자작농을 육성하고, 마지막으로 지주의 사유 경지 규모를 제한하는 방식이었다.[41]

장제스 정부의 토지개혁 정책이 관철된 농촌을 시찰한 한국 문인들은 타이완을 "아시아에서 토지개혁이 가장 성공을 거둔 곳"이라며 입을 모아 칭송했다. 당시 미국을 비롯한 서방 자유진영의 절대적 믿음 가운데 하나가 바로 가난이 공산주의를 부른다는 것이었다. 이런 점에서 볼 때, 한국 문인들이 타이완의 발전상에서 가장 인상 깊게 받아들인 것은 토지개혁이야말로 방공防共, 반공反共의 가장 튼튼한 초석이 된다는 점이었다. 1950년대 서구 역시 그러했지만, 한국 사회의 반공 이데올로기는 경제적 평등보다는 언제나 언론·집회·결사의 자유 및 선거 참여나 정당 활동 같은 정치적 자유의 층위를 더 선호하게 마련이었다. 실제로 전제정치니 공산 독재니 하는 공산주의 체제에 대한 비판은 모두 정치적 자유의 관점에서 제기되는 공격이기도 했다. 그런 면에서 보자면, 문인들의 타이완 농촌 방문은 비록 영락없는 반공 프로파간다 수준에서 이루어진 것이기는 했지만 그동안 소홀히 다루어져 왔던 경제적 평등이나 국민적 차원의 복지 문제를 한국의 독자들에게 제기했다는 점에서 그 의의가 결코 작지 않은 대목이기도 했다.

여기서 나는 농정 부문에서는 미국 시찰보다는 중국 시찰이 얼마나 의의 깊을까를 느꼈습니다. 기계화한 미국 농촌을 보고 호미로 밭을 매는 우리 농촌을 어떻게 하자는 이야기일까요. 미국도 갔고 정말丁抹[42]도 보았고 그래서 우리가 도움 받은 것이 무엇일까요? '천양지차'라는 감탄사뿐이었습니다.[43]

사회 제반 부문이 미국을 롤모델로 하여 확고히 자리 잡아가는 시기였지만, 이무영은 타이완 농촌을 둘러본 뒤 적어도 농업 분야에서

대륙의 공산군에게 쫓겨온 뒤 타이완 주민들과 심각한 갈등을 빚었던 장제스의 국민당은 1950년 7월 26일부터 당 개조 운동을 대대적으로 벌였다. 1952년 7차 전국 대표자 대회 개막식에서 종결을 선포할 때까지 국민당은 고질적인 부패 척결을 모토로 내거는 가운데 토지개혁 사업을 실시했다.

만큼은 타이완이 좀 더 한국의 실정에 맞는 모델이 될 수 있을 것이라고 제안한다. 타이완의 사례는 미국이나 유럽처럼 좌절을 가져다주는 것이 아니라 "우리도 수삼 년만 노력하면" 될 수 있다는 자신감을 불러일으키는 모델이었다. 소설가 정비석 역시 토지개혁의 성과가 단순히 농업에만 머무르는 것이 아니라 타이완의 공업에도 연쇄적인 영향을 미친다고 관찰했다. 부유한 농민은 공업 생산물에 대한 구매력을 가질 뿐만 아니라 교육 수준 역시 높을 것이기 때문이었다.

물론 타이완의 토지개혁이 성공할 수 있었던 요인 중 하나는 이 지역이 위도상 이모작, 삼모작이 가능한 남쪽에 위치했다는 점이었다.

적어도 그 점에 관해서는 한국과 타이완의 일대일 비교가 불가능한 것이 사실이었다. 그럼에도 문인 시찰단이 보기에, 타이완 농촌이 누리는 풍요와 안정의 열쇠는 환경이나 기후 같은 변경 불가능한 자연 조건에서만 기인하는 것은 결코 아니었다. 그것은 오히려 사회 정책 결정자들의 비전과 실행, 부정부패의 척결 같은 명료한 인간 행위와 의지에 의한, 지극히 정치적 차원의 문제였다.

시인과 요새의 섬 금문도

그 옛날 이 섬 금문도는
남지나해 일대에 출몰하는
해적들의 본거지라 한다
그런데 지금 이 섬 금문도는
자유의 요새
아세아의 아성
극동의 창두보槍頭堡
온 자유 아세아 시민들을 지켜주는 불면의 섬이다
……

지금 금문도 二五三 고지高地
태무산太武山 봉우리
줄기줄기는

지금 금문도 해안선 구석구석은
지금 금문도 한 벌판 사풍이 억센
불모의 지하地下는
우리의 우방 뜨거운 형제들의 피 그리고 신경 그리고 의지
그리고 생명[44]

친선방문단의 일원이었던 조병화에게 15일간의 타이완은 시심詩心을 자극하는 뮤즈였던 것일까. 다른 문인들과 함께 펴낸《자유중국의 금일》이외에도, 그는 타이완 기행 시화집을 단독으로 출간한다. 타이완군에서 제공한 특별 수송기로 시찰한 철벽 요새의 섬 금문도金門島는 어딘지 사람을 위축시키기 쉬웠을 법한데, 조병화의 이국에 대한 감격벽은 여기에서도 그치지 않는다. 아니, 평화로운 타이완 시내와 달리 군사적 대치에서 오는 긴장감은 오히려 그를 더 흥분한 다변多辯으로 만들었는지도 모른다. 〈금문도〉라는 제목의 이 시는 우리로 치면 국방부 장관쯤에 해당하는 타이완 경비사령부 참모장 커위안펀柯遠芬에게 조병화가 헌정한 것이었다.

조병화의 시에서 금문도가 "아세아의 요새"로 표현된 것은 마오쩌둥의 신중국이 1949년 국공 내전의 마지막 단계에 수차례 금문도를 공격한 과거 역사에서 비롯된다. 타이완으로부터는 오히려 상당히 멀리 떨어져 있고, 중국 대륙과는 9킬로미터 정도 거리밖에 되지 않은 이 섬에서 당시 마오쩌둥의 군대는 고전을 면치 못했다. 승승장구했던 본토에서와는 달리 전세가 역전된 것이다. 금문도를 빼앗기면 타이완 섬도 공멸이라는 위기감 때문이었을까. 장제스 정부는 배수의

진을 치면서 타이완 본섬을 사수하는 데 결국 성공한다. 그러나 금문도를 겨냥한 중국의 군사 공격은 이후에도 간간이 계속되었다. 중국 입장에서 보자면, 금문도는 타이완 '무력 해방'의 길목에 버티고 선 작고 성가신 바위섬에 지나지 않을 뿐이었다. 1954년 9월, 이른바 1차 타이완 위기 역시 중국군이 금문도와 부근의 마조도馬祖島를 포격하면서 시작되었다. 그래서였겠지만, 금문도는 당장이라도 전쟁을 치를 듯한 최전방의 삼엄한 분위기를 자아내고 있었다.

마침 바람이 세고 날이 흐리어 망원경으로 확인치는 못했지만 평시에는 적들의 준동하는 모습까지 볼 수가 있다 합니다. ······전 자유중국군의 三분지二 이상이 이 금문도 안에 주둔하고 있다는데 우리는 설명자 외에 군데군데 바위 밑에서 작업 중인 병사를 보았을 뿐 무인도라는 느낌이었습니다. 태무산은 그대로 거암을 무질서하게 쌓아 올린 듯싶은 암산이었고, 그 밖에는 적토입니다. 주민도 전도全島에 四만 八천이나 거주하고 있다 하나 금역구라 그런지 하나도 눈에 띠지 않습니다. ······참호의 규모가 얼마나 항구적이요 크다는 것은 적기만 나타나면 三十만 군의 장비·시설·인원 기타 일체를 참호 속에 은닉할 수 있다는 것입니다. 금년에만도 쎄멘 오만 톤 이상 들었다는 것입니다. 지하의 군 방송국, 심리작전부, 고사포 진지, 레이다 등 견학을 하고 하오 네 시 이도離島. 유 중장은 이도까지 선두에 서서 안내를 해주었습니다.[45]

한국의 문인들에게 금문도의 풍경은 낯설면서도 한편 낯익을 수밖에 없었다. 눈앞에 펼쳐진 광경은 휴전선의 모습과 쉽게 오버랩이 되

미국은 애초 금문도와 마조도를 방위 구역에서 제외했다. 1958년 타이완을 방문한 덜레스는 중국에 내전이 재발하는 것을 막기 위해 금문도와 마조도에서 국민당군이 철수하기를 요구했다. 그러나 장제스는 미국의 요구에 응하지 않았고, 금문도 포격을 타이완 공격의 전 단계로 간주하는 입장을 취했다. 중국의 공격을 명분 삼아 미국을 끌어들여 중국과 한판 전투를 벌일 계획이었다. 그러나 1958년 마오쩌둥의 금문도 공격은 처음부터 대對타이완용이 아니라 대미 전략용이라는 설도 있다. 당시 무장 혁명이 발발한 중동 전선에 미국의 군사력이 집중되는 것을 교란시키기 위함이었다는 것이다.

파죽지세로 국민당을 뒤쫓던 중국 대륙의 인민해방군은 1949년 10월 상륙한 금문도에서는 고전을 면치 못했다. 4000여 명의 인민군 포로는 이후 타이완으로 압송된다.

3장 적인가 동지인가 171

었다. 태무산의 바위에 장제스 총통이 직접 쓴 "무망재거毋忘在莒"라는 문구만 해도 그랬다. 고향을 잊지 말라는 뜻을 지닌 이 네 글자에, 시인 조병화는 단박 "마음에 뜨거운 것이 지나가는 것을" 느낄 정도였다. 비단 조병화뿐만이 아니었다. 영토 회복의 갈망을 담은 이 문구는 동행한 문인 모두에게 한사코 정전停戰을 거부하던 이승만의 북진통일론을 고스란히 상기시킬 만한 것이었다. 히로시마나 나가사키의 경우처럼 미국이 한반도에 핵폭탄을 떨어뜨려도 좋으니, 38선 이북으로 진격하자는 강경론자들도 있지 않았던가. 그런가 하면 금문도의 지하 방송실에선 손에 잡힐 듯 가까운 거리의 중국 대륙 병사들에게 장제스 정부의 정책을 선전하는 선무宣撫 공작이 한창 진행 중이었다. 풍선과 부표, 총탄 등을 이용해서 삐라를 대륙으로 날려 보내는 심리작전 역시 가까운 동아시아의 분단국가에서 방금 날아온 문인들에게는 결코 생소한 풍경이 아니었다.

연대의 키워드, 반공과 독재

그렇다면 이 감정이입과 친밀감은 그저 한국 측의 일방적인 발신이었을까. 물론 그렇지는 않았다. 타이완 측에서 느끼는 유대감 역시 한국 측에 뒤지지 않는 것이었다. 여기에는 오랜 세월 두 나라가 모두 일본의 식민지였다는 동병상련의 공감과 연민도 한몫했지만, 무엇보다 결정적인 계기는 바로 한국전쟁이었다. 한국전쟁은 미국으로 하여금 기존 동아시아 정책이라는 큰 그림 속에서 타이완이 차지하는 낮은 위상을 재고하게 만든 결정적인 계기였다. 타이완에 대한 원조와 정치적 연계를 일절 끊겠다는 '폭탄선언'인 중국 백서(정식으로는 '타이완의 지위에 관한 선언')가 발표된 것은 1950년 1월 5일의 일이었다. 정확히 일주일 뒤에는 한국과 타이완을 아시아 태평양 군사 방위선에서 제외한다는 이른바 애치슨 라인Acheson Line이 발표되었다. 미국은 타이완을 관심 영역 밖으로 완전히 밀어낸 것처럼 보였다.

그러나 한반도에서 벌어진 전쟁은 이 모든 판세를 단번에 뒤집었다. 중국의 참전은 한국전쟁이 단지 반도에 국한된 제한전쟁이 아니라 동아시아라는 광역 차원, 나아가서는 세계 전쟁으로까지 번질 수 있다는 개연성을 미국이 신중하게 고민하도록 만든 사건이었다. 실제로 전쟁 발발 바로 이틀 후인 1950년 6월 27일, 트루먼 대통령은 미 제7함대에 대만해협을 보호하라는 명령을 내린다. 1954년 8월에 이르면, "대만은 이제 미국의 '극히 중대한 이익'이 되었다"라는 선언까지 나오게 된다. 극적인 전세의 반전이었다. 장제스 정부는 한국전쟁으로 야기된 중국 봉쇄 전략의 최대 수혜자 중 하나였다.[46]

동아시아 반공 입국이라는 위치에서, 한국과 타이완 양국이 보여주는 사회적·문화적 유사성 또한 양국 문인들이 예측했던 것 이상이었다. 이를테면 1950년대 한국에 관변 단체의 성격이 강한 대한부인회 같은 모임이 존재했다면, 타이완에는 이와 매우 유사한 '부련(부녀반공항전연합회)'이라는 부인 단체가 있었다. 장제스 부인을 회장으로 추대하고 고관 부인들과 일반 부인 회원들로 조직된 반半관변 단체였다. 약간의 다른 점이 있다면, 대한부인회가 이권 다툼으로 신문 지상에 자주 오르내리던 것에 비해 문인들의 눈에 비친 타이완 부련은 훨씬 더 소박하고 건실해 보이는 단체라는 점 정도였다. 두 나라 모두 고도의 군사적 긴장을 체제 유지의 기반으로 삼고 있던 만큼, 정부의 통제와 간섭도 전방위적이었다. 한국이 한국전쟁 이후 휴전 상태에 돌입해 있었다면, 타이완은 1949년 5월 20일 이래 쭉 계엄이 내려진 상태였다. 요컨대, 두 나라는 그야말로 닮아 있었다.

소설가 이무영은 가감 없는 감탄조로 말하고 있지만, 타이완에서는 교육부가 반찬의 가짓수까지 지정해주는 이른바 신생활운동이 한창이었다. 그렇다면 한국은 어땠을까? 아니나 다를까, 한국에도 역시 이와 꼭 같은 이름의 신생활운동이 존재했다. 타이완과는 달리 별다른 성과를 보이진 않았지만, 이 운동은 수출을 진작하고 경제 발전의 기반을 마련하고자 국가가 소비와 일상, 가정 같은 사적 영역 전반을 통제하려는 시도였다.[47] 그런 면에서 보자면, 아세아반공연맹이 지원한 1950년대 문인들의 타이완 기행문은 양국의 단순한 우호 증진을 넘어서서 대한민국과 타이완이 공동의 '적'을 가진 "형제지국"임을 만방에 전언하는 것이었다. 양국 사이의 무지와 몰이해가 이따금 드러나지 않았던 것은 아니지만, 이 방문이 비슷한 상황에 처한 두 나라 문인들의 우정을 확인하고 과시하는 계기였다는 사실만큼은 분명해 보였다.

확실히, 냉전 시기 타이완과 한국 사회의 유사성은 일시적이거나 우연적인 것이 결코 아니었다. 두 나라는 식민 아시아와 냉전 아시아의 패러다임을 통과하면서 겹겹 쌓아 올려진 '구조'에서 기인하는 역사적 상동성을 보여주었다. 일본에 대한 역사적 감정에 관해서만큼은 확연한 차이를 보이긴 했지만, 두 나라 모두 미국의 지원이나 미국과의 관계에 국가의 사활을 걸었던 점도 유사할 수밖에 없었다. 그러나

장기 부자 세습 체제를 구축한 장제스와 장징궈의 모습. 장징궈는 1975년 장제스가 사망한 이래 실질적으로 권력을 장악했고, 1978년에는 정식으로 총통으로 취임한다.

가장 놀라운 유사성은 이후 두 나라가 모두 1987년을 민주화 원년으로 기억할 것이라는 점이었다. 1987년 6월, 한국은 민주화에 대한 시민들의 열망과 바람으로 독재 정권으로부터 대통령 직선제를 약속받았다. 한 달 뒤인 1987년 7월, 타이완의 시민들 역시 무려 38년 2개월 동안 지속되어온 세계 최장기 계엄령을 드디어 해제시키는 데 성공했다. 그러나 아이러니하게도 이 닮은 꼴의 두 나라는 이후 곧 공식 외교 관계를 단절하게 된다. 1992년 한국과 중국 대륙PRC의 국교 정상화 이후부터였다. 아시아에서 거의 유일하게 '형제'의 오랜 연대를 뒷받침했던 그 토대가 실질적으로는 '반공'과 '독재'였다는 사실이 극명하게 드러나는 역사의 시간이었다.

4장 중립은 없다

모윤숙(毛允淑, 1910~1990)
연도 : 1949년
지역 : 인도 아그라 소재 타지마할
프로젝트 : 메논 박사 초청으로 타지마할 방문
저술 : 〈타지마할〉

聖雄「깐디」死亡에 對한 放送

一九四八年 二月 三日

여러분은 당 마하토마 「깐디」가 死亡했다는 消息을 들었을 것입니다. 그 消息에 對하여 우리들의 侵犯의 反應은 完全한 當惶이었을니다. 그것은 마치 一大目標가 보이지 않게 된것처럼 精神의 防衛線가 새므러진것처럼 모든 國家의 平和를 사랑하는 사람들이 希望이가졌든 精神의 特久한 봄이 갑자기 말려 없어진것 같습니다. 駐中國英大使 「랠프.스차라」다. 스러니마 「깐디」가 永久한 春人에게 보면 消息가운데서 引川한다면 「이 大悲劇은 印度사람은 슬프게할뿐 아니라 뉴것은 생각할때 慰安이 되는 것입니다. 遺族이된 印度는 世上 제 할빨 아니라 穌脇기운 것이라 믿는 모든 사랑까지 슬프게 하는 것입니다 「아직」저貧이 木人에게 칼을 힘에 對抗하는 것이라 믿는 모든 사랑까지 슬프게 하는 懷을 한 精神의 家庭이 完遂되는 날이 있으리라」고 하는 그런 希望가운데 慰安은 찾을 보내준 哀悼文 가운데 잘 表現된 「그가 生死의 信念시벌도 있을니다。

딸―「깐디」가 立誇했든 原理는 무엇입니까? 무엇보담도 먼저 自由입니다。 모든 人類

간디와 타고르와 나이두의 나라

이번 가나다加捺陀[1] 여행 중 잠간 동경에 들린 인도 시성 타고아 옹翁은 지난달 이십칠 일에 마츰 십 년 전부터 일본에 망명 중인 인도 혁명가 보—스 씨의 숙소로 왕방한 긔자와 서로 맛나게 되었는데 옹은 합장의 의례로 흔연히 긔자를 마저주며 한번 조선에 오지 안켓느냐 하는 긔자의 물음에 대하야 고마운 말씀입니다 그러나 내일이면 횡빈橫浜을 떠날 터인데요. …… 돌아오는 길이라도 와달라고요? 미국으로부터 오는 길도 아마 일본에 못 들를 터이니 딸하서 조선에도 갈 수가 없겠습니다. ……이튿날인 이십팔일 오후 세 시에 횡빈을 떠나는 엠푸레스 오푸 에시야호에 옹을 작별하러 간 긔자에게 알에와 가튼 간단한 의미의 멧세지를 써주며 동아일보를 통하야 조선 민족에 전달하야 달라 하얏다. 일즉이 /亞細亞의 黃金時代에/빗나든 燈燭의 하나인 조선/그 燈불 한번 다시 켜지는 날에/너는 東方의 밝은 비치되리라.[2]

1929년 4월 2일,《동아일보》지면에 실려 이후 톡톡히 유명세를 타게 된 타고르Rabindranath Tagore의 시는 이렇게 탄생했다. 조선 기자의 거듭된 호의에 부응하지 못하는, 시인의 미안한 마음을 담은 짤막한 전언 형식이었다. 그러나 그 기원이야 어떻든 간에 타고르의 한마디는 식민 시대를 살아가는 많은 조선인에게 시인이 의도했던 것 이상의 커다란 위안과 희망을 선사했다. 타고르의 전언이 국내에 알려지자 인도에 대한 조선 사회의 관심과 열풍은 이전보다 더욱 거세어졌다.

원래 식민지 조선의 '인도 바람'은 3·1 운동 직후 간디가 표방한 비폭력·무저항주의에서 공통된 '시대정신'을 읽어내려는 지식인들의 관심으로부터 시작된 것이었다. 물론 1920년대 중반으로 접어들면 혁명을 성공시킨 소비에트 러시아를 알고자 하는 욕구도 폭발적으로 커지지만, 간디와 같이 정신의 위력을 강조하는 사상에서 민족의 비전을 찾으려는 움직임 또한 무시할 수 없는 계보를 형성했다. 간디나 타고르에 비해서는 조금 덜 알려졌지만, 당시 식민 조선과 인도의 지적 교류를 생각할 때 빼놓을 수 없는 또 하나의 인물이 바로 여류 시인 나이두Sarojini Naidu였다. 조선의 지식인들에게 영감과 열정을 제공했던 나이두는 마하트마 간디와 평생 우정과 공감을 나누었던 사이이며, 사회운동가로서도 널리 알려져 있다.

나이두는 문학을 통한 적극적인 사회참여라는 일종의 롤모델을 제공했다는 점에서, 근대 학문을 공부한 신여성들과 특히 여류 문인들에게 선풍적인 인기를 모았다. 스웨덴에 유학하여 경제학을 전공한 신여성 최영숙도 그런 경우였다. 그녀는 당시로선 파격적으로 인도 청년과 결혼하여 세간의 주목을 받은 인물로, 그녀가 결혼한 인도 청

“빗나든 아세아 등불 켜지는 날에 동방의 빗”, 《동아일보》, 1929. 4. 2.

동아일보

빗나든亞細亞燈燭 켜지는날엔東方의빗

◇東亞日報紙上을通하야◇

타翁이朝鮮에付託

朝鮮에付託

일즉이亞細亞의黃金時期에 빗나든燈燭의하나인朝鮮 그燈불한번다시켜지는날에 너는東方의밝은비치되리라

一九二九.三.二八

京畿警察部活動 全北에檢擧旋風

裡里서五名護送

治維被告四名에 各二年懲役判決

全州署緊張

仁取移轉反對 仁川府民大會

二線築造經費 追加豫算에計上

生死岐路에 彷徨하는殺人犯

南原서도一名

漁船이顚覆 四名이慘沒

正義府員全部避身 警官隊徒勞空歸

京城飛行場落成 昨日에開場式

少女誘引한 劇團員被捉

孟浪한竊盜 八個月言渡

小兒가慘死

海州에又復强盜 主人을刺傷强奪

平壤署活動 怪日人檢擧

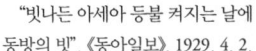

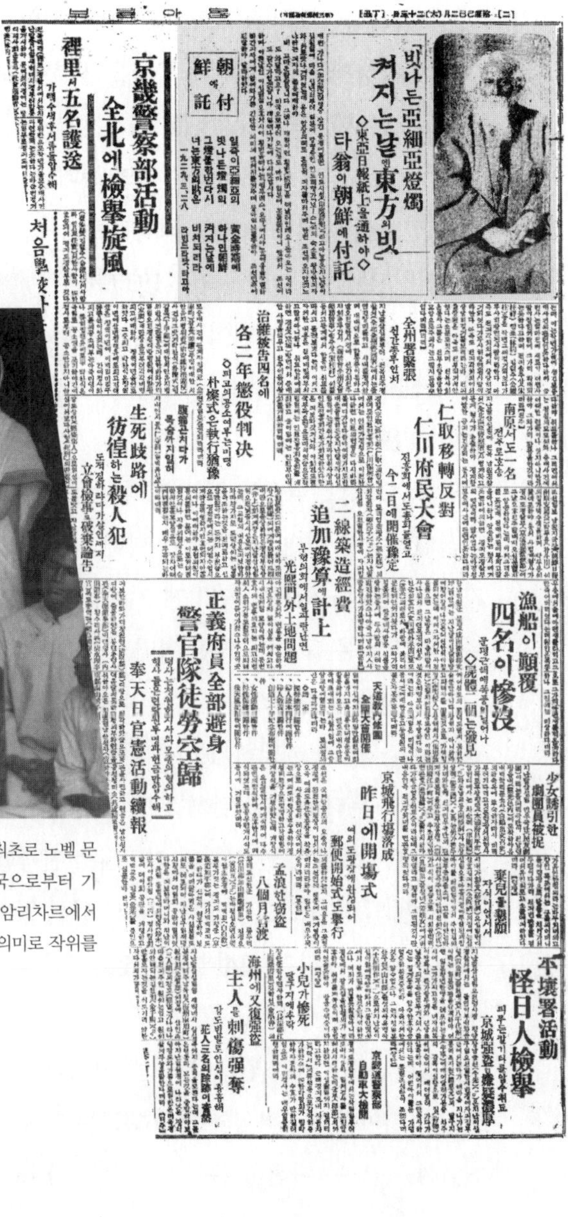

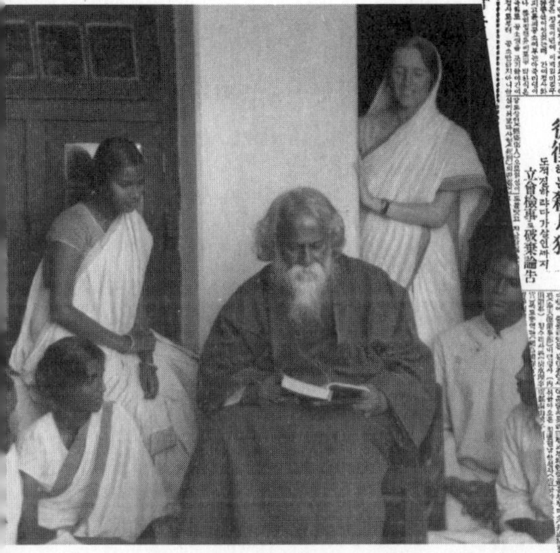

타고르는 1913년 아시아에서 최초로 노벨 문학상을 수상한다. 1915년 영국으로부터 기사 작위를 받았으나, 1919년 암리차르에서 발생한 대학살에 대한 항거의 의미로 작위를 반납했다.

년은 바로 나이두의 조카이기도 했다. 최영숙뿐만이 아니었다. 이화여전과 경성제국대학에서 영문학을 공부한 모윤숙 역시 나이두를 깊이 흠모했는데, 나이두의 작품 세계는 최근의 문학 연구에서 표절 혐의가 제기될 정도로 모윤숙 창작의 중대한 참조처이기도 했다.[3] 식민지 조선에서 나이두를 가장 적극적으로 소개한 지면 중의 하나가 잡지 《신천지》였는데, 모윤숙은 1930년대에 바로 이 잡지의 기자로 일하고 있었다. 그녀 자신이 1920년대부터 시작된 나이두 열풍의 열렬한 수신자이자, 이후에는 이 바람을 직접 주도하는 발신자였을 가능성이 높은 대목이다.

간디, 타고르, 나이두 등 인도의 행동하는 지성들은 이렇듯 조선의 지식인들에게 식민주의자들을 향해 어떤 태도를 취할 것인지, 배운 자로서 민족과 역사에 어떻게 기여할 것인지를 고민하게 만들었다. 나아가 그들은 그 길에 대한 여러 가능한 해답 중 하나를 알려주는 아시아의 이웃이었고 스승이었다. 최영숙은 인도를 가리켜 "전부터 동경하든 나라"[4]라고 말하기를 주저하지 않았고, 모윤숙은 실제로 나이두 여사와 두터운 친분 관계를 맺어 인도를 자주 방문했던 것으로 알려져 있다. 오랜 세월 영국의 식민지로 전락한 인도가 문명화되지 않은 '야만'의 상태로 묘사되는 경우도 물론 없지는 않았지만, 그럼에도 인도는 식민지 시기 조선의 지식인들에게 내내 경애와 공감, 흠모의 정을 환기시키는 나라였다.

그렇다면 1945년 8월 이후에는 어땠을까. 격변하는 세계 체제와 재편된 아시아의 패러다임 속에서 인도는 한국 사회에 어떤 존재로 다가왔을까. 인도는 여전히 존경과 선의의 아우라 속에 탈식민의 기쁨을 공유하는 이웃으로 재현될 수 있었을까. 미리 말하자면, 대답은 정반대였다. 물론 1947년 뉴델리 범아세아대회에 참석했던 고황경의 《인도기행》에서 인도는 여전히 위대한 성웅聖雄 간디의 나라였던 것만큼은 분명하다. 고황경은 간디의 연설을 주의 깊게 경청하고 간디 사택을 방문하는 일화를 많은 분량을 들여 묘사했을 뿐더러, 간디의 인격과 리더십에 내내 감탄하는 모습을 보였다. 그러나 이후 시간이 흐를수록, 냉전이 점점 유럽과 아시아에서 전선을 뚜렷이 할수록 한국 미디어에 재현된 인도의 이미지는 빠르게 변모해갔다. 식민지라는 동일한 처지에서 이해관계가 직접적으로 얽히지 않았던 20세기 전반기와는 사정이 너무도 달라져 버린 상황이었다. 대한민국 엘리트들에게 인도는 이제 더 이상 관념 속에서 경외하는 이웃이 아니었다. 인도는 '냉전 아시아'와 '탈식민 아시아'라는 지역 차원의 경쟁 구도 자체를 기획하고 입안하는, 현실적으로 힘을 발휘하는 강력한 정치 실체였다.

유엔 조선임시위원단과 모윤숙의 〈타지마할〉

1945년 8월 이후, 인도가 한반도를 둘러싼 현실 정치의 한가운데 어느새 자리 잡아버렸다는 것을 절감하게 한 사건이 있다. 이 사건을 문학이라는 상징의 장場에서 표현한 인물은 바로 식민지 시대 이래 인도와 나이두에 대한 열정적인 사랑을 숨기지 않았던 모윤숙이었다. 페미니스트 나이두의 정치적 행동주의를 모윤숙 자신만의 '독특한' 방식으로 전유했던 것일까. 1948년 1월, 조선을 방문한 유엔 조선임

간디와 타고르를 존경했던 메논은 이후 자신의 자서전에서 한국에 대해 이렇게 쓴다. "우리 유엔 한국 위원단은 이 등불을 다시 켜려고 최선을 다했다. 그러나 냉전의 바람은 우리에게 너무 강했다."

대통령 이승만과 영부인 프란체스카의 비공식적인 지원을 받았던 것으로 알려진 여성 사교 단체 낙랑클럽.

시위원단의 인도 대표 메논V. K. Krishna Menon 박사가 그녀의 '정치적 행동'의 타깃이 된 일화는 유명하다. 당시 인도는 미국도 소련도 아닌 신생 독립 아시아의 중립 노선을 표방하고 있었고, 메논은 입국 당시만 해도 서울 운동장에 모인 환영 인파를 향해 남한 단정이 아닌 통일 한국 노선을 강력하게 권고한 인물이었다. "여러분도 그러하겠지마는, 우리들(임시위원단)의 결승점은 조선의 독립을 성취시킨다는 것입니다. 아세아에 있는 다른 여러 나라와는 달라서 조선은 깨여지지 아니한 독립의 전통을 갖고 있었던 것입니다. ……그러나 거기는 그보담 못지않게 중요한 또 하나의 결정 지점이 있으니 그것은 조선의 통일입니다. 통일 없이는 독립이 있을 수 없습니다."[5] 메논은 자신의 조국인 인도와는 달리, 한반도가 강대국들의 세력 다툼에 의해 분할되지 않기를 희망한 셈이었다.

그러나 당시 유엔 조선임시위원단의 구성은 남한만의 단독 선거와 단정 수립을 지지하는 친미적 그룹과 이를 견제하는 그룹으로 반씩 구성되어 있었다. 프랑스와 중국, 엘살바도르, 필리핀은 전자의 그룹이었다. 이에 반해 오스트리아, 캐나다 같은 영연방 국가 및 중립국 인도, 시리아 등이 후자의 그룹이었다. 시리아의 경우는 신생 이스라엘과 긴밀한 유대 관계를 맺은 미국을 경계의 눈초리로 주시하던 차였다. 양 그룹은 한반도의 향후 선거와 정부 수립 이슈에 관해 팽팽하게 맞선 상태였다. 메논은 조선을 방문할 당시 유엔 임시위원단의 위원장 직책을 맡고 있었는데, 그런 메논을 좌파 인사들의 영향력으로부터 차단하는 데 누구보다 적극적이었던 이가 바로 모윤숙이었다.

식민지 말기 자신의 두드러졌던 친일 경력을 반공으로 만회하는 전략을 선택했던 모윤숙은 미 군정하에서 유력한 정치 세력으로 부상한 이승만의 두터운 신임과 총애를 받고 있는 터였다. 이승만의 요청대로 이미 그녀는 개인적 인맥을 동원하여 주한 미군 장교들과 엘리트 여성들의 (비)공식적인 사교의 장을 주도해오던 터이기도 했다.[6] 사교 클럽이라는 '사사로운 만남'을 통해 메논과 급속도로 가까워진 모윤숙은 38선 이남의 정부가 유일한 합법성을 가졌음을 그에게 끊임없이 주지시켰다. 훗날 그녀 자신의 회고대로라면, 모윤숙은 단독선거와 단정에 대한 메논의 입장을 바꾸는 데 결정적으로 일조한 일등 공신이었다. 세간에서는 모윤숙과 메논의 관계에 관한 각종 추측과 둘 사이의 로맨스에 관한 소문이 한껏 부풀어 올랐지만, 그녀 스스로는 이 관계를 '아름다운 우정'으로 규정하길 즐겼다.

그러나 모윤숙 개인과의 친분과는 별도로, 인도 대표 메논의 입장 변화는 미국 정부와 남한 주둔 미 군정의 의도와 실상 긴밀히 연동되어 있었다고 보아야 한다. 여기에는 분명 유엔이라는 기구를 활용해 남한 단정 수립 노선을 끝까지 관철하려는 미국의 영향력이 개입되어 있었다. 줄곧 단정을 반대하던 인도가 돌연 "남한에서만 정부가 수립된다 할지라도 통일을 위한 힘이 될 수 있다"라는 미국의 주장을 수용하고[7] 결국 한발 물러선 배경에는 단정 수립이 남조선 문제의 유일한 해법이라고 판단했던 미국 정부의 확고한 의지가 있었다. 실제로 입장 변경 이후 메논은 위원단 회의에서 미국으로부터 압력이 있었느냐고 질타하는 캐나다 대표를 향해 마침내 밝힌다. 인도 외무성은 델리 주재 미국 대사로부터 찬성표를 던지도록 각서를 받았노라고.[8]

결국 남한만의 단독선거 안은 돌연 태도를 바꾼 인도로 인해 미국이

원하던 대로 국면 전환을 맞이했다. 이제 단독선거에서 단정 수립까지는 예정된 순서일 터였다. 식민지 시절 영문학을 공부한 모윤숙의 총지휘 아래, 영어를 구사하는 엘리트 여성들을 중심으로 형성된 이른바 '낙랑클럽'이라는 사교 정치의 장은 바로 이러한 국제 정세의 흐름 속에서 탄생하여 그 기세를 확장한 것이었다. 한국전쟁 당시의 낙랑클럽은 미국 고위 관료나 장군을 상대로 하는, 일종의 여성 로비스트의 모임이었다. 실제로 덜레스 미 국무 장관, 리지웨이, 콜터, 밴프리트 장군, 무쵸 주한 미 대사 등이 그녀들의 정치적 로비 대상이었다.

  이후 모윤숙은 그렇게 수립된 남한 단독 정부에서 정치적으로 탄탄대로를 걷는다. 식민지 시기 그토록 흠모했던 나이두 여사를 만나러 갔다던 인도를, 그녀는 이번에는 메논 박사의 초청을 받아 다시 한번 여행하게 된다. 1949년 8월, 모윤숙은 자신이 발행인으로 있던 잡지 《문예》에 이 여행에 대한 인상을 기행문의 형식이 아닌, 〈타지마할〉이라는 시 형태로 발표했다. 죽은 왕비를 잊지 못해 지어졌다는, 더욱이 총 22년의 세월이 걸려 지어졌다는 웅장하고 화려한 타지마할의 이미지를 '가슴 벅차게' 품고 돌아왔던 것일까. 모윤숙의 인도를 향한 차고 넘치는 애모와 감사의 염송은 이 시에서 관능적인 심상과 분방하게 결합해 있다.

  우유빛 동굴 안에
  숨어 자는 꽃 한 송이
  물바람 날아오고 구름 모여드는 곳
  여기 벗은 女王의 육체가 쉰다.

......

먼 숲엔 수선스런 王들의 꿈
사랑이 가는 대로 뭄타자[9]의 긴 눈썹이 부르는 대로
숲과 山을 거러 이 밤을 찾았으리
깊은 눈에 떠오는 印度의 그림자와
千年愁心에 조용히 숨 쉬는
뭄타자의 마음이 보고저워[10]

 그러나 고황경이나 모윤숙이 대표하는 여성 파워엘리트들의 '인도 재현의 정치학'은 결코 오래 지속되지 못한다. 이후 국제 정세가 변화함에 따라 인도는 아시아 지역의 돌이킬 수 없는 흐름을 상징하게 될 터였다. 당시 역사를 돌이켜보면, 모든 신생 아시아 국가가 '적과 동시'라는 냉전의 진영 논리를 동일한 양상으로 받아들였던 것은 결코 아니었다. 중국과 같이 공산화된 나라들은 두말할 것도 없지만, 인도나 동남아시아 지역 국가들(필리핀 제외)은 한국이나 타이완과는 무척이나 다른 생각을 가지고 있었다. 그들 역시 공산주의의 확산을 경계했던 것은 사실이지만, 그럼에도 단지 냉전 논리인 반공을 위해 식민 종주국이었던 서구 열강과 또다시 긴밀한 제휴를 맺는다는 것은 명분이야 어떻든 두렵고 꺼림칙한 일이었다.
 더욱이 하나의 지역 기구에 들어가는 안보 방식에 이들은 완강히 거부 의사를 표시했다. 인도 및 동남아시아 국가들로서는 그러한 형식의 집단 안보가 아시아 침략의 또 다른 형태일지 모른다는 경계심

을 갖기에 충분했다. 1949년 이승만이 태평양 동맹을 구상했을 때, 인도의 네루, 버마의 우누U Nu, 인도네시아의 수카르노 같은 아시아의 지도자들이 한결같이 회의적인 반응을 보였던 까닭도 바로 여기에 있었다.[11] 실제로 아시아 각지에서는 유럽 열강과 동남아시아 인민들의 국지적인 식민 전쟁이 여전히 지속되는 상황이었다. 물론 유럽에 비한다면 미국이 '탈식민'의 포즈를 취하고 있는 것은 사실이었다. 그러나

메논은 인도 귀국 이후에는 다시 외무부 장관, 소련 주재 인도 대사 등의 경력을 쌓으며 다시 예전의 비동맹 중립 노선으로 돌아간다. 사진은 모윤숙이 메논의 연설을 모아 펴낸 《메논 박사 연설집》(1948)이다.

유럽이든 미국이든, 서구 세력이 포함된 역내 반공 동맹의 구상은 대부분의 아시아 국가로서는 결코 환영하기 어려운 발상이었다. 게다가 인도는 단연, 그 거부의 흐름에서 선두에 서 있는 나라였다.

김동성의 〈우호국 예방기〉

1953년 6월 2일, 영국 런던의 웨스트민스터 대성당에서는 엘리자베스 2세Elizabeth II 여왕의 성대한 대관식이 거행되었다. 1945년 5월 유럽 전선이 종전된 후로부터 어느새 만 8년의 세월이 흐른 뒤였다. 세계 전쟁의 피폐한 흔적은 거의 가셨지만, 예전 '좋았던 시절'의 기세와 위력을 회복하기 어렵다는 것은 영국을 찾은 누구의 눈에도 분

명해 보였다. 그러나 그런 사정도 대관식 당일만큼은 시민들의 표정을 어둡게 하지 못했다. 비단 런던 시민들뿐만이 아니었다. 웨스트민스터 사원 주변은 각국의 축하 사절과 '세기의 행사'를 직접 현장에서 확인하고자 세계 각지에서 모여든 관광객으로 그야말로 인산인해를 이루었다. 제2차세계대전 이후 초강대국으로 떠오른 부유한 미국인들이 4만 명이나 대관식을 구경하려고 몰려들었다는 보도가 영국의 주요 신문 지면을 장식했다. 아직 전쟁 중이던 대한민국도 이 행사에 축하 사절을 파견했을 정도였다.

실제로 식장 어딘가에 위치한 외빈석에선 국회의장 신익희를 비롯한 한 무리의 남성 국회의원들이 서로 격의 없는 담소를 나누는 중이었다. 그러나 특별축하사절단이라는 거창한 명칭을 달기는 했어도 그들은 눈앞의 화려한 대관식 행사를 두고 런던 시민들과는 달리 제법 예리하고 냉소적인 논평을 쏟아놓기 바빴다. "도대체 전후 빈곤에 허덕이는 영국이 거액을 지출하여 대관식을 거행할 여유가 있을까?" 하는 정당한 의심에서부터 "장삿속 밝은 영국인이 대관식으로 행여 장사를 하고 있는 건 아닐까?" 하는 개연성 있는 추론에 이르기까지 의원들은 제각각 한창 열을 내어 떠드는 중이었다. 옆에서 지켜보던 신익희 국회의장마저 한마디 거들지 않을 수 없다. "봉건시대의 유물인 대관식을 원자 시대에 거행한다는 사실 자체가 일종의 '넌센스'가 아니겠냐"라고.

이 자리에 모인 의원들 가운데에는 예의 미 군정청 발행 여권 1호 소지자로 초대 공보처장을 지낸 김동성도 국회의원 자격으로 동석해 있었다. 공식적으로는 한국전쟁이 아직 끝나지 않은 상태에서 한 나라의 입법기관인 국회의 의원들이 이렇게 한꺼번에 움직일 수 있었던 사정은 무엇이었을까. 김동성 일동의 영국행 일정은 단순히 여왕의 대관식에 참가하려는 목적으로 기획된 것은 아니었다. 오히려 그들은 대관식을 명분으로 삼아, 남미를 제외한 4개 대륙을 편력하여 참전 16개국은 말할 것도 없이 대한민국의 우방 25개국을 한 번의 스케줄로 한꺼번에 예방하려는 야심 찬 기획을 갖고 있었다. 더욱이 이 영국행이 다용도의 순방으로 판명된 것은, 의원들이 참전국들을 방문하는 와중에 남한에서 전격 단행된 반공 포로 석방 조치 이후의 일이었다. 느닷없이 이루어진 이승만의 반공 포로 석방은 순식간에 의원들의 우호국 순방의 성격을 바꾸어놓았다. 이제부터 그들의 일정은 사후 '수습'의 성격이 짙은, 안보 외교를 위한 절묘한 타이밍의 접촉이 될 터였다. 실제로 김동성은 〈우호국 예방기〉에 이렇게 적고 있다. "이런 시기에 우리 정부는 세계 유세 행각을 위하여 인원을 일부러 파견도 할 터인데, 우연히 감사 사절로 나선 우리는 이 사명을 자동적으로 담당하였다."

알려진 대로 반공 포로 석방은 정전협정을 한 달여 앞두고 유엔군과 공산군 사이에 이루어진 포로 송환 협정(1953년 6월 8일)을 이승만의 단독 결정으로 뒤엎어버린 일대 사건이었다. 이 협정은 특히 남이나 북으로 복귀하기를 바라지 않는 양측 포로들을 신중하게 처리하기로 양 진영이 어렵게 합의를 도출해낸 것으로 유명하다. 당초 예정대로라면 중립국 송환 위원회가 이 포로들의 처리를 맡을 예정이었지만, 이승만은 시종일관 완강하게 주장했다. 반공 포로들을 절대 북한으로 돌려보낼 수 없다는 것이었다. 마침내 이승만은 6월 18일, 반공

1953년 6월 18일《조선일보》는 대통령 이승만의 반공 포로 석방에 관한 담화문을 보도했다.

석방된 반공 포로들이 태극기와 이승만의 초상화를 들고 행진하는 모습.

4장 중립은 없다 193

포로 2만 6424명을 전격 석방하는 조치를 감행한다. 전체 포로 중 무려 70퍼센트를 상회하는 숫자였다. 더욱이 연합군인 미국 측 감시원의 눈을 피하고, 오히려 미군을 쫓아내면서 이루어졌던 이 석방은 기대를 모았던 포로 송환 협정을 확실히 파기한 것이었다. 이 조치로 국제적 파장이 야기된 것은 두말할 필요도 없다. 유엔군은 긴급 대책 회의를 열었고, 영국에서는 각료 회의가 소집되었으며, 한국 참전국 회의가 열리는 등 이승만의 일방적인 석방을 비판하는 목소리는 자유진영과 공산진영 가릴 것 없이 모두에서 높아졌다.

그러나 김동성이 〈우호국 예방기〉라는 기록을 통해 한국의 독자들에게 보여준 광경은 정확히 그 반대였다. 그의 기행문에서는 장르 특유의 '진실 효과'가 십분 발휘되어 이승만의 포로 석방을 환영하는 사례들이 전면에 강조되었다.[12] 김동성은 여러 순방국 가운데 아시아에서 한국과 가장 흡사한 처지에 놓여 있으며 실지失地 회복의 꿈에 불타는 타이완의 반응을 유독 클로즈업하여 전달했다. "대만에서 우리 이 대통령 칭송이 자자하였다. 타이페이 언론계는 삼 일간 계속하여 찬사를 보도하였다." 그런가 하면 아시아의 참전국 중 하나였던 타이 방문 후에 김동성은 다음과 같은 기록을 남긴다. "동양 제국諸國에서는 한국의 휴전과 포로 석방에 대한 우리 대통령 이 박사의 태도는 허다 세월 압박에서 신음하던 약소민족의 궐기의 동기를 만들었다고 칭송하여 마지않았다."

김동성이 과감하게 사용한 이 '탈식민'의 레토릭은 미국을 비롯한 서구의 주요 유엔 참전국들을 경악시켰던 이 석방 조치를 합리화하는 문맥에서 지극히 편의적으로 소환된 것이었다. 미국을 '제국'으로 상대화하는 논법마저 활용했지만, 김동성의 어법은 아시아 전역에 팽배해 있던 민족 해방에 대한 열망, 그리고 인도가 주창한 비개입주의의 테제를 반공주의의 맥락으로 끌어온 수사적 전략 그 이상도 이하도 아니었다. 김동성이 차용한 '탈식민'의 레토릭은 실제로 당시 남한에서 여론 형성을 위해 자주 쓰이던 언론 전략 중의 하나이기도 했다. 1953년 6월 20일자 《조선일보》는 반공 포로 석방이 "통결하고 당연"하다는 국회의 반응을 실었는가 하면, "이 대통령이 반공 포로를 석방한 것은 링컨 대통령의 흑노黑奴 해방과 같은 미덕"이라는 타이완 출신 반공 지사의 서한을 인용 보도했다. 달리 말하면, 김동성의 〈우호국 예방기〉는 반공 포로 석방을 둘러싸고 1954년까지도 계속되었던 당시 국내 미디어들의 견고한 담론 진지 구축을 외곽에서 지원하는 형태였다.

〈우호국 예방기〉의 가장 압권인 대목은 아라비아반도 남단 예멘의 영국령 항구도시 아덴Aden에서 있었던 에피소드에서 찾아볼 수 있다. 파키스탄으로 들어가기 위해 중간 기항한 아덴에서, 바다 한가운데 떠 있는 만 톤급의 거선에 승선하려는 김동성 일행을 작은 배에 태워 인도해준 것은 부두의 아랍 노동자들이었다. 그들은 일행이 한국인임을 알게 되자 손가락을 공중에 쳐들며 "한국이 세계에 으뜸이라고 칭송"한다. 필시 국제전이었던 한국전쟁의 휴전 소식을 뉴스나 신문으로 들었을 노동자들의 즉각적인 반응이었을 터였다. 혹은 그들로선 좀처럼 만날 수 없는 희귀한 한국 손님들을 직접 대면한, 단순한 놀라움의 표현이었을 터였다. 그러나 부두 노동자들의 '립 서비스'는 김동성의 기록에선 의심할 바 없이 "우리 국군의 용감성"이 세계에 널리 알려진 결과로 포장되었다. 노동자들의 소박한 제스처는 이승만의 포로 석방을 "근대 외교 사상에 대서특필할 걸작"이라고 한국 독자들에게 마음 놓고 선전할 수 있는, 순방 일행이 체험한 한 줌의 사실fact이었다.

인도의 중립 노선

김동성의 '우호국' 예방은 참전국을 비롯하여 우방 25개국을 순방한 3개월간의 대장정이었다. 사절단은 아프리카 대륙의 참전국 중 하나였던 에티오피아까지도 순방하는 대단한 열성을 보였다. 에티오피아는 당시 유럽에서 마땅한 항공편을 알아내는 것조차 어려운 교통의 오지였고 내륙의 산악 지대에 위치한 고산 국가였다. 더욱이 입국하려면 황열병 주사를 맞고 면역이 형성될 열흘 동안을 기다리는 수고까지도 감수해야 했지만, 사절단은 그 정도의 시간과 노력도 결코 마다하지 않았다. 예사롭지 않은 사절단의 의지를 환기해본다면, 그들의 우호국 순방 일정에서 인도가 빠진 것은 의외가 아닐 수 없다. 더군다나 인도는 메논 대표의 단정 수립 지지로 대한민국의 탄생 자체에 이미 커다란 공헌을 한 '고마운' 국가가 아니었던가. 물론 인도가 참전 16개국에 포함되지 않은 것은 사실이었다. 정확하게 말하면, 인도는 이탈리아, 스칸디나비아 국가들과 함께 한국전쟁 의료 지원국 중 하나였다. 그러나 김동성 일행은 인도를 제외한 나머지 의료 지원국들은 순방을 마친 상태였다. 확실히, 인도는 다른 나라들과는 별도의 취급을 받고 있었다.

이미 1947년부터 미국도 소련도 아닌 비동맹 노선을 추구해온 인도의 시각에서 보자면, 한국전쟁이라는 사건은 실상 자국의 정책적 일관성이 국제정치의 무대에서 시험당하는 곤혹스러운 계기일 터였다. 인도는 종국에는 북한의 무력 남침을 사실로서 인정하기는 했지만, 그 과정에서 인도 정치권 내부는 적지 않은 분열과 진통을 경험했다. 북한의 일방적인 남침이라는 의견에 동의하지 않는 인도 야당과 집권당인 의회당이 한국전쟁에 대한 해석을 놓고 한판 정치적 힘겨루기를 벌인 바도 있었다. 고심에 고심을 거듭한 인도는 마침내 적십자와 유사한 형태의 야전 구급대를 파견하는 선에서 남한에 대한 전쟁 지원을 마무리한다. 비동맹 국가로서 군사 지원의 정당성을 확보할 수 없었고, 무엇보다 제3차 세계 대전으로 확전 가능성마저도 내보였던 한국전쟁에 군사를 지원하는 무리수를 둘 필요가 없다고 판단한 셈이었다.

그렇다면 인도와 한국의 관계가 결정적으로 삐걱거리기 시작한 것은 언제일까. 김동성의 〈우호국 예방기〉는 그 시점을 한국전쟁의 와중에 이루어진 네루의 중립 선언으로 잡고 있다. 1952년 6월 12일, 하원에서 외교정책에 관한 연설을 행한 네루 수상은 3차 대전이 일어날 경우 인도는 중립을 엄수하겠다고 강조했다. 당시 인도는 미소의 냉전 논리를 이념 대립이라기보다는 권력정치라는 관점에서 파악했고, 양 진영 모두 제국주의 노선을 걷고 있다고 판단했다는 점에서 전혀 다른 아시아 상을 구상 중이었다. 실제로 이후 인도는 한국전쟁의 진행 과정에서 서방 진영과 중국 사이의 "중재자라는 '직함'을 스스로 개발"해낸다.[13] 인도는 중립국 송환 위원회 업무를 맡아 보호군 3000여 명을 한국에 파견했고, 전쟁 포로들의 본국 송환을 주도했다. 고민

거리였던 한국전쟁에서 자신들의 비동맹 노선을 능란하게 펼친 인도는 국제적 외교 역량을 다시 한번 인정받았지만, 남한 반공 정부와의 관계는 몹시 악화되기에 이르렀다.

실제로 인도와 큰 마찰이 생겼던 것은 1953년 9월 포로들의 석방 처리가 한창인 시기였다. 포로들 가운데에는 출신국으로 돌아가기를 거부하는 경우도 있었던 까닭에, 유엔은 이 송환 거부 포로들을 임시로 판문점에 수용하고 중립국인 인도에 관리를 위임하는 조치를 취했다. 문제가 생기기 시작한 것은 이 임무를 위해 인도군 장교 40여 명이 인천항에 상륙한 직후부터였다. 대한민국 헌병 총사령관 원용덕이 판문점으로 이동하는 인도군을 방해하도록 지휘한 사건이 발생한 것이었다. 총사령관 원용덕은 철길에 멍석을 깔기도 하고, 헌병들을 시켜 기관사들을 출발하지 못하게 하는 촌극을 연출했다. 1953년 이승만이 국제사회를 대상으로 감행했던 반공 포로 석방을 다시 한번 재현하려는 총사령관의 과잉 충성이 빚어낸 해프닝이었다. 이 사건은 중립국은 말할 것도 없고, 미군 측의 분노를 사기에도 충분했다.[14]

그러나 인도와 대한민국의 충돌은 이 소동으로 끝나지 않았다. 얼마 지나지 않아 중공 출신 반공 포로가 인도군 장교를 납치·감금하고 폭동을 일으킨 사건이 발생했고, 인도군은 반공 포로를 살해하는 강경 대응을 보였다. 서울 시내 곳곳에서는 "인도군 비행을 규탄"하고 "네루 수상에게 경고"하는 대대적인 반공 집회들이 열렸다.[15] 적어도 미소 냉전이 지속되고 인도가 여전히 중립 노선을 걷는 한에서라면, 이제 인도는 한국의 공론장에서 강력한 비난과 조롱을 면치 못할 터였다.

우리나라에 이롭지 않게만 주장하는 네루 수상이 반갑지 않은지라 인도 예방은 제례하고 우리는 다시 타이국으로 향하였다. ……인도에는 매년 수만의 기아자가 속출한다. ……식물이 결핍함보다 신앙상 축우畜牛가 시가市街로 성군 방황하는 일편에 인민이 아사하는 모순을 속출한다. 최량의 식물 우육牛肉을 식탁에 올리지 못하는 국민은 인도가 아니고는 볼 수 없다. 이런 우매한 국민을 지도 계몽에 주력하여야만 할 네루 수상은 부허浮虛하게도 지도자연하여 각국에 매명賣名 행각만을 일삼고 있다. 정부는 국민의 생명 재산을 보호함이 첫 정사임을 망각한 네루 수상이 아무리 웅변을 토한다 하더라도 청중은 속지 않을 것이다.[16]

식민지 시대로부터 해방 직후에 이르기까지 인도 기행에서 공통적으로 발견할 수 있었던, 인도 지도자들(특히 간디와 타고르)에 대한 선의와 존경의 뉘앙스를 기억한다면, 김동성이 보인 냉소와 신경질적인 조롱은 분명 극적인 변화였다. 김동성뿐만이 아니었다. 정치인이자 교육인인 이병주 역시 파리를 방문하기 위해 봄베이를 경유하면서 다음과 같이 기술했다. "영국 가街의 비르딩의 쇼윈도에 마침 네루 수상의 커다란 초상화를 걸어둔 것을 보니 그가 평소에 정치가로서 외교관으로서 국제무대에 맹활약을 하고 있으니 위대하다는 생각보다 '국내 꼬라지는 저 모양으로 해놓고'라는 감밖에 들지 않았다."[17]

특히 인도 비판과 관련하여 김동성이 구사했던 전략 중에 눈길을 끄는 것은 예의 '탈식민'의 레토릭이었다. 국민의 우매함과 지도자의 허영심 이외에 인도에 가해진 주된 비판 중 하나는 바로 인도가 여전히 시대착오적인 식민성에 붙들려 있다는 것, 단적으로 말해 식민 열강

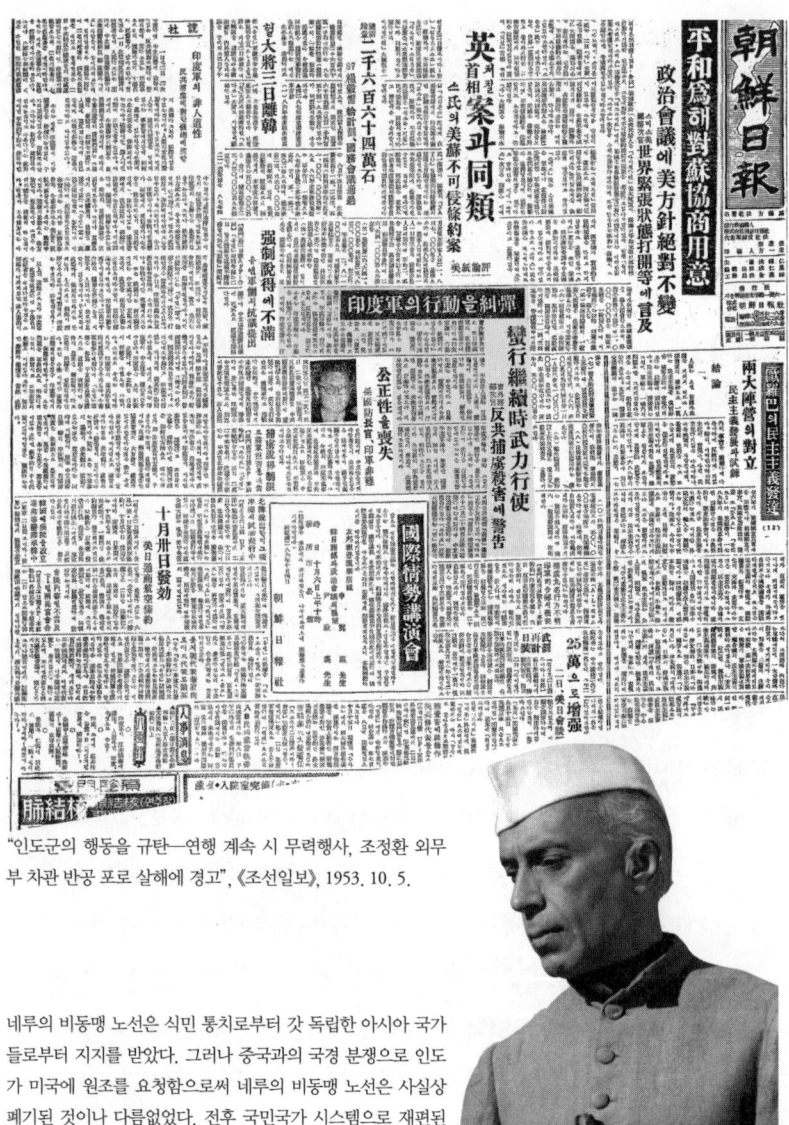

"인도군의 행동을 규탄—연행 계속 시 무력행사, 조정환 외무부 차관 반공 포로 살해에 경고", 《조선일보》, 1953. 10. 5.

네루의 비동맹 노선은 식민 통치로부터 갓 독립한 아시아 국가들로부터 지지를 받았다. 그러나 중국과의 국경 분쟁으로 인도가 미국에 원조를 요청함으로써 네루의 비동맹 노선은 사실상 폐기된 것이나 다름없었다. 전후 국민국가 시스템으로 재편된 세계 속에서 국가를 뛰어넘고자 했던 지역주의가 운신할 수 있는 한계를 고스란히 보여준 대목이었다.

으로부터 여전히 해방되지 못했다는 점이었다. 예를 들어, 그는 당시 수에즈 운하 문제를 두고 대립하는 영국과 이집트 사이에서 중재 역할을 맡은 인도의 태도를 맹공격한다. 김동성에 따르면, 인도의 판단은 신생국 이집트가 아닌 식민 모국 영국의 이해 쪽으로 확연히 기울어져 있다는 것이었다.[18] '비동맹=친공'이라는 논리를 한편으로 '비동맹=식민주의'라는 논리로 확장하여, 오히려 인도가 적극 표방하는 탈식민 지향의 진정성을 고스란히 의심하는 '역습'을 꾀한 셈이었다. 이러한 주장의 궁극적 목표는 물론 두말할 필요도 없이 인도의 중립 노선이 결코 동남아시아 신생국들의 정치적 대안이 될 수 없음을 입증하는 데 있었다. 비동맹은 곧 '친공'의 다른 이름일 뿐, 중립이라는 명칭은 남한의 인식 지도상에는 들어설 자리가 없었다.

적의 적은 동지

'피아彼我'의 구분이 이처럼 명료한 세계에서 '적'의 적은 바로 '우리'의 동지가 되는 것일까. 인도가 남한의 냉전 지도에서 '적'의 진영으로 배치되었다면, 인도의 '적'인 파키스탄에 대해 김동성 일행이 보였던 선의와 호감은 실제로 그 이상 달리 해석될 여지는 없어 보였다. "급속도로 발전하는 파국"이라는 제목하에 서술된 김동성의 파키스탄에 대한 인상은, 간단히 말해 인도로부터 분리된 이후 파키스탄이 얼마나 독자적으로 괄목할 만한 경제 발전을 성취해왔는가 하는 점이었다. 사절단은 이구동성으로 당시 파키스탄 수도 카라치 도심의 모더니티가 구미歐美에 견주어도 손색없다는 평가를 내렸다. 그러나 뭐니 뭐니 해도 파키스탄에 대한 찬사로서 가장 두드러진 것은 이후 1956년 발표된 주요섭의 기행문이었다. 앞서 타이완 친선단으로도 활약한 주요섭은 이번에는 국제펜클럽 대회 참석차 파키스탄을 방문해 시종여일하게 인도를 비교 대상으로 의식하면서 파키스탄의 거리와 사람들에 대한 친밀감과 '애정'을 과시한다.

> '파키스탄'이란 말의 뜻은 우리말로는 "깨끗하고 참되다"라는 뜻이라고 그 나라 어떤 학자가 설명해주었다. 그 나라 이름대로 과연 그들은 정신상으로나 물질상으로나 깨끗하고 참된 생활을 하려고 무척 노력하고 있다고 보여졌다. ……깨끗한 생활도 이 나라에서는 아주 습관화되어서 비록 노동자라 하여도 때 묻지 않고 물이 흔하고 또 사철 여름옷인지라 깨끗이 빨아 입고 다니는 것이었다. 절기가 양력 2월 달인데도 기후는 97도(F)에서 오르내리고 있으니 빈부귀천을 막론하고 대개는 맨발에 슬립퍼를 신고 다니면서도 수시로 발을 씻기 때문에 양말 신고 구두 신고 다니는 외국인 발이 도리어 무색할 지경이었다. ……남녀노소가 다 그 이웃 나라인 인도 사람에 비하여 영양이 무척 좋아 보이고, 거기 따라서 인도인보다는 더 명랑하고 활동적이었다.[19]

위생과 청결이 문명을 가늠하는 대표적 척도로 자리 잡은 것은 물론 근대 서구의 제국주의적 시선이 비서구인들에게도 뿌리 깊이 내면화된 결과이다. 그동안 인도를 여행했던 많은 한국인이 잊지 않고 묘사했던 것이 바로 '나족裸足'이 환기하는 불결함과 더위, 그리고 야만의 이미지였다는 것은 널리 알려져 있다. 그러나 동일한 맨발 문화라도 파키스탄인들의 것은 이제 인도와는 차별되고 분화된 것으로 묘사된다. 놀랍게도, 주요섭의 눈에 파키스탄인의 '청결한' 맨발과 슬리퍼는 외국인의 '더러운' 구두와 대조되어 급기야 이들을 부끄럽게 할 수준인 것으로 묘사된다. 인도를 비교 대상으로 상정하는 순간부터 파키스탄에 대해 쏟아지는 이 노골적인 '편애'는 물론 주요섭 개인의 취향의 문제라기보다는 당시 인도와 대한민국 사이의 껄끄러운 국제 관계를 개입시킬 때 비로소 일관되게 설명될 수 있는 것이었다.

그러나 인도인들의 입장에서, 야만의 불명예보다 더욱 곤혹스러울 비판은 인도가 '탈식민'의 자부심과 함께 내걸었던 비동맹의 기치가 여전히 식민주의에 함몰되어 있다는 식의 공격일 터였다. 김동성이 수에즈 운하에 대한 인도의 태도를 공격한 것처럼, 주요섭도 이 대목에서 식민주의를 다시 한번 끌어들였다. 그는 파키스탄의 신시가지를 거닐고 나서 이방인으로서 느끼는 감탄과 소회를 피력한 후, 인도가 파키스탄에 대해 영국과 같은 식민 본국으로서의 영향력을 행사하려 한다는 점을 잊지 않고 부연했다. "10년이면 구舊시가 주민이 모두 신시가 새집으로 이사 오고, 구시가는 헐어버리어서 영국 또는 인도 식민지 냄새를 일소해버릴 계획이라고 하는데 처처에 산처럼 쌓여 있는 벽돌 더미를 볼 때, 그 말이 과장이라고 생각되지 않았다."

그러나 탈식민의 레토릭이 냉전 서사와 '행복한' 결합을 유지한다는 것이 과연 가능한 일이었을까. 비록 레토릭 수준에 멈춘 것이라 할지라도, 미국의 참가를 필수 요소로 전제하는 아시아 반공 블록을 강력히 주장하면서 거기에 탈식민적 지향을 결부시키는 것은 실상 오른

쪽과 왼쪽으로 동시에 발걸음을 옮기는 것과 다름없었다. 애초부터 상이한 지향을 가졌던 탈식민주의와 반공의 위태로운 공동 스텝은 이내 엉키거나 혹은 예정된 종지부를 찍게 될 터였다.

그런데 여기에서 인도를 잠시 제쳐둔다면, 당대에 반공과 탈식민의 레토릭이 문제적 방식으로 만나는 또 다른 흥미로운 예를 목격할 수 있다. 바로 홍콩이나 마카오같이 여전히 서구 열강의 지배를 받고 있는 식민 도시들이다. 홍콩과 마카오는 본래 모두 중국의 영토였지만, 각각 영국과 포르투갈의 식민지인 관계로 '자유진영'의 반공 좌표 내에 여전히 기재될 수 있었던 예외적인 경우였다. 제국으로부터 해방된 아시아 신생국 대부분과는 달리 이 도시들이 직접적이든 간접적이든 아직 제국의 시간을 살고 있다는 것은 부인할 수 없는 사실이었다. 과연 대한민국의 파워엘리트들은 '자유진영'에 귀속된 이 식민 도시들에 대해 어떤 재현의 정치학을, 어떤 '탈식민'의 수사학을 펼쳐 보였을까.

테러와 그로테스크, 홍콩의 이중성

아시아재단 한국 지부의 초대 총무로 임명된 조동재[20]가 재단 업무차 홍콩을 방문한 것은 1956년의 일이었다. 1954년 샌프란시스코에서 만들어진 미국의 이 비영리 재단은 냉전이 시작되면서 갑작스럽게 중요한 세계 전략 지역으로 부상한 아시아와 관계 향상을 도모하기 위해 같은 해 한국에도 지부를 창설했다.[21] 그러나 아시아재단이 아무리 정치적 성격을 탈색한 것이라고는 해도, 조동재의 홍콩행은 애초부터 미국산産 재단이라는 자유진영의 '정치적' 매개를 통해 성사된 것이었다. 1950년대의 홍콩은 여전히 영국령 중계무역 도시로서 국제적 번영을 누리고 있었지만, 타이완이 아닌 중공을 공식 인정함으로써 대륙 중국의 영향력이 무시할 수 없는 기세로 확장되기 시작한 공간이었다. 이 점을 감안한다면, 홍콩에 대한 한국 여행자들의 인상이 1949년 중화인민공화국의 성립 이전과 판이하게 달라진 사실을 쉽게 이해할 수 있다.

중국이 국공 양 진영으로 갈라져 혈투를 계속하고 있는 오늘날, 영국은 중공만을 승인하고 홍콩의 지리적 위치가 자유세계와 공산국가 간의 중계점을 이루고 있는 것을 소질로 이 눈꼽만 한 땅덩어리를 명실공히 세계 교역 홍콩으로 만들었다. 그 선견지명에 감탄하기보다 그 너무나 노회한 외교수완이 불유쾌하게 된다. 홍콩에서 대만에 여행하고자 하는 자는 근 1개월을 걸려 입국허가가 서신으로 오기를 기다려야 한다. 사유중국 영사관이 없는 까닭이다. 홍콩 부두가에 있는 가장 높은 삘딩 중의 하나는 중공 소유로 되어 臺上에는 중공기가 나부끼고 있고, 또 서적상에는 좌익 서적이 그득하다. 이런 현상은 우리 같은 여행자에게는 최대의 '프라스트레이숀 frustration'이다. 힘이 탁 풀리고 허탈감이 생긴다. 홍콩의 지식인들과 회의하면 그들 역시 우리가 느끼는 허탈감에 사로잡혀 있다는 것을 발견한다. 우리 여행자에게는 이 감정이 강렬히 앞필appeal하지만, 이들에게는 만성이 됐다는 차이뿐이다. 그네들은 어느 정도 체관 속에서 사는 것 같다.[22]

서구 문명의 모더니티를 그대로 복제해놓은 듯한 홍콩의 화려함을 으레 선망의 뉘앙스로 소개하던 대한민국 여행자들의 말투는 어느새 사뭇 달라져 있었다. 홍콩은 여전히 익숙한 자본주의 시스템이 지배하는 곳이기는 하지만, 이 작은 섬은 이제 적어도 그들로서는 익히 알아왔던 홍콩이 아닌, 낯설고 두려운 장소로 '변질된' 장소였다. 세계에서도 손꼽히는 아름다운 야경의 무대배경이 되어주었던 홍콩 앞바다는 영국군과 중공군 간의 군사적 대치와 긴장이 흐르는 공간이 되어버렸고, 대한민국의 여행자들은 도심 곳곳에서 "중공기가 편상대고 있는 것을 볼 때"마다 "괴상한 감상"에 빠졌다고 앞다투어 토로한다.[23] 중화인민공화국 성립 이후 홍콩은 대륙으로부터 중류 계층 이상의 피난민이 집중한 곳이었던 한편 중공의 각종 무역상과 로비스트가 활약하고 있는 중국 정치의 공공연한 뒷무대이기도 했다.

그나마 영국의 점령이 아니었더라면 영락없이 '적'의 수중으로 넘어갔을 홍콩을 향해 한국의 여행자들은 과연 어떤 '탈식민'의 레토릭을 구사할 수 있었을까. 36년 일제의 식민 통치 끝에 '해방된' 신생 아시아국으로서, 차마 식민 점령의 '축복' 덕분이라고 말할 수는 없는 노릇일 터였다. 결국 그들의 '탈식민'의 레토릭이 겨냥한 것은 영국의 재빠른 중공 승인 정책이었다. 조동재에 따르면, 홍콩에 가득한 중화인민공화국의 입김이라든지 도심의 공기 중에 떠다니는 이 사상적 '불온함'은 결국 영국의 외교정책 때문이었다. 경제적 실리만을 뒤쫓고 정작 중요한 이념을 소홀히 하는 늙은 '제국'의 노회한 외교 수단에 그저 '불유쾌'해질 따름이라는 것이었다. 게다가 근거리의 홍콩과 타이완이 직접 왕래하지 못하는 것은, 영국이 홍콩 도심에 타이완의 영사관을 허용하지 않았기 때문이었다. 여행자들의 '탈식민'의 레토릭은 이런 식으로 다시금 되살아난다. 홍콩에서 만난 현지 지식인들이 그토록 허탈하고 무력한 인상을 준 까닭은, 식민지 인텔리인 그들에게는 현재 영국의 일방적인 '전횡'을 막을 수 있는 힘이 부재하기 때문이라는 것이었다.

홍콩은 이처럼 '적/동지'라는 현재의 냉전 좌표뿐 아니라 '제국/식민지'라는 역사적 위상에서도 일정한 위치를 점유하지 않고 모호하게 유동하는 불안한 기표였다. 실제로 아시아 자본주의의 첨병이자 '동양의 진주'인 홍콩은 당시 "중공 계열 폭도 발생"이 빈번하게 일어나는 공간이기도 했다. 그뿐만이 아니었다. 비록 영국의 반대로 좌절되기는 했지만, 중공 측에서는 홍콩 거류 중공계 시민 위문단이라는 명칭으로 중영 국경선을 넘으려는 시도가 행해지기도 했다.[24] 자유진영이라고도, 공산진영이라고도 딱히 잘라 말할 수 없는 곳. 식민지이지만 다른 아시아 신생국들과 비교할 수 없을 정도로 풍요로운 곳. 대한민국 여행자들의 입장에서, 홍콩은 인식상으로나 신변의 안전상으로나 마음 놓을 수 있는 장소가 아니었다. 그러나 홍콩의 '규정할 수 없음'에서 비롯된 불안은 한편으로 터부taboo를 목격하는 것과 같은 관음증, 그리고 비밀스러운 쾌락의 양가적인 느낌을 수반하는 일도 결코 드물지 않았다. 여행자들은 불온한 홍콩의 공기에 의식적으로 반발하는 동시에, 자신도 모르는 사이 이 도시에 대한 매혹을 표시하곤 했다.

홍콩은 중국 땅이니까 중국식 '태로terror'와 중국식 '그로테스크grotesque'를 볼 수가 있다. 더욱이 중공 지구로부터 피난 온 사람들로써 거리는 번잡하고 밤 11시 이후로는 강탈이 성행한다고 하며 인력거를 타면 인력차부로부터 피해를 입는다는 것이다. 백주 대로에 곳곳이 중국인 경관이 권총과 경찰봉을 차고 서 있으며 은행과 화폐 교환소 보석상 등의 문전에는 머리에 백색의 '타반'을 들은 인도인이 엽총 같은 것을 가지고 수위하고 있으며, 여권 관계로 경찰 본부의 이민국에 가보니까 모 살인범에 한국 돈으로 약 60만 환, 문서위조 재물 편취범에 역시 약 이백사십만 환의 현상을 건 벽보가 붙어 있다. ……중국인의 무청(댄스홀)에 가보니까 깜깜한 홀에서 여자들끼리 껴안고 춤을 추고 있으며 흰옷을 입은 악사의 모습이 어두움을 통해서 저쪽에 어렴풋이 보이며 중국의 그로테스크를 곧 예감케 했다. 이 반면에 홍콩은 영국령이니까 질서가 있다. 극장이나 전차나 버스 등 만원이면 더 이상 표를 팔지 않는다. 자본주의에도 양심이 있고 질서가 있다.[25]

파리로 가는 도중에 들른 경유지 홍콩에서 관료 이병주는 자신이 느낀 두려움과 매혹을 '중국식 테러'와 '중국식 그로테스크'라고 각각 명명하며 이 불길한 끌림을 떨쳐버리려 한다. 영국식 질서와 자본주의의 효율성을 황급히 덧붙이며 주의를 환기하는 그의 태도는 오히려 금지된 대상에 대한 매혹과 호기심을 통제하려는 의식적인 노력으로도 읽힌다. 홍콩 지식인들의 감정적 프러스트레이션을 언급했던 조동재 역시 이병주와 크게 다르지 않았다. 그는 홍콩 지식인들의 '체념'을 길게 소개한 직후 곧바로 홍콩 뒷골목의 성적 퇴폐를 자세히 묘사한다. 조동재에 따르면, 홍콩인들의 체념의 심리를 이용해서 발생한 듯한 것이 이 사창굴 카페와 마작 클럽 등이라는 것이다. "평균 3~4층 되는 마작 구락부는 각 층마다 사람이 빽빽이 차 있고 건물 전체에

1950년대 홍콩 도심의 풍경.

서 흘러나오는 재그락 소리는 수백 미터 떨어진 곳까지 들려온다."[26]

어쩌면 여행자들이 목격한 홍콩의 '그로테스크'는 식민지 시대 이래 계속되어왔던 '자본주의적 퇴폐'의 전형적 패턴일 가능성이 더 높았다. 그러나 신기하게도, 여행자들은 한결같이 이 '퇴폐'를 중국 대륙의 공산주의와 어떻게든 연결하려 했고, 넘어서는 안 되는 금기의 영역으로 제시했다. 금기는 항상 지금 여기에서 허여된 것 너머를 꿈꾸게 하고, 유예된 욕망의 뉘앙스를 수반하게 마련이다. 현실이 냉전 이념에 의해 구성되고 작동되던 시절, 이 좌표에 '적절하게' 기재될 수 없었던 홍콩의 이미지는 현실원리의 한 층 아래로 억압된 성적 충동이자 욕망인 리비도libido와 연동되며 여행자들의 뇌리에 강한 인상을 남겼다. 홍콩, 테러와 그로테스크의 기운이 쉴 새 없이 교차하며 부유하는 그곳. 적어도 한국 출신 여행자들에게 이 도시는 이후 냉전 기간 동안 내내 치명적이고도 불온한 매력을 발산하는 장소로 거듭 재현될 터였다.

마카오의 영광과 조락

인순은 음전의 경대에 슬쩍 한번 저를 비치어 보면서 "언니, 어서 차리우. 여덟 시에 가기로 했는데 벌써 여덟 시야" 하고 퍼어머넨트를 만진다. "지금 가서 언제 와요?" 음전은 마음이 아니 내키는 모양이었다. "오늘 밤새우는 날 아니오? 밤새도록 놀걸 뭐" 하고 인순은 큰 행복의 광경을 눈앞에 그려본다. "수선네 집이라지?" 하고 음전은 생각이 정치 못한 눈치다. "그래요. 왜? 수선네 집이면 안 되우?" 하고 인순도 수선네 집이면 위험성이 있음을 느낀다. ……"수선네 집 가정이 좀 이상하지 않아? 아버지도 어머니도 홍콩인가 마카온가 가서 아니 오고 수선이허구 수선이 오빠허구 동생들만 집에 있다지?" "그렇대. 그럼 어떠우? 가서 노는 데야 어른들 있으면 어렵지 않우? 더 놀기 좋지 않수?" "그래도 어째 이상하지 않아? 처음에는 수선이 아버지가 마카오를 간다더니 한 달쯤 지나서는 어머니가 부랴부랴 뒤를 따라가고." "그거 왜 그런지 언니 모르우? 수선이 아버지가 말야. 장사차로 간다고 해놓고는 어떤 여자를 데리고 갔다나 봐. 그것도 기생두 아니구 어떤 부자의 첩이래. 장사가 핑계야! 요새 부자들이 다 그렇지

무에요?"²⁷

　1948년 《태양신문》에 연재되었으나 결국 미완으로 남은 이광수의 장편소설 《서울》에는 해방 직후 서울 소재 대학에 다니는 청년 남녀가 대거 등장한다. '서병달'이라는 중국계 맑시스트 청년이 자신의 신분을 감추고 한국의 대학생들 사이에서 적잖은 영향력을 얻게 되는 과정을 그린 이 작품은 스파이물의 장르적 상상력과 청춘 남녀의 가벼운 로맨스가 결합된 일종의 세태소설이다. 이 소설의 매력 중 하나는 미 군정하 서울 중류층 젊은이들의 일상과 문화가 매우 상세하게 묘사되어 있다는 점이다. 청년들은 건국 과정에서 뿜어져 나오는 민족주의적 열정과 패기로 가득하지만, 다른 한편으로는 해방 직후 거센 파도처럼 밀려오는 '미국 문화'에 깊숙이 매혹되어 있는 모습이다. 크리스마스는 어느새 젊은이들이 가장 선호하는 휴일이 되었고, 축음기 반주의 서양식 사교댄스는 20세를 전후한 청춘 남녀의 모임에 빠지지 않고 등장해야 하는 최신 트렌드가 되었다.
　이때 소설 속에서 남녀 학생들의 크리스마스 올나이트 파티를 위한 장소로 물색된 곳은 바로 마카오 무역상인 아버지를 둔, 화학과 여학생 '김수선'의 호화로운 대저택이었다. 마카오는 해방 직후 아시아 역내 교역의 중심지였던 곳으로, 이광수의 소설 속 마카오 역시 국제무역과 브로커 관계 일로 톡톡히 재미를 본 당대의 벼락부자들과 함께 연상되는 도시였다. 마카오가 국제 교역의 중심지로 각광을 받기 시작한 것은 태평양전쟁 당시 홍콩이 일본군에 점령되자 홍콩에 있던 거상巨商들이 일본군을 피해 마카오로 대거 이동하면서부터였다. 마카오는 제2차세계대전에서 중립을 선언했던 포르투갈의 영지로, 일본군이 침입하지 못했던 까닭이었다.

한국에서 크게 유행어가 된 '마카오 신사'라는 말이 만들어진 것도 태평양전쟁 종전 이후 얼마 지나지 않아서의 일이었다. 1947년 3월, 마카오로부터 생고무와 양복지, 신문 용지 등을 싣고 들어온 무역선 '페리오드호'가 인천항에 입항한 이래, '마카오 신사'는 홍콩이나 마카오를 오가며 무역에 종사하는 사람들을 가리키는 말로 사용되기 시작했다. 그러나 1950년대가 되면, 이 단어는 마카오에서 밀수입한 고급 영국제 양복지로 신사복을 지어 입은 최신 멋쟁이들을 가리키는 대명사로 그 의미가 확장되었다. 당대의 '옷 좀 입는다'는 남자들, '유행 좀 안다'는 여자들은 마카오발發 최신 상품을 너 나 할 것 없이 몸에 두르거나 쓰거나 신거나 했다. '마카오 신사'들에게 영국제 와이셔츠와 양복은 반드시 갖추어야 할 패션 기본 아이템이었다. 거기에 스위스제 롤렉스 시계나 필그램 파나마모자, 이탈리아제 발리 구두나 프랑스제 루이뷔통 손가방 등을 매치한 그들의 몸차림은 오늘날에도 결코 기죽지 않을 최첨단 명품족의 모습인 셈이었다.

마카오를 거친 수입 사치품들은 심지어 전시 중에도 그 인기가 사그라지지 않았는데, 1952년 2월 28일자 《조선일보》에는 "서리맞을 사치!"라는 제목으로 정부가 사치 의류 단속에 대한 의지를 표명하는 기사마저 보도될 정도였다. 이 명령의 기본 골자는 남자의 경우 "신사복은 와이셔츠·넥타이를 착용하지 말아야 하며, 춘추복에는 스프링코트를 폐지하기로 되었으며, 여자는 옷 주름과 금은보석으로 만든 단추, 그리고 귀금속 가락지·팔거리·귀거리·목걸이 등을 몸에 달아서

"서리맞을 사치!—마카오 양복에서 옷고름까지도 6월 1일부터는 착용 금지키로", 《조선일보》, 1952. 2. 28.

1950년대 마카오 신사의 전형적인 옷차림. 사진은 김구의 암살범 안두희로, 경찰에 검거될 무렵 모습이다.

4장 중립은 없다 213

는 안 되고⋯⋯양단 베스트, 마카오 양복지 등의 사용을 금지하는" 것이었다.[28] 전쟁 중의 내수와 소비를 통제하려는 정부의 의도가 개입되어 있다는 점, 마카오 경유 물품이 1950년대 멋쟁이의 필수 품목이었다는 점 모두를 엿볼 수 있는 대목이지만, 이 명령이 실제로 얼마나 효과를 거둘지에 대해서는 정부나 언론 어느 쪽도 확신하지 못하는 상태였다.

그러나 당시 마카오가 국제 밀무역과 도박, 각국의 사치품과 최신 유행 등 호화롭고 방만한 자본주의의 이미지만을 수반하는 것은 결코 아니었다. 이광수가 이미 소설 속에서 서울을 중국계 '간첩'인 '서병달'과 '호소검'이 암약하는, 이념상의 위태로운 '감염' 공간으로 그려 놓았다는 것을 기억해둘 필요가 있다. 하물며 서울이 그럴진대 애초 청 왕조의 영토였다가 포르투갈령이 된 마카오라는 도시는 언제나 대륙 중국의 그림자가 불길하게 도사린 '음침한' 이미지를 필연적으로 수반할 터였다. 실제로 대륙 중국의 영향이라는 점에서 보자면, 마카오는 홍콩보다도 오히려 훨씬 더 위험한 '우범지대'이기도 했다. 예를 들어 중국은 마카오 개항 400주년이 되던 해인 1955년, 돌연 마카오에 대한 권리를 주장하고 나섰다. 중국의 선언은 지척의 홍콩뿐만 아니라 미국과 아시아 '자유진영'의 여러 나라, 그중에서도 특히 타이완과 한국 같은 강성의 반공 정부들을 바짝 긴장시키고도 남았다.

광동성 남동 해안에 있는 보도아령 '마카오'가 중국의 영토인 만치 중공은 '마카오'를 중공에게 반환하도록 보도아에 요구할 권리가 있다고 주장한 바 있으며 이보다 먼저 마카오 당국에서 준비하고 있던 마카오 개항 사백

주년 기념행사도 중공의 외교적 노력에 의하여 중지하게 되었다고 한다. ……중공의 이번 요구는 정식으로 (마카오) 인도를 요구한 것이 아니고, 반환을 요구할 권리가 있다는 것을 선언하였을 뿐이므로 당장에 문제 될 것은 없을 듯하다. 그러나 중공의 이 발언은 처음 행한 것이고 또 이것이 홍콩의 장래와도 관계있는 것이므로 범연하게 볼 수가 없는 것이다.[29]

1887년 포르투갈 정부에 양도된 마카오가 당시 청 황제의 최종적인 인준을 받지 않았기 때문에 국제 외교문서로서 효력이 발생할 수 없다는 것이 바로 중국 측의 논리였다. 물론 홍콩이나 마카오 같은 자유무역 도시들의 존재가 결코 자신에게 해롭지 않다는 것을 잘 알고 있던 중국 정부는 마카오 반환 주장을 끝까지 관철하지는 않았다. 그러나 이 사건은 중국이 언제든 마음만 먹으면 권리를 요구할 수 있다는 자신감을 내비쳤다는 점에서, 자유진영에 예기치 않은 충격을 안겨다 준 것이 사실이었다. '마카오 신사'가 흔히 마카오와 홍콩을 넘나드는 인맥과 교역의 네트워크를 가진 이들이었던 것처럼, 홍콩과 마카오가 사람들의 인식이나 현실 모두에서 하나의 정치·경제 단위로 묶여 있다는 것도 마카오 반환 소동을 통해 새삼스레 강조된 부분이기도 했다.

예를 들어, 언론인이었던 정성관은 반환 해프닝 직후인 1956년 홍콩과 마카오를 함께 시찰하고 돌아왔다. 〈동남아의 식민 지역—르포르타쥬 홍콩과 마카오의 현지 표정〉이라는 꽤 길고 자세한 기행문을 남긴 그에 따르면, 홍콩과 마카오는 "아세아의 적화를 꿈꾸는 중공"의 위협 아래 한 배를 탄 "공생동사共生同死"의 불가피한 운명 공동체였다. 실제로 두 지역은 청 왕조로부터 아편전쟁 혹은 아편 교역 중계라는 루트를 통해 서양 열강에 할양되었다는 점에서 서로 유사한 식민의 역사를 공유하고 있었다. 더욱이 중국 대륙 공산화 이후, 마카오의 보잘것없는 군사력을 보강하는 것은 영국령 홍콩의 상대적으로 강력한 해군 군사력이었다. 홍콩 정부 역시 마카오가 중국의 수중에 넘어간다면 자신의 일부가 떨어져 나가는 것이라고 자연스럽게 간주할 정도였다.

그러나 정성관의 관찰에 의하면, 닮은 꼴의 역사와 정치적 배경을 가진 홍콩과 마카오 두 도시의 현재는 실상 매우 판이한 것이었다. 일단 두 지구는 외관부터 대조적이었다. 초현대적인 고층 빌딩이 빽빽이 늘어서 있는 홍콩의 도심에 비한다면, 18세기풍의 낮은 건물 위주인 마카오는 이 도시를 처음 찾은 여행자에게 상대적으로 조락한 인상을 주는 것이 사실이었다. 물론 1950년대 중반의 마카오는 여전히 중계무역이 성행하는 곳이었지만, 종전 직후 절정에 올랐던 이 도시의 무역 경기는 자유를 되찾은 홍콩 쪽으로 다시금 주도권이 넘어가고 난 뒤였다. 이제 마카오 정부는 세입의 원천으로 무역보다는 관광산업이나 카지노 같은 도박 경기 쪽에 더 많이 의존하는 상황이었다. 게다가 마카오 총독부는 중국계가 대부분인 현지인의 반反식민 운동에 제대로 대처하지 못하는 상황이었다. 여행자 정성관에 따르면, 홍콩과 달리 마카오의 장래는 이곳을 찾는 그 누구도 명확한 답변을 하지 못할 만큼 위태로워 보이는 것이었다. 따라서 한국의 이 여행자는 눈앞에 펼쳐진 마카오의 풍경 앞에서 오히려 지나온 홍콩을 식민 도시의 일종의 '모범'처럼 거듭거듭 되새김질하는 것이었다.

홍콩 섬 자체가 하천 하나 없는 순전한 암석의 섬이었든 것을 영국 정부가 이곳에서 손을 댄 이래 이곳을 동양 경륜의 지점으로 삼기 위하여 막대한 경비와 노력을 소비하여 오늘날과 같은 근대적이고 세계적인 항구를 형성하였으며 나무 하나 없던 당시의 모습과는 달리 울창한 산림 속에 점점히 존립하여 있는 조화된 대소 건물의 위용은 마치 스위스의 도시 풍경을 연상케 한다. ……대륙이 중공에 탈취된 이래 밀려드는 피난민 사태에서 나오는 과잉 노동력을 건물의 재건축 같은 방법을 통하여 해결하고 있으며 그 밖에 경마 같은 간접적인 수법으로 세입의 원천을 삼고 있는데 이 모든 것이 그야말로 영국이 아니면 생각할 수 없는 통치 방법의 하나였다.[30]

대한민국의 여행자들이 홍콩과 마카오의 경제 발전 차이에 이처럼 예민했던 까닭은, 공산주의는 언제나 가난이라는 '서식처'를 좋아한다는 '자유진영'의 전형적인 반공 논리에 기인하는 것이었다. 홍콩이든 마카오든 사실 대륙 중국과의 인접성에서 오는 '불안'은 마찬가지였다. 중공기가 나부끼고 대륙의 공작원들이 공공연히 활보하는 점역시 대동소이했지만, 고도 자본주의의 각종 랜드마크로 포위된 홍콩에서 남한의 여행자들은 훨씬 더 안도할 수 있었다. 정성관의 글이 분명하게 증언하고 있듯이, 홍콩과 마카오의 이 모든 차이는 남한의 엘리트들에게는 영국의 '훌륭한' 식민 통치 정책의 결과로 이해되었다. 반공이라는 이 절대적 '정언명제' 앞에서라면, 남한의 여행자들은 당시 흥기하고 있던 마카오 현지의 반反식민 운동보다도 오히려 영국령 홍콩의 노련한 식민정책에 언제든 한 표를 던질 준비가 되어 있던 셈이었다.

불가피한 아시아의 분열

적도 동지도 아닌 제3의 비동맹을 표방한 동남아시아 국가 그룹은 공산주의와 자본주의 양 진영 모두로부터 국민국가 형성의 이데올로기적·물적 자원을 끌어내는 방식을 취하려 한 경우였다. 서구발發 냉전 서사의 논리를 오히려 역습하는 발상이었다. 네루의 비동맹 노선은 무엇보다 서방진영이나 공산진영 어느 쪽과도 군사동맹을 맺지 않는 것을 의미했다. 그리고 진영 논리가 아니라 자국의 독자적 판단에 따라 외교 노선을 취하는 것을 뜻했다. 따라서 이러한 노선은 군사동맹은 맺지 않지만 양 강대국 모두와 우호 관계를 맺고 경제적 원조를 받는 실리적인 양상으로 나타났다. 인도의 비동맹 노선은 일반적으로 아시아 지역 국가들의 탈식민주의적 지향을 반영하는 한편으로, 자국의 국가 이익을 추구하는 데에서도 충실한 역할을 수행했다는 평가를 받는다.[31] 그러나 냉전의 진영 논리를 과잉 전유한 남한의 양극적 세계관에서 제3의 국가군은 '적' 또는 '잠재적 적'으로 분류되었다. 그중에서도 특히 인도에 대한 노골적인 혐오는 비동맹 그룹 전체를 향한 적대감의 표현이었다.

물론 인도를 용공 세력으로 무조건 공격하지 않으면서 아시아 사회주의의 목표를 호의적으로 소개하려는 의도가 1950년대 남한 지식 사회에 전혀 없었던 것은 아니었다. 아시아 사회주의가 국가 경제의 계획화를 통해 궁극적으로 후진성을 극복하고자 노력해왔다는 점, 인도·인도네시아·버마 등은 "훌륭한 사회당이 활동하고 집권하는" 사례라는 종류의 예외적인 인식도 드물지만 분명 존재했다.[32] 그럼에도 한국전쟁 이후 인도에 관한 남한의 주류 언설은 여전히 "미소 냉전에서 중립을 꾀하는 환상주의자 네루"의 이미지로 요약되었고, 실제로 "인도양적 아시아"라는 기발한 신조어마저 등장하는 형편이었다.[33] 이 용어는 인도가 영국의 식민지였던 주변의 영연방 동남아시아 국가들을 리드하여 인도양 일대를 비동맹 내지 적화시킬 것이라는, 묵시록적 반공 비전의 산물이었다. "인도양적 아시아"란 남한·필리핀·타이완 등의 반공 해양 국가 연합인 "태평양적 아시아"의 대척점에 위치하는 아시아 국가들을 가리키는 말이었다. 두말할 것 없이 이 용어는 당시 아시아 국가들에 정치적 영향력을 행사하고 있을 뿐만 아니라 콜롬보계획을 통하여 경제적으로도 부상 중인 인도에 대한 우려와 경계를 가득 담은 문화 정치적 조어였다.[34]

"인도양적 아시아"라는 신조어의 등장에서 미루어 볼 수 있듯이, 이 시기 남한의 아시아 구상에서 탈식민적 지향과 냉전의 내러티브는 끝내 결합되지 못한 채 두 개의 아시아로 극명하게 분열된다. 실제로 아시아의 분열은 어차피 극복되기 어려운 것이니 오히려 전면적으로 수용되어야 한다는 지식인들의 논의조차 차츰 공론장에 등장하기 시작한다. 그리고 이러한 논의 속에서 새삼 강조된 것은, 단일한 실체로서 아시아라는 개념이 유럽의 '지적 발명품'이라는 사실이었다.

그러나 우리는 아세아라는 이 개념에 사로잡혀서 중공을 승인하고 일본의 무제한한 팽창을 수수방관하며 인도의 중도외교를 추종할 수는 없게 되었다. 서구에 대립하는 아세아라는 단일한 개념과 아세아 단결의 궁극적 목적은 오로지 아세아의 정치사상의 통일과 상호 원조의 원칙하에서만 가능하다. 그러나 식민지적 후진성이라는 공련성 이외에 아세아는 단일 개념 하에 통털어 포섭될 수 없는 기괴한 다양성을 그 속에서 내포하고 있는 것을 부정할 수가 없다.[35]

역내의 반공 동맹 구상을 둘러싸고 한국 정부는 인도 및 동남아시아 국가들과 정치적·외교적 대립과 갈등을 계속했다. 드디어 이 갈등은 서유럽의 식민 통치를 받았던 국가군과 일본의 통치를 받았던 한국 사이에 식민지적 유형의 역사적 차이가 엄존한다는 사실을 '자각'하는 데로까지 나아간다. 아시아는 인종적·언어적으로도 복잡다단한 지역이라는 점, 뿐만 아니라 문화적으로도 서구 문명이 기독교라는 단일 종교로 육성된 데 비해 아시아는 불교·회교·힌두교·라마교 등 다수 종교로 복잡하게 분열되었다는 점 역시 유례없이 강조되었다. 이러한 주장이 궁극적으로 의도하는 것은, 한국과 인도 및 동남아시아는 미국을 포함하는 서구에 대한 감각에서 서로 다를 수밖에 없음을 이제 인정하고 각자의 길을 가자는 논리였다. 물론 이러한 '분화된' 자각 자체는 아시아를 단일화된 실체로 보는 오리엔탈리즘의 오랜 신화를 넘어서서 아시아 각국의 역사를 개별적으로 되돌아보게 했다는 점에서 어느 정도 고무적인 면도 있었다. 그러나 자각의 계기 자체가 미국을 아시아 역내 연대의 필수 조건으로 끌어들일 것이냐에 대한 찬반 논의에서 비롯되었다는 점, 그 결과 이에 반대하는 아시아 국가 대부분을 '적' 혹은 '잠재적 적'의 좌표에 설정하는 방식이었다는 점에서 이러한 종류의 '탈'오리엔탈리즘적 깨달음은 매우 역설적인 위치에서 제기된 것이었다.

결국 이러한 아시아의 분열된 비전이 예기했던 바대로, 아시아 역내 국가들 사이에서 비록 반공이라는 군사적·안보적 이슈에 한정된 것일지라도 서로 협력하여 주도하는 식의 다자 동맹은 이후에도 이루어지지 않는다. 다만 "아세아주의의 포기"가 확정된 그 자리에 대신해서 들어선 것은 미국과 일부 아시아 국가들 간의 개별적인 양자 동맹 방식이었다. 미·일 동맹(1951), 미·비 동맹(1951), ANZUS(오스트레일리아·뉴질랜드·미국)(1951), 한미 동맹(1953), 미국·타이완 동맹(1954)의 잇따른 성립이 바로 그것이다.[36] 한국의 경우, 오랜 숙원이었던 한미상호방위조약이 체결되면서 드디어 안보에 대한 미국의 다짐을 받아냈다는 기쁨에 온 나라가 들썩했다.[37]

물론 미국의 입장에서 보자면, 안보 비용 측면에서 이러한 양자 동맹 방식을 선호했던 것은 결코 아니었다. 미국은 애초에 일본을 아시아 안보 체제의 핵심으로 집어넣으면서 태평양 지역 국가들을 전체적으로 아우르는 다자 안보 기구인 태평양 조약을 구상해왔다. 그러나 결국 이 구상은 성사되지 못했다. 오스트레일리아·뉴질랜드·필리핀 등의 반일 감정도 큰 원인이었고, 태평양 지역 내 영연방 국가들에 대해 미국이 영향력을 행사하는 것을 경계했던 영국이 반대했기 때문이었다. 일본 역시 껄끄러운 아시아 국가들과 집단적으로 행동하는 것을 내키지 않아 했다. 따라서 1955년 이후 아시아에는 미국을 축으로 아시아 각국의 양자 동맹 형태의 안보 체제가 복수로 존재하게 된다.

이러한 결과는 아시아 역내에서 미국에 대한 의존도를 극적으로 높이는 방향임이 너무나 분명했다. 그러나 결국 "새로운 보장이 없는 한 아세아의 갈 길은 익히 결정된 셈이다"[38]라는 인식하에서라면, 충분

6년간의 미군 점령 통치 끝에 1951년 일본은 제2차세계대전의 연합국들과 샌프란시스코에서 평화조약을 맺는다. 미국과 일본은 이때 평화조약과 함께 미일안보조약을 체결하는데, 이 조약을 맺음으로써 미국은 필요하다고 판단될 때 언제든 일본을 군사기지로 이용할 수 있는 근거를 마련했다.

1953년 8월 한미상호방위조약에 기성명하는 변영태 외무장관과 덜레스 미 국무장관의 모습. 두 사람이 서명하는 모습을 뒤에서 이승만이 지켜보고 있다.

히 예상될 수밖에 없는 선택이었다. 군사동맹국인 미국을 지원한다는 명분 아래 구상된 1950년대 인도차이나에 대한 무장 개입 계획이라든지 이후 1960년대의 베트남 파병이라는 현실 판단은 바로 이러한 아시아 인식으로부터 매우 가까운 거리에 놓여 있는 것이었다.

반둥, 1955 : 초대받지 못하여

2차 세계대전 이후의 문학적 현실은 1차 세계대전 직후에 있었던 내면성과 외면성이라는 '리얼리즘'의 유파적 형성보다는 개인에서 사회로 자아에서 민족으로 그리고 감각에서 지성으로 그 현대성의 역사적 기능이 이향하고 있는 과정이다. ……20세기 후반기에 있어서 새로운 문학 정신의 창조는 선진 국가에서 지향하는 내면적인 신변잡사의 심리 감각보다는 오히려 '아시아' 민족들의 강인한 자주정신의 행동적인 사고방식에서 싹트고 있다고 본다. 이것은 세계사의 조류가 자아의식의 단계에서 무언가 새로움을 모색하고 있다는 것을 말하며 또한 민주주의가 집단적인 민족의 자주정신과 역사적으로 결합한 시대에 들어서게 된 후반기의 현실을 반영하고 있는 것이다.[39]

1955년 벽두《조선일보》의 신춘문예 평론 부문에 당선되어 비평 활동을 시작한 최일수는 당시 아시아를 둘러싼 국제적 정세와 흐름의 변화를 민감하게 감지하고 있었던 것일까. 그가 민족을 이야기하는 방식은 당대 문학의 장을 풍미했던 김동리나 서정주류의 토착적 민족

문학론과는 판이했고, 그렇다고 실존주의나 모더니즘을 예찬하는 문예이론가들과도 닮은 데가 없어 보였다. 무엇보다 그의 평론에서는 서구와 서구 문학(이론)에 대한 사무친 열등감이 드러나지 않는다는 점이 이채로웠다. 서구 문예이론에 정통한 이론가일수록 현 단계 한국문학의 창작과 비평이 보여주는 수준에 '절망'하기 일쑤였고 한국문학사 전체를 일종의 시대착오에 가깝다고 여길 정도였지만, 최일수는 오히려 그 반대였다. 1955년 《뉴욕 타임스》에 공모한 세계 각국의 단편들을 읽어본 소감을 말하면서, 그는 영국이나 미국, 프랑스 같은 선진 국가의 출품작들이 기법적으로 세련되었을지는 몰라도 새 시대의 정신을 담기에는 낡은 것으로 보인다고 평가했다. 아시아나 아프리카 지역의 문학이야말로 시대정신으로서의 민주주의적 인간상이나 전후의 감성에 충실하다는 것이 그의 입장이었다. 물론 그의 견해는 1950년대 한국 주류 문학사의 기준에서 볼 때, 느닷없는 돌출이었고 충격적인 예외에 속한 것이기도 했다.

그러나 최일수의 평론이 발표되고 나서 얼마 지나지 않은 1955년 4월 18일, 마치 그의 문학적 신념을 정치의 언어로 번역해놓은 듯한 지역 회의가 인도네시아의 반둥이라는 도시에서 열린다. 아시아·아프리카회의라고도 불리는 이 역사적 만남은 인도네시아, 버마, 스리랑카, 인도, 파키스탄 등 5개국이 주최국이 되어 양 대륙의 신생 독립국들을 대거 초청한 거대한 회합의 자리였다. 그러나 최일수와는 달리 아시아의 '분열' 노선을 당연한 것으로 받아들이던 당시 한국 공론장의 분위기 속에서, 이와 같은 대회는 쉽게 환영받기 어려운 성질의 것이었다. 실제로 반둥에서 열린 이 광역 회의의 어젠다는 유럽 열강을 비롯하여 미국과 소련에 맞서는 반反식민주의적 연대를 모색하는 것이었다. 주요한 안건은 먼저 아시아·아프리카 신생국들과 유럽 열강 사이에서 계속되는 크고 작은 정치적 마찰이었다. 당시 알제리 독립 건과 이집트 수에즈 운하 국영화 문제를 둘러싸고 영국·프랑스 등 구식민 열강이 강경한 입장을 보이는가 하면, 서뉴기니 지역을 놓고는 신생의 인도네시아와 네덜란드가 한창 힘겨루기를 하고 있었다.

그러나 제2차세계대전 이후에도 잠잠할 날이 없었던 식민주의라는 이슈는 서유럽 열강을 둘러싼 문제만은 아니었다. 유럽 구 식민 제국들과는 차별화된 노선을 추구하며 탈식민적 제스처를 취했던 미국과 소련 역시 신생국가들에게는 커다란 근심거리가 아닐 수 없었다. 냉전 논리하에 미국이 자유진영 국가들을 향해 영향력을 행사하는 방식은 장구한 세월 유럽 열강의 식민 통치를 받았던 민족들의 의심과 경계를 사기에 충분한 것이었다. 게다가 그 점에서라면 소련은 한층 더 문제가 있어 보였다. 신생국들은 다음과 같이 자문할 수밖에 없는 처지였다. 소련의 동구권 지배는 과연 서방의 아프리카 혹은 아시아 식민 지배와 전혀 다른 차원의 문제인가? 미국의 대아시아 정책에 '신식민주의'라는 이름을 붙여도 무방한 것은 아닐까? 양대 진영의 논리가 팽배한 이때 힘없는 '우리'가 단결하여 두 세력 사이에서 현명한 캐스팅보트casting vote 역할을 할 수는 없는 것일까? 아시아·아프리카의 국가들은 미소 양국에 대해 쉽사리 사그라지지 않는 의구심을 제기했고, 점점 커져만 가는 의혹을 서로 공유하고자 했다. 요컨대, 반둥회의의 반식민적 어젠다는 아시아에 관한 중대 사안의 결정이 당사국들의 의사보다는 서구 열강에 의해 주도된다는 전후 '신식민주의'

1955년 4월 18일 아시아 23개국과 아프리카 6개국의 대표들이 인도네시아 자바 섬의 반둥에 모여 개최한 아시아·아프리카 회의 광경.

당시 인도네시아 대통령으로 반둥회의를 주재한 수카르노.

4장 중립은 없다 227

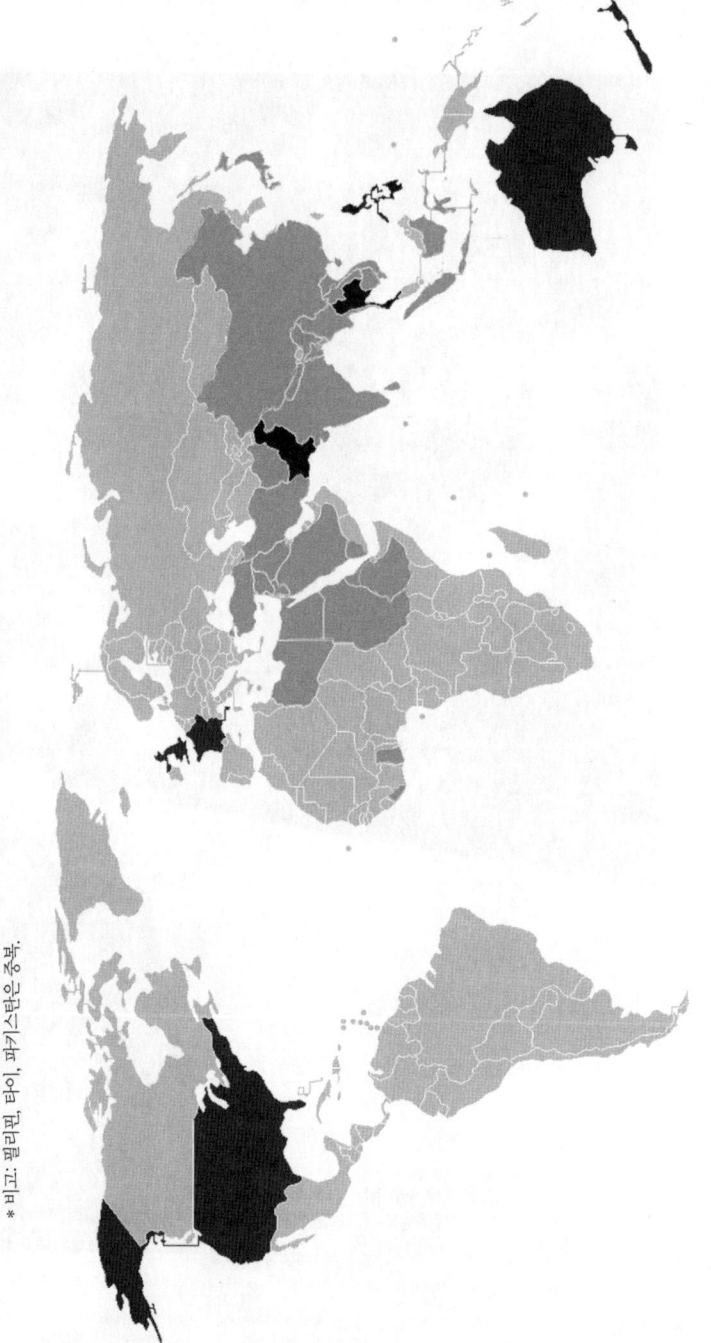

■ SEATO 8개국: 미국, 영국, 프랑스, 오스트레일리아, 뉴질랜드, 필리핀, 타이, 파키스탄.

반둥회의 참가국 29개국: 인도네시아, 실론, 버마, 인도, 파키스탄, 아프가니스탄, 중국, 이집트, 골드코스트, 이란, 캄보디아, 월남, 일본, 리베리아, 리비아, 네팔, 수단, 시리아, 터키, 라오스, 얠멩, 북예멘, 필리핀, 에티오피아, 요르단, 사우디아라비아, 이라크.

* 비고: 필리핀, 타이, 파키스탄은 중복.

에 대한 우려가 짙게 반영된 것이었다.

그렇다면 반둥회의의 참가국은 구체적으로 어떤 나라들이었을까. 주최국인 동남아 5개국을 비롯하여 북아프리카 북서부의 마그레브 지역 국가들(모로코, 알제리, 튀니지, 리비아)과 아랍연맹의 국가들(이집트, 시리아, 예멘)은 특히 이 회합에 적극적으로 참가했다. 네팔, 베트남, 그리고 이 나라들과 국경을 맞대고 있는 중화인민공화국 또한 이 대회에서 아시아 신생국 중 핵심 국가로서 위상을 과시했다. 이 지역에서 식민지가 아닌, 침략의 경험을 가진 유일한 국가인 일본 역시 참가국 명단에 올라 있었다. 그러나 아시아·아프리카의 유망한 지도자들이 한데 모여 향후 정치적 비전과 연대를 모색하는 이 자리에 한국은 초대받지 못했다. 남한, 타이완, 남아프리카공화국,[40] 이스라엘은 강경한 반공 정책과 호전성 혹은 인종차별주의를 이유로 이 회의에서 제외된 까닭이었다.

물론 한국의 언론은 이 모임에 초대받지 못했다는 이유로 서유립이나 오스트레일리아와 같이 반둥회의의 존재 가치 자체를 노골적으로 부정하려 들지는 않았다. 이를테면 서유럽 국가들은 이 회의를 두고 "보이스카우트의 정치적 캠핑 대회" 운운하며 히스테릭한 반응을 보였다. 과거 식민지였던 나라들끼리 머리를 맞대고 모여봤자 별수 있겠느냐는 비아냥거림과 냉소의 발로였다. 한편 동일한 태평양 권역이면서도 회의에 초대받지 못한 오스트레일리아의 입장은 약간 다른 것이었다. 오스트레일리아는 이 회의가 확실히 백인에 대한 인종적 반감을 만천하에 표명하는 것이며, 자신들이 국제적 따돌림을 당하고 있다고 호소하는 쪽이었다. 한국의 언론은 물론 이보다는 신중할 수밖에 없었다. 적어도 레토릭 차원에서는 식민지 역사를 경험했던 국가 중 하나로서 아시아·아프리카 신생국들의 입장에 공감하려는 제스처 정도는 시도한 셈이었다. 그러나 '탈식민 아시아'와 '냉전 아시아'라는 두 개의 패러다임이 충돌할 때면, 한국은 언제나 그래왔던 것처럼 주저 없이 진영 논리를 지지하는 쪽으로 재빠르게 선회했다.

1955년 4월 인도네시아 공화국 반둥에서 열린 아시아 아푸리카 회의는 전후 아세아사에서 가장 큰 자리를 차지한 사건의 하나였거니와 구태여 비교한다면, 인도 독립, 인도네시아 독립, 중공의 대륙 제패 등과 비슷한 평가를 받게 될 사건이다. ……그러나 반둥회의는 몇 가지 각도에서 냉정한 비판을 받아야 할 사건이기도 하였다. ……신생독립국가에 대해서 동정과 호의를 가진 강대국이 미국이었다. 그럼에도 불구하고 미국 정부는 반둥회의에 대해서 극히 냉담한 태도를 취하였다. ……그 이유는 무엇인가? 황인종과 흑인종이 한자리에 모였다는 사실과 미국 내의 인종차별 문제를 관련시켜서 검토할 필요성을 전연 부인할 수는 없는 것이지만, 미국이 아·아 회의에 냉담했던 첫째 이유는 중공이 아·아 회의에 초대되는 반면에 자유중국이 제외되었다는 사실과 씨에토SEATO와 반둥회의와 대립적인 관련에서 반목을 자아냈기 때문이다. 확실히 반둥회의는 씨에토와 대립적인 관계에서 검토되어야 할 중대한 이유가 있다.[41]

미국이 언급하고 있는 시토SEATO, 즉 동남아시아조약기구란 한국전쟁과 잇단 인도차이나반도의 공산화 조짐으로 이 지역을 방위해야 한다는 경각심이 높아져 1954년 결성된 일종의 아시아 집단 안보 동

1954년 조인된 동남아시아조약기구는 북대서양조약기구를 모방한 것이었다. 한 개 회원 국가에 대한 군사적 공격은 동남아시아조약기구 가입국 전체에 대한 공격으로 간주된다는 애초의 규정이 있었음에도, 실질적으로는 제대로 운영되지 못했다.

북한 역시 남한과 마찬가지로 1955년 반둥회의에 초대받지 못했지만, 이후 북한은 1961년 발족한 비동맹국회의에서는 정회원국이 된다. 비동맹국회의는 1961년 유고슬라이바의 베오그라드에서 개최되었고, 인도의 네루, 유고슬라비아의 티토, 인도네시아의 수카르노, 아랍연맹의 나세르 등의 주도하에 25개의 회원국으로 출범했다. 사진은 반둥회의 40주년을 기념하여 제작된 북한의 우표이다.

맹이었다.[42] 파키스탄·필리핀·타이 등 동남아시아 반공국 몇몇이 포함되기는 했지만, 이 기구는 명확하게 미국·영국·프랑스 등 서구 열강이 이끄는 형태였다. 강대국들의 참가에 인도 같은 아시아 비동맹 노선 국가들이 시토 참여를 거부하리라는 것은 예상할 수 있는 전개였다.[43] 따라서 반공을 목적으로 결성된 동남아시아조약기구 성립 직

4장 중립은 없다 231

후, 보란 듯이 개최된 아시아·아프리카 국가들만의 반둥회의는 서방 세계의 이목을 집중시킬 수밖에 없었다.

　게다가 무엇보다 미국을 긴장시켰던 것은 반둥회의에 참가한 중국의 존재였다. 미국의 입장에서 보자면, 이 회의야말로 아시아 역내 채널로서도 가장 위협적인 연대가 될 가능성이 농후했다. 미국을 제외한 배타적 지역주의가 탄생될지도 모르는 일이었다. 이것이 바로 이 지역에 대해 이른바 "동정과 호의를" 가졌다는 미국이 반둥회의에 싸늘한 반응을 보인 진짜 이유였다. 그렇다면 아시아·아프리카와 미국의 힘겨루기에서 한국의 선택은 어땠을까? 물론 초대받지 못한 나라의 진로는 예측 가능한 것이었다. 아시아·아프리카 국가들의 상호 연대와 향후 움직임을 결코 무시할 수 없는 처지였음에도, 한국의 주류 언론은 미국의 반응에 촉각을 곤두세우면서 미국의 시각으로 반둥회의를 바라보는 쪽을 택했다. '냉전 아시아'라는 패러다임 자체의 산물이기도 한 대한민국의, 또 한 번의 익숙한 선택이었다.

| 5 | 장 |

아 시 아, 응 시 당 한 자 의 이 름 으 로

김종문(金宗文, 1919~1981)
연도 : 1966년
지역 : 베트남
프로젝트 : 국방부 파월 장병 지지 위원회 회원으로 베트남 현지 탐방
저술 : 〈베트남의 한국인〉

I インドへ?!

　私は戦争中から戦後にかけて二年ほど中国にいたことがある。戦後は、上海で国民党の宣伝部に留用され、つまり中国人の只中で中国人の機関で働いていたことがある。それは愉快で、同時にまた甚だにがい経験であった。一九四六年の年末に、私は帰国したのだが、この国民党の機関にいて、つくづくと政治と経済が内部から崩壊してきた場合に、いかにして革命が起るものであるか、ということを経験した。レーニンの云う「『下層』が古い方法を欲せず、しかも『上層』が古い方法でやり得なくなった場合にのみ、革命は勝利しうる」という原則が徐々に現実化して行く過程をまともに眼に見るような気持でいた。
　簡単に云って、私の日本以外のアジアの土地についての経験と知識は、中国でのこうしたもの以外は、ほとんどが書物によるそれにすぎない。それで、インドへ行けということになって、私はあわてた。インドへ行くなんて、生れてこのかた考えたこともなかったのだ。それもアジ

개발자의 시선과 동남아시아

역내 동남아시아 국가들과의 정치적·문화적 분열상이 돌이킬 수 없는 것으로 받아들여졌던 것과는 대조적으로, 이 지역에 관한 한국 사회의 경제적 관심이 점점 높아진 것은 예상할 수 있는 역설이었다. 1945년 8월 이후부터 1950년대 전반만 하더라도 한국의 미디어에서 동남아시아는 탈식민 아시아와 반공 아시아의 두 가지 맥락 사이를 왕복운동 하며 불려 나오는 '골치 아픈' 화제였다. 돌이켜보면, 서구 열강의 오랜 식민 통치에 저항하는 동남아시아 인민들의 투쟁은 공산주의 운동과 결부되어 가히 폭발적인 에너지를 뿜어냈다. 그러나 한국전쟁 이후 한국의 주류 언론이 일련의 사태를 보도하는 기본 프레임은 우리 사회가 얼마나 열렬하게 동남아시아 인민들의 반공 투쟁이 고양되기를 기원하고 있는지 강조하는 방식이었다.[1] 태평양 동맹의 구상에서 단적으로 확인할 수 있었듯이, 만약 자발적인 반공이 불가능하다면 서구 열강의 개입도 불사해야 할 뿐만 아니라 오히려 그것이 꼭 필요하다는 의견이 여론을 선도해왔다.

그러나 전후 재건이 궤도에 오르기 시작하는 1955년을 전후로 또 하나의 상황이 겹쳐진다. 물론 무장 게릴라의 주력 근거지인 동남아시아 일대의 울창한 삼림과 자연이 여전히 경계와 공포의 대상인 것만은 틀림없었다. 그러나 다른 한편으로 그것은 개발의 열정으로 가득 찬, 호기심 어린 근대적 인간의 시선을 기다리는 '여성적'이고 비역사적인 자연이기도 했다. 그것은 근대적 인간의 전형인 파우스트의 대사에 등장하는 자연과 유사한 이미지였다. 파우스트가 저 광포한 바다를 해변에서 몰아내고 습기 찬 넓은 지역의 경계선을 좁히면서 파도를 저 멀리 바닷속으로 밀어버림으로써 진정으로 값진 즐거움을 얻어보겠노라고 선언했을 때와 같은, 인간의 정복을 수천 년간 기다려온 듯한 태고의 자연이었다.

각종의 천연자원을 한없이 품고 있는 이 은혜로운 자연 앞에서, 한국의 언론은 이 자원의 정확한 분포와 현실적인 채굴 가능성을 알려주는 상세한 경제 지도를 작성하기에 바빴다. 확실히, 동남아시아는 부존자원이 적은 한국으로서는 그냥 지나치기 어려운 매력적인 '시장'임에 틀림없었다. 간단히 말해, 1950년대 후반 동남아시아를 향한 한국 사회의 호기심은 시장의 교환과 영리營利를 전제로 한, 전형적인 개발자의 시선 바로 그것이었다. 시장으로서의 동남아시아는 근대적 인간의 엔텔레케이아entelecheia[2]를 발현할 수 있는 가장 적절한 장소 중의 하나였다. 동남아시아는 식민지 후반기의 남방 열풍에 이어 전후 한국 사회에서 다시 한번 '재발견'되기 시작했다.

현하의 한국 경제정책에 있어 해외무역을 통한 국제수지 균형을 유지할 수 있다는 것은 바로 자립 경제 수립의 가능을 말하는 것이다. 그러나 대외무역의 수지 관계가 균형치 못한 일방적인 국민경제를 우리는 건전한 자립 경제라 할 수 없는 것이다. 수출무역의 증가를 도모키 위해서는 광범하고 적절한 시장의 개척이 요구되는 것이다. ……이러한 점에서 한국 수출시장의 개척은 세계 어느 지역보다도 후진적이며 또한 거리가 인근한 동남아 제국밖에는 없는 것이다.[3]

〈해외시장 개척을 위한 동남아 제국의 근황〉을 소개한 이 글은 베트남, 라오스, 캄보디아, 타이, 말레이시아, 버마, 인도네시아, 필리핀, 인도, 파키스탄, 실론 등을 모두 한데 묶어 동남아 제국으로 규정했다. 그리고 이 지역 국가들이 보유한 석유, 고무, 주석 같은 천연자원이나 쌀, 면화, 설탕 같은 1차 생산물의 분포 현황을 지역별로 자세히 분석해냈다. 실제로 1955년 이후에는 무역 관련 종사자들이 중심이 되어 동남아 각국으로의 진출 가능성을 타진하는 현지 시장 조사 형태의 이동이나 기록이 눈에 띄게 증가한다.[4] 한국전쟁을 전후로 해서는 정치인이나 문화인이 아시아 여행자의 대부분을 이루었지만, 이 시기에 이르러서는 경제인의 해외 시찰이 현저하게 많아지면서 여행자의 신분이나 여행의 성격 자체도 분화되고 있었다.

예를 들어, 당시 한국경제신문사 경제부 차장이었던 최치윤은 1958년 5월, 서울을 떠나 약 2개월간 홍콩, 마카오, 타이, 싱가포르, 말레이시아, 베트남, 라오스, 캄보디아, 필리핀, 타이완, 오키나와 등 동남아시아 일대와 일본까지 무려 12개국을 시찰하고 돌아왔다.[5] 그의 관찰

동남아 순방 한국 섬유 제품 군함 전시 행사(1958.2.15.~4.14.).

에 따르면, 동남아 지역이 장구한 세월 동안 세계시장의 원료 공급지 역할에 머무를 수밖에 없었던 것은 무엇보다 서구 열강의 가혹한 식민정책에서 기인하는 것이었다. 식민 제국들의 전략적인 우민화 통치의 결과 동남아시아는 천혜의 자원을 가졌음에도, 자본과 기술, 근대화를 이끌어나갈 동력자원이나 축적된 인력 풀이라는 관점에서 의심할 여지 없이 세계에서 가장 낙후된 지역으로 계속 머물렀다.

특히 최치윤이 경제 시찰자의 눈으로 관찰하며 놀라워했던 사실 가운데 하나는 제조업이나 공업이 저조한 대신 그나마 발전했으리라고 예상했던 농업 부문 역시 만성적인 저생산성의 문제에 시달리고 있는 대목이었다. 타이나 버마 등 인도차이나반도에 속하는 나라들의 경우, 쌀이 각 국가의 시운을 결정하는 주요 수출 산물인 것만은 틀림없었지만, 쌀의 단위당 생산량이나 연 생산 총액 면에서 보자면 당시 이 국가들은 놀랍게도 일본이나 한국에 비해서도 훨씬 못 미치는 실적을 보였다. 인구 밀도가 높은 말레이시아나 자바, 필리핀 같은 지역에서는 오히려 쌀을 수입하는 실정이었다.

그런데 동남아시아의 농업에 관해서 이야기할 때 결코 빼놓을 수 없는 부분이 또 한 가지 있다. 바로 플랜테이션plantation 농업이다. 단위면적당 효율성이라는 명분 아래 단일 작물의 대규모 재배 형태로 개발된 플랜테이션은 식민 통치 이후 동남아시아 지역에서 크게 번성한 농업 형태였다. 어떤 의미에서 플랜테이션은 동남아시아가 전 지구적 규모의 경제와 직접적으로 결부된, 최근의 용어로 말하자면 가장 '세계화'된 영역이기도 했다. 실제로 최치운은 열강의 과거 식민정책을 비판적으로 바라보았던 것과는 달리, 동남아시아 일대의 고무나 커피, 차, 야자유를 재배하는 대규모 플랜테이션 농장을 둘러보면서는 그 가시적인 성과에 감탄하는 모습을 보였다.

그러나 플랜테이션이란 단기적으로는 이윤을 올릴 수 있을지 몰라도 소수의 특정 생산물에 과도하게 의존하거나 일국의 전체 산업구조를 1차 산업에 고착화시키려는 경향이 강한 까닭에, 장기적으로는 후진국이나 개발도상국에 결코 유리하다고 할 수 없는 시스템이었다. 결국 플랜테이션 농업이란 강대국들이 선호하는 '자유무역'과 '비교우위'의 이론에 입각하여 제3세계의 전통적인 내수 위주의 농업 경제를 거대 메이저 식량 기업들이 주도하는 세계시장 질서 안으로 편입하려는 기획 속에서 탄생한 것이었다. 가장 원시적인 이동식 화전 농업에서 효율성 극대화를 추구하는 기업적 플랜테이션까지 동남아시아는 그야말로 '비동시적인 것'들이 '동시적으로' 공존하는 세계였다. '개발 도상에 있는' 동남아시아라는 표현이 자주 사용되기는 했지만, 실제로 최치윤이 관찰하고 묘사한 동남아시아는 열강의 플랜테이션 같은 예외를 제외하면 개발이 전혀 되지 않은 전인미답의 신천지나 다름없는 곳, 그래서 오히려 한국 사회로서는 '가슴 설렌' 기대를 걸 수 있는 가능성 풍부한 미래의 인접 시장이었다.

아무튼 광대한 지역을 점유하고 있는 자원의 조사도 별로 행하여지지 않고 있으므로 금후도 많은 새로운 자원의 발견이 기대되고 있다. 그러나 현상을 근본적으로 바꾸어버릴 정도의 획기적인 대발견이 있으리라고는 예상할 수 없다. 수산 자원과 토양 자원의 대규모적 개발이 동남아의 산업 상태를 도약시킬지도 모르나 이러한 가능성은 세계적으로 미개발 지역의 장래에 대해서 공통적으로 말할 수 있는 것이다. 오히려 가까운 장래의 문제로서 지리적으로 접근하고 있는 우리나라의 산업과 결부시켜서 검토될 문제라고 본다.[6]

그러나 지리적 인접성이라는 조건에서 보자면, 동남아시아의 시장 가능성에 한국만큼이나 눈독을 들인 것은 다름 아닌 이웃 일본이었다. 실제로 일본은 1950년대 후반에 이르러 동남아시아를 둘러싼 지역의 경제 패권을 재차 장악해나가는 가운데 이른바 전후 네오 대동아공영권의 부활을 눈앞에 두고 있었다. 1955년을 지나면서부터 일본에서는 "이제 더 이상 전후가 아니다"라는 정부의 프로파간다가 공공연하게 선전되었고, 이 문구는 일본 국민들에게 별다른 저항감 없

이케다 하야토는 재임 기간 동안 소득을 두 배로 증가시킨다는 소득 배가 운동을 기획했고, 결과는 목표 초과 달성이었다. 사진은 1961년 6월 20일, 이케다 수상이 케네디 대통령과 워싱턴에서 미일 무역경제합동위원회 설치를 위해 회담하는 장면이다.

이케다 하야토.

5장 아시아, 응시당한 자의 이름으로 241

이 생생한 실감으로 받아들여졌다. 내수 시장 재건에 성공한 일본은 차츰 시야를 넓혀 판로를 확대하기 시작했다. 이때 동남아시아는 '대동아공영권'의 모토 아래 과거에 제국 일본이 구축했던 '트랜스내셔널' 인프라를 활용할 수 있는 가장 적절한 해외시장 중의 하나였다.

물론 일본의 화려한 전후 귀환이 이토록 신속하게 이루어졌던 것은 미소 냉전으로 인한 분업 체제가 동아시아 역내에서 긴밀하게 작동한 탓이었다. 한국과 타이완, 오키나와 등지가 미국이 주도하는 '자유진영'의 군사 부문을 전담했다면, 일본은 미국의 경제원조와 정치적 배려에 힘입어 단연 동아시아 반공의 허브hub 역할을 수행하는 경제적 거점으로 자리매김했다. 아시아 식민지에 대한 기억을 되도록 망각의 어둠 속으로 밀어 넣으면서 열도 규모로 축소된 일국 경제 발전에만 매진하던 일본은 이제 냉전을 배경으로 '옛 영광'을 되찾으려 기지개를 펴기 시작했다. 경제 부문에서 자신감을 회복하면서 패전 이후 일제히 회수되었던 아시아에 대한 관심이 지식인들 사이에서 서서히, 그러나 매우 뚜렷한 하나의 지적 흐름으로 소생하는 중이었다.

결과적으로, 동아시아 역내에서 노골적으로 서구 친화적이었던 한국과 일본 두 나라는 반공이라는 동일한 조건하에서 동남아시아의 시장 가능성을 두고 언제든 경쟁 상태에 돌입할 태세였다. 일본의 전전 군국주의가 부활할지도 모른다는 가능성에 노심초사하던 한국으로서는 실질적으로는 경쟁 상대가 되지 못한다 할지라도, 심리적으로는 언제나 일본의 역내 영향력을 무겁게 의식하고 있는 터였다. 이러한 맥락에서 보자면, 전후 일본 사회의 아시아 인식, 그중에서도 특히 동남아에 관한 인식을 몇몇 문학적 사례와 기행문을 통해 살짝 엿보는 것은 양국 사이의 흥미로운 비교가 될 것이다.

망각과 향수 사이에서

노랫소리가 들려왔다. 그것은 스페인 멜로디에서 육감을 빼버려 애수만을 남긴, 귀에 익은 필리핀 노래였고, 젊은 여자의 목소리였다. 나는 천천히 머리를 치켜들었다. 꿈이 아니었고 노랫소리는 바다로 향한 창 쪽으로부터 광선처럼 선명하게 들려왔다. ······나는 소리를 냈다. 말소리가 그쳤다. 나는 일어나 총으로 문을 열어젖히고 그들 앞으로 나갔다. 두 사람은 나란히 서 있었고, 휘둥그레진 눈동자에는 야자유 등불이 비치고 있었다. "파 이제 코 포스포로(성냥을 줘)" 하고 나는 말했다. 여자는 괴성을 질렀다. 이러한 소리를 일본어는 '비명悲鳴'이라고 개괄해서 칭하고 있지만, 그다지 정확한 표현이 아니다. 그것은 도무지 '슬픔' 따위의 인간적인 감성과는 거리가 먼 짐승의 소리였다. 인류가 몸을 일으켜 세워 흉강을 자유로운 상태로 유지하고서는 그런 소리는 낼 수 없을 것이다. 여자의 얼굴은 일그러지고, 계속해서 단속적으로 울부짖으며 시선을 내 얼굴에서 떼지 않았다. 나의 충동은 분노였다. 나는 총을 쐈다. 총알은 여자의 가슴에 맞은 것 같았다. 하늘색 얇은 옷에 핏자국이 급속히 퍼졌고, 여자는 가슴에 오른손을 대고 기묘한 회전을 하며 앞으로 고꾸라졌다.[7]

오오카 쇼헤이大岡昇平는 일본 근대문학사에서 흔히 '전후문학의 기수'로 평가받는다. 1952년 발표된 《들불》은 태평양전쟁 당시 필리핀

오오카 쇼헤이의 동명 소설을 영화화한 이치가와 곤 감독의 〈들불〉. 필리핀의 레이테 섬을 무대로, 일본 패잔병들의 사연을 다루고 있다.

레이테 섬 전투에 배치받은 다무라 일병의 시점에서 쓰인 장편소설이다. 전투 중 약탈되어 폐허가 다 된 마을에서 주민 둘과 느닷없이 맞닥뜨린 주인공은 자신도 모르게 방아쇠를 당기고, 무고한 민간인 필리핀 여성을 죽인다. 죄의식에 시달리던 다무라 일병은 생각한다. 이 모든 사태의 원인은 바로 자신이 국가로부터 지급받은 무기에 있다고. 다무라가 총을 강물에 던져버리는 장면이라든지, 살아남은 동료 일본군끼리 서로를 살해하고 인육을 먹는 장면의 묘사는 당시 강렬한 반전 메시지로 전달되었다. 1959년 이치가와 곤市川崑 감독에 의해 영화화되기도 한 이 소설은 원폭 경험 이후 일본 사회에 팽배해 있던 평화주의와 공명하는 가운데 적잖은 반향을 일으켰다.

그러나 〈들불〉이 상기시키는 일본 군인들의 이 처절한 생존기는 기억의 서사인 동시에 망각의 서사라는 점에서 기묘하게 아이러니한 것일 수밖에 없었다. 기나긴 전쟁과 비참한 동원의 기억은 결국 일종의 수난 서사였기 때문이다. 자신을 피해자로 상상하는 이 패턴은 전후 일본 국민들이 오늘날까지도 가장 선호하는 대중적인 내러티브이다. 소설이든 영화든 젊은 일본 군인들의 생사를 넘나드는 비참함이 즉물적으로 클로즈업되는 서사들은 오히려 작품의 의도나 진정성과는 별도로 사회적 차원에서는 정반대의 효과를 야기하기 쉬웠다. 이야기의 구조상 '피해자로서의 일본인'과 '냉혹한 가해자로서의 원주민'이라는 도식이 결과적으로는 두드러지게 각인되는 상황이었다.

당연한 결과이겠지만, 피해자의 입장에서라면 태평양전쟁을 일으킨 주체로서 오롯이 감당해야 하는 역사적 반성과 자기 성찰은 거의 희박해지게 마련이다. 어쩌면 기억을 잃은 소설 속 다무라 일병의 '증상'은 전후 일본의 현실에서라면 오히려 보기 드문 사례일지도 몰랐다. 소설 속에서는 주인공의 망각이 그나마 하나의 병리적 증후로 명명되고 있지만, 실제 일본 사회가 보여준 과거 아시아 침략에 대한 전면적인 망각은 훨씬 더 광범한 수준에서 일상 깊숙이 자리 잡았다. 더욱이 망각에 편승한 것은 평균적인 생활인들뿐만이 아니었다. 평론가 오자키 호쓰키尾崎秀樹는 아시아·아프리카 작가 회의의 도쿄 대회에 참석한 그 어떤 일본 작가도 과거 제국주의가 주동했던 대동아 문학자 회의에 관해 발설하거나 기억하지 않았다는 회고를 남길 정도였다.[8]

물론 사회적 망각이 가속화되었던 것은 패전 직후 일본과 아시아의 관계가 현실적으로 여러 가지 면에서 제약될 수밖에 없었다는 점도 빼놓을 수 없다. 일단, 1952년 샌프란시스코 조약이 발효될 때까지 미국의 점령 기간 동안 일본은 독립국의 자격으로 어떤 나라와도 외교 활동을 할 수 없었다. 게다가 중국의 경우와 같이 냉전으로 인해 적대 진영에 속하거나 한국처럼 오랜 역사적 앙금 탓에 국교 정상화가 이루어지기까지 상당한 시간이 필요했던 나라들도 존재했다. 그런 면에서 보자면, 오히려 일본의 경우 아시아 다른 지역에 비해 동남아시아와 왕래나 교류가 상대적으로 활발한 편이었다. 예를 들어, 1951년 설립된 민간 기관인 '아시아문제조사회'에서 발행한 《아시아 문제》라는 잡지는 특히 1955년 이후 동남아시아와의 경제 관계가 긴밀해지면서 많은 경제 관료와 엘리트를 현지에 파견하며 왕성한 기록을 남긴 미디어였다.[9]

알려졌다시피, 동남아시아라는 개념이 성립된 것은 태평양전쟁 당시 이 일대에 일본군이 진주하자 연합군이 이 지역을 탈환해야 할 하나의 통합 단위로 부상시키면서부터였다. 개념 자체가 일본군의 군사적 점령과 밀접하게 관련되었던 만큼, 이 지역에 대한 일본의 물질적·심리적 투자는 적지 않은 것이었다. 실제로 전후에 동남아시아로 시찰을 나갔던 일본의 경제 관료들은 이미 전전에 이 지역에서 실무 경험과 두터운 현지 인맥을 쌓은 이들인 경우가 많았다. 그런 연유에서 전후 이들이 동남아시아 지역에 다시 파견되어 느꼈을 감정은 꽤나 복합적인 것이었다. 한편으로 그것은 예전 이 지역에 번창했던 일본의 거대 상사商社들이 흔적도 없이 사라졌다는 사실에서 오는 명확한 '쓸쓸함'이었다. 어느새 "한 개의 출장소도 찾아볼 수 없다는" 것은 일본의 패전을 새삼스레 절감하게 만드는 광경이었다. 그러나 다른 한편 과거의 영광에 대한 이 서글픈 반추는 묘한 느낌의 노스텔지어nostalgia를 동반하곤 했다. 직선의 발전주의적 역사관에서 볼 때, 동남아시아는 분명 근대화 이전 일본이 지나온 '과거'를 상대적인 여유를 가지고 상기시키는 장소였다. 그 과거는 메이지明治 무렵이기도 했고, 그보다 더 이전일 수도 있었다. 어느 시점이 되었든, 동남아시아 국가들이 재현해 보이고 있는 과거는 모더니티에 먼저 당도한 일본인들의 얼굴에 까닭 없는 미소를 머금게 하는 흐뭇한 광경이었다.

호텔 디스인디스 주변의 길모퉁이에 서서 바라보면 옛날 그대로 진흙탕물에서 빨래하는 정겨운 광경을 볼 수 있다. 뒤늦은 감이 있기는 하지만, 부흥이 진행되어 수돗물이 풍부해지면 이러한 풍경도 볼 수 없게 될 것이다. 호텔에서 비즈니스 거리로 이어지는 좁은 도로에 가득 찬 자동차의 느릿느릿한 속도. 여기 와서 보니 모두 전혀 서두르는 법이 없는 것처럼 보인다. 이 풍경도 진흙탕 강물을 메워 도로 건설 계획이 완성되면 장래에는 자동차뿐만 아니라 만사가 스피드화될 것이다.[10]

남방임업주식회사의 상무이사로 재직 중이던 야마자키 군타山崎軍太는 1955년 가을 한 달 반가량을 인도네시아 내륙의 오지 칼리만탄을 시찰하기 위해 파견된다. 신생 인도네시아의 치안과 경제 상황을 파악하고 향후 일본 기업들이 인도네시아 임업에 경제 협력자로 참여할 가능성을 타진하려는 비즈니스 여행이었다. 그의 눈에 비친 신생 인도네시아는 한편으로 식민 통치 이후 새 나라를 건설하려는 의욕과 열정으로 충만한 곳, "젊은 공무원들이 의기충천하여 활발하게 근무"하는 곳이었다. 그러나 동시에 그곳은 비행장에서 시내로 이동하는 잠깐 사이에도 무장 게릴라의 출몰로 마음을 놓을 수 없는 적대적 공간이기도 했다. 그럼에도 근대화의 빛과 그늘 모두를 경험한 일본인들에게 인도네시아의 도시들은 옛 일본의 소박한 모습을 상기시키는 달콤한 향수의 공간으로 다가올 수밖에 없었다. 원시적이지만 활력이 넘치고, 야만적이지만 그리움을 불러일으키는 이중적인 매력은 물론 전형적인 오리엔탈리즘의 다른 이름이기도 했다.

더욱이 일본 여행자들의 오리엔탈리즘적 시선이 좀 더 거리낌 없이 나타나는 것은 내륙으로 갈수록 모습을 드러내는 광활한 동남아시아의 자연 앞에서였다. 1956년 동남아시아 일대를 여행한 소노 아야코曾野綾子 역시 이 점에서는 마찬가지였다. 전후파의 유망한 소설가였던 그녀는 홍콩이나 싱가포르 같은 모던한 도시의 풍경은 제쳐두고, 동

소노 아야코.

남아시아의 가장 강렬한 인상으로 단연 인간의 손길이 미치지 않은 자연의 숭고미를 손꼽았다. 동남아의 이국적인 도시들이 꿈결처럼 아름다웠다고 말하면서도, 그녀는 여행 중 "자신의 마음을 흔들어놓은 것"은 뭐니 뭐니 해도 길들여지지 않은 동남아시아 "자연의 강력한 힘"이었다고 고백한다.[11]

그러나 피상적인 오리엔탈리즘과 말랑말랑한 향수의 감상을 뚫고

올라오는, 경악과 전율의 역사적 기억이 전후 일본 여행자들에게도 어김없이 주어질 터였다. 마치 1945년 8월 이후 한국인들이 낯선 이국땅에서 자신을 일본인으로 기억하는 시선과 차갑게 마주쳤던 것처럼. 심지어 한국인들이 그렇다면 일본인들은 두말할 것도 없을 터였다. 느닷없이 되살아난 과거가 자신들을 아찔하게 응시하는 순간을 그들은 피해 가기 어려웠다. 때때로 그것은 "일본 사람인 것 같다고 소곤거리"는 현지인들의 적대적인 시선이었고, 혹은 전혀 예기치 못한 장소에서 돌이킬 수 없는 과거 적대의 역사를 발견하고 느끼는 순간적인 패닉과 공포였다.

> 인가라고는 없는 황막한 원시림 이외에는 눈에 들어오는 것이 없는 하계를 몇 시간 동안 보내고 나서 칼리만탄 북동부의 석유 산지 타라칸에 도착했다. 예전 격전지였으며 독립 전쟁의 전장이었던 이곳도 훌륭하게 부활하여 연간 산출되는 중유가 40만 톤의 유전을 자랑했다. 유전을 한 바퀴 둘러본 후에, 헛간槽 위에 "쇼와 일본군 점령昭和日本軍占領"이라고 페인트로 쓰인 것이 그대로 남아 있는 것을 보았다. 악몽이 되살아나는 것 같은 느낌이었으나, 인도네시아 사람들 눈에는 노변의 낙서로밖에는 보이지 않는가 보다.[12]

이 글이 쓰인 1950년대 중반이라면 요시다 내각에서 노동정무 차관을 지낸 사사키 모리오佐々木盛雄가 필리핀을 여행하고 나서 이제 필리핀 어디에서도 대일 악감정을 찾아볼 수 없다며, 국민들을 안심시키고 일본 기업들의 동남아시아 진출을 독려하던 때였다. 그러나 지우

"일본 대장성서 동남아에 50억 투자 발표", 《조선일보》, 1959. 7. 18.

250　슬픈 아시아

"일본, 동남아에 기술 원조―각국에 가축 연구 설치 계획", 《조선일보》, 1957. 11. 19.

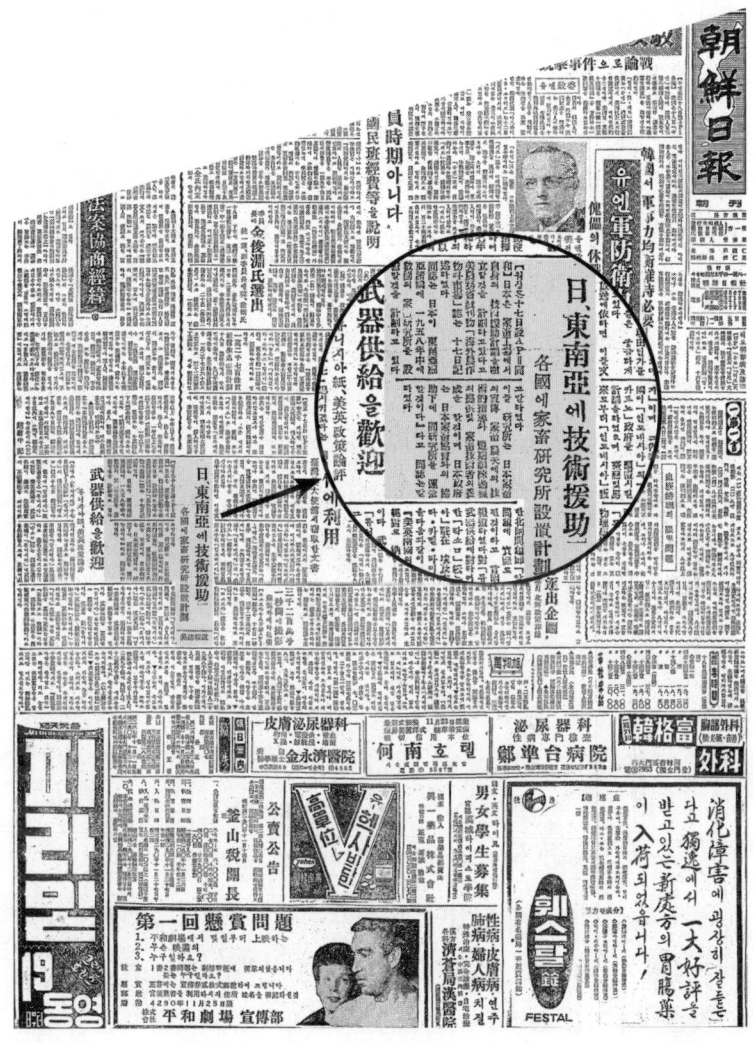

5장 아시아, 응시당한 자의 이름으로 251

고 싶은 과거의 역사는 어느 순간에라도 망령처럼 불쑥 나타나, 현재와 다가오지 않은 미래 모두를 완전히 동요시킬 만큼 예기치 못한 파괴력을 발휘할 수 있다. 아마도 일본인 여행자들을 당황하게 만들었던 것은 아직 현실 속에서는 실현되지 않은, 그러한 불행의 예감과 두려운 가능성이었다.

그러나 메이지 시대 이래 그래왔듯이, 일본은 전후에도 운이 좋은 편이었다. 사실 지리적 인접성으로 보나 역사로 보나 이 지역에 예로부터 압도적인 영향력을 행사해왔던 나라는 다름 아닌 중국이었다. 타이에 특명전권대사로 파견된 오오타 이치로太田一郎의 말을 빌리자면, "다수의 중공 제품이 방콕의 시장을 휩쓸고 있는 것에 대해서도 타이 정부는 홍콩으로부터 온 것인 까닭에 이를 제한할 수" 없다고 그저 변명만 하는 형편이었다. 아프가니스탄, 인도, 버마 등지의 나라들 역시 중국의 적지 않은 영향을 받고 있었고, 이 나라들에는 중국뿐만 아니라 소련도 이미 경제적으로 진출해 있는 상황이었다.

그러나 냉전의 진영 구획으로 말미암아 기적적으로 소생한 일본에 동남아시아는 공산주의 중국이나 전통적인 화교 네트워크를 상대한다 하더라도 얼마든지 승산 있는 시장이었다. 침략에 대한 기억은 남아 있을 테지만, 동남아시아의 경우 조선에서와 같은 숙명적 원한의 감정은 아닐 것이라고 일본인들은 확신했다. 타이완이 그랬듯이, 그것은 어느 정도는 사실이었다. 더욱이 샌프란시스코 강화조약 발효 이후 일본은 동남아시아 국가들과의 배상 문제를 정면 돌파하지 않고 자본이나 기술 원조로 이를 대신할 수 있도록 미국을 비롯한 서방 국가들의 국제적 지지와 승인을 확보한 뒤였다. 결정적인 메리트였다. 네오 대동아공영권의 부활은 이제 단순한 꿈이 아니었다. 실제로 동남아시아의 삼림 자원에 연신 감탄을 거듭하던 남방임업주식회사의 상무 야마자키는 인도네시아 기행문에서 다음과 같이 쓴다. "일본제 트랙터와 트레일러가 이 섬의 조용히 잠자고 있는 산들에 엔진 소리를 울리게 될 날도 멀지만은 않으리."[13] 진영 논리가 야기한 국제정치상의 혜택과 경제 개발의 담론이 한데 얽혀 있었다는 점에서, 이 야심 찬 일본인의 목소리는 한국 지식인의 그것과 실상 크게 다르지 않았다.

다케우치 요시미와 훗타 요시에의 아시아

전후 일본 사회의 아시아관을 전전 식민주의의 연장인 개발론만으로 환원하는 것은 지나친 단순화임에는 틀림없다. 비록 제한된 범위이기는 하지만, 일본의 경우 미국의 점령 통치 시대 이래 줄곧 공산당의 제도적인 정당 활동까지도 보장되어 있었다. 동일한 냉전 시대를 살고 있다고는 해도 일본 사회에서 허용되었던 사상적 스펙트럼은 비단 좌우의 관점이 아니더라도, 한국과 비교해본다면 훨씬 더 폭넓은 것이었다. 특히 다케우치 요시미竹內好 같은 독보적이고 논쟁적인 사상가의 존재를 생각해본다면 더욱 그러하다.

전후 일본의 지식 사회는 전전의 국수주의와 일본주의에 대한 일종의 반작용으로, 동양이나 아시아에 관한 논의는 무의식적으로 금기시되었다. 1948년 다케우치는 〈근대란 무엇인가〉라는 글을 발표하며, 동양의 근대와 저항의 가능성이라는 화두를 제시했다.

다케우치는 전후 일본 사회가 전전의 아시아를 상대로 한 일련의 전쟁을 그저 악몽으로만 치부하는 태도에서 어떤 종류의 위화감과 문제의식을 느꼈던, 몇 안 되는 지식인 가운데 하나였다. 다케우치의 견해에 따르면, 아시아와 연루된 과거를 말끔히 삭제하고 서구 진영의 사상과 제도를 일방적으로 추수하는 데에만 골몰하는 전후 일본 사회의 태도는 정직한 의미에서의 반성도 참회도 그 무엇도 아니었다. 오히려 그것은 일본 사회 내에 분명히 존재해왔던 아시아적 전통을 송두리째 망각하려는 태도에 더 가까웠다. 비록 침략주의로 불행한 결말을 맞이하기는 했지만, 메이지 시대 이래 일본이 "아시아를 주체적으로 생각하고 아시아의 운명과 타개를 자신의 프로그램 속에 놓고서 실행에 옮겨"온 오랜 전통과 흔적만큼은 부인할 수 없는 사실이라는 것이 다케우치의 일관된 입장이었다.

조선을 멸하고 중국의 주권을 침략한 난폭함이 있었지만 어쨌든 일본은 과거 70년 동안 아시아와 함께 살아왔다. 거기에는 조선과 중국과의 관련 없이는 살아갈 수 없다는 자각이 있었다. 침략은 잘못된 것이지만 침략에는 연대감의 왜곡된 표현이란 측면도 있다. 무관심하게 남에게 맡겨두는 것보다는 어떤 의미에서 건전하기까지 하다. 나는 하야시 후사오와 같이 대동아전쟁을 전적으로 긍정하는 데에는 찬성할 수 없다. 하야시의 주장 또한 전후의 풍조에 대한 한 반동이기 때문에 그 나름대로 존재 의의는 있다고 생각하지만, 대동아전쟁의 침략적 측면은 어떻게 강변해도 부정할 수 없다. 다만 침략을 미워한 나머지 침략이란 형태를 통해 나타나게 된 아시아 연대감까지 부정하는 것은 목욕물과 함께 아기까지 떠내려 보내는

1957년 인도에서 개최된 문학자 대회에 출석한 홋타 요시에는 귀국 후 《인도에서 생각한 것》을 펴낸다. 1959년, 홋타 요시에는 아시아·아프리카 작가 회의 일본평의회 사무국장이 된다.

홋타 요시에는 전후에도 일본 바깥, 특히 아시아의 시선을 예민하게 의식한 작가 중의 한 사람이었다.

것이 아닐까 두렵다.[14]

서구 특히 미국에서 온 개인주의와 민주주의로 전전 국가 파시즘의 토양을 완전히 대체해야 한다는 논리가 지배적이었던 무렵, 다케우치의 주장은 일본의 지식 사회에 큰 반향과 논쟁을 불러일으켰다. 하야시 후사오林房雄와 같이 옛 제국의 영광을 회고하는 뉘앙스로 대동아전쟁을 거론하기 시작한 몇몇 우파 성향의 전후 아시아주의자들과 동일한 부류로 분류될 위험을 무릅쓰고 다케우치가 주장하고 싶어 했던 것은 결국 "아시아를 주체적으로 생각하는" 자세, 달리 말해 "아시아의 일원으로서 아시아에 책임을 지는 자세"였다.

다케우치가 이러한 견해를 굽히지 않았던 데에는 그의 사상적 모태이자 영감의 근원인 중국이 자리하고 있었다. 전전 시기 중일전쟁에 대한 사유와 중국 대륙에서 겪은 구체적 경험이 다케우치에게 조국 일본의 역사적 행로를 '내부-외부자'의 시선에서 평가할 수 있는 비판적 거리를 허여한 셈이었다. 그의 입장에서 보자면, 중일전쟁 이후 지속되고 있는 일본과 중국의 적대 관계는 여전히 해소되지 않았고 오히려 전후의 냉전으로 인해 적대의 구도는 이중으로 배가되었다. 주의할 것은, 이 구도가 새로운 적대 관계로 오래된 적대 관계를 삭제하고 은폐하는 형국이라는 점이었다. 다케우치의 비판에 따르면, 일본인들은 스스로가 초래한 과거의 '진짜' 적대 관계는 빠르게 망각하는 반면 미국과 서방 진영이 설정해준 '의사擬似' 적대 관계만을 유효한 기정사실로 받아들이고 있었다. 쉽게 말해, 누가 '친구'이고 누가 '적'인지를 스스로 판단하고 결정하지 못하는 상황이었다. 이런 조건에서라면, 설령 일본 기업들이 중국에 대거 진출한다고 해서 중국과의 역사적 화해가 이루어질 수 있는 것은 아니었다. 다케우치 요시미가 1972년, 냉전의 세계적 데탕트 무드 속에 실현된 중·일 국교 정상화를 그다지 높이 평가하지 않았던 것도 바로 이러한 맥락에서였다. 섣부른 '화해'보다는 결코 풀렸던 적이 없는, 기나긴 '적대'의 역사를 기억하는 것, 다케우치에게는 그것이 오히려 훨씬 더 중요한 일이었다. 그 길이 바로 전후 일본이 온전한 의미에서 역사적·정치적 주체가 되는 길이었다.

많은 수는 아니지만, 실제로 전후 일본에는 다케우치와 마찬가지로 전전 중국 대륙에서의 사유와 경험을 토대로 작품 활동을 하는 작가나 문학자가 몇몇 있었다. 개인적 우연이든 혹은 역사적 필연이든 그들은 전전의 행보로 인해, 전후 일본이라는 열도 규모의 일국 체제에 거리를 둔 시야와 지평을 획득할 수 있었다. 예를 들어, 홋타 요시에堀田善衛는 일본의 패전과 함께 중국 국민당 선전부에 징용되었던 경험을 전후 작가 생활의 근간으로 삼은 드문 경우였다. 다케우치가 그랬듯이, 홋타 역시 냉전으로 인한 공산진영과의 '강요된' 적대성을 그대로 그 자신의 것으로 받아들이지 않았다. 그는 아시아·유럽·소련 등지를 여행하고 나서 1959년 1월 《쥬오코론中央公論》에 〈후진국의 미래상後進国の未來像〉이라는 글을 발표하는데, 이 에세이에서 그가 보여준 다양한 에피소드, 그리고 일본과 아시아 및 서구의 관계에 대한 인식은 다케우치의 생각과도 일맥상통하는 것이었다. 이를테면 여행 중 터키의 앙카라 공항에서 홋타가 만난 어느 미국 청년과의 대화 내용이 그렇다. 서방의 청년은 늘 현재가 아닌 미래에 호소하는 소련 정부의 전형적인 화법에 냉소를 보이며 홋타에게 암묵적인 동의를 구한다. 그러나 미국인 일반에 대해 평소 호감을 갖고 있다던 홋타의 대답은 의외로 매우 엄격하고 단호한 것이었다.

"나는 용무가 있어 소련에 갔다 왔을 뿐으로 소련에 빚진 것도 받을 것도 없는 사람이지만, 그 나라는 거대한 후진국이었다. 그런 나라의 인민이 미래에 대한 희망을 갖는 것은 당연한 것이 아닌가"라는 나의 말에 웅변을 늘어놓던 청년은 돌연 침묵했다. "아시아와 중근동은 역사가 오랜 나라가 많다. 그러나 실제로는 후진국이다. 나는 국제연합의 통계표를 본 일이 있는데, 대륙별로 본 최고 소득 지역과 최저 소득 지역의 차이는 2차 대전 전에는 십수 배 정도였지만, 1949년에는 30배가 되었다. 그 후에도 아시아나 아프리카, 아라비아 지역은 상대적으로 나빠졌다. 각각의 현대사에 리얼리티를 부여하는 것은 역사의 오래됨이 아니라 오히려 미래다. 미래에 대해 그들이 말한다고 해서 그들을 경멸해야 되는 것은 아니지 않은가."[15]

이데올로기적 적대감에서 비롯한 서방 청년의 편견에 발끈한 홋타였지만, 그럼에도 소련까지 포함하는 비유럽 지역(아시아, 아프리카)이 세계 경제의 가장 취약한 고리이며 빈곤한 후진 지역이라는 것만은 그 역시 인정하지 않을 수 없는 대목이었다. 홋타는 질문한다. 그렇다면 일본은 과연 어떠한가. 아시아에서 유독 근대화에 성공했으며, 비록 실패로 끝났을지라도 방대한 규모의 아시아 식민지를 거느렸던 경험을 소유한 일본은 서구(제국)와 아시아(식민지)의 끝도 없는 평행선에서 과연 어디쯤 위치하고 있는 것일까.

실제로 1950년대 후반 일본 지식인들 사이에서는 "일본은 아시아가 아니다"라는 이른바 '비非아시아설'에 관한 주장이 크나큰 지지와 공감을 얻는 중이었다. 중국으로 대표되는 대륙 아시아와 일본을 분리하는 이러한 견해는 서방 세계의 학자들, 특히 토인비Arnold Toynbee 같은 역사학자들에 의해 일찍부터 제기된 바 있었다. 일본 문화의 패턴이 아시아 국가들보다는 오히려 유럽 국가들과 유사하다는, 토인비 특유의 전형적인 문화 결정론에 근거한 사유였다. 문화 유형론들이 흔히 그러하듯, 역사 발전의 요인을 내부의 문화 패턴에 입각해서 역추적하는 이러한 방식은 20세기 전반을 관통했던 근대 제국주의 같은 현실 역사에 상대적으로 눈길을 주지 않는 관념적인 사고 형태임에는 분명했다.

　그러나 서방 세계뿐만 아니라 일본 사회에서도 토인비 사유의 이론적 정합성은 애초부터 그다지 문제가 되지 않았던 것이 사실이다. 바다 건너 토인비의 권위 있는 견해는 과거 식민지 경영의 대상이었던 아시아의 문제를 이제는 더 이상 심각하게 생각하고 싶지 않았던 일본인들로서는 매우 반갑고 '홀가분한' 해결책의 하나일 수 있었다. 일본이 애초부터 아시아에 속한 것이 아니라면, 전후 일본 사회가 자국과 과거 아시아와의 불행했던 만남에 대해서 끝없이 논쟁하는 것은 그다지 생산적인 일이 아니라는 생각이었다. 유감스럽기는 하지만, 유럽이 아시아와 아프리카 전역을 식민지화했던 것처럼 일본 역시 유사한 경로를 걸어간 셈이었다. 이러한 논리적 유추를 따라가다 보면, 일본은 전후에도 유럽과 같은 서방 세계의 일원으로서 그들이 누리는 수준의 경제와 문화 발전의 코스를 걸어가기 위해 열도 규모에서 노력하는 것이 그저 최선일 따름이었다. 전후 일본의 이러한 사상적 구도 안에서라면, 배상의 차원이든 문화 전반의 차원이든 과거 아시아 식민지들이나 식민지인들을 어떻게 처리할 것인가 하는 문제가 공적인 논의의 장 안에서 진행될 여지는 거의 없어 보였다.

　그러나 훗타는 일종의 '트렌드'가 된 일본 사회의 '비아시아설'을 의식하기라도 하듯, 일본을 포함한 비서구 세계가 서구 문명을 받아들이는 방식의 숙명적인 공통성을 내내 이야기하고 있었다. 그는 말한다. 한 대의 버스·트랙터·라디오는 단순한 물건이지만 동시에 서구의 문명·문화·기술의 축적된 전통과 두루 관계하고 있으며, 나아가 그것과 연루된 모든 역사적 인연의 층, 심지어 때로는 원한조차 함께 지니고 있는 대상이라고. 그러나 비서구에서 이러한 문명의 이기利器들은 서구의 모든 고심과 인연의 맥락으로부터 떨어져 나온 그저 단순한 하나의 물건에 불과하다는 것이다. 스스로의 내러티브가 결여된 오브제objet로서의 사물. 훗타는 바로 이 지점이 모더니티의 수용과 관련하여 아랍 세계와 일본이 겪어온 공통의 문제라고 보았다. 일본 근대 초기의 대문호 나쓰메 소세키夏目漱石도 모리 오가이森鷗外도 이 점을 강하게 의식하고 있었고 일생에 걸쳐 이 문제를 고심했다는 것이 훗타의 생각이었다. 모더니티의 충격과 여기에 대한 반응이라는 관점에서 보자면, "일본 역시 하나의 패턴에 지나지 않는다"라고 훗타는 말한다.

그러나 이 기행문이 흥미로운 것은, 일본을 포함한 비서구의 모더니티 수용에 대한 훗타의 인식이 아시아적 정체성停滯性에 대한 끝없는 열등감, 그리고 그 '자연스러운' 귀결인 비관이나 서구에 대한 선망으로만 끝나지 않는다는 점이었다. 실제로 훗타는 1958년 범아랍 국가의 시발점으로 시리아를 통합하여 통일 아랍 공화국을 건설한 이집트의 혁명 과정에 주목했다. 그리고 그 과정에서 서양 문명의 이기인 라디오가 수행했던 역할을 상기하고 이 에피소드를 일본 독자들에게 소개했다.[16] 이집트의 지도자 나세르Gamal Abdel Nasser는 글을 읽지 못하는 민중도 이해할 수 있도록 라디오를 통해 카이로 방송을 시작했고, 이 방송은 이집트의 국경을 넘어 전 아랍 세계로 퍼져나가 아랍 민족의 정체성을 고취하는 데 결정적인 역할을 했다는 것이다. 훗타의 관점대로라면, 그 과정은 라디오가 단순한 기술적 박래품에서 아랍 세계의 수많은 서사와 갈등, 희망과 좌절을 생산한 역사적 미디어로 승격하는 가능성의 순간이었다.

밤에는 수천 명이 공원에서 제철소 건설에 관한 영화를 환희에 차서 소리를 지르며 보고 있다. 나는 영국인과 같이 그 광경을 보러 갔다. 그는 오랫동안 카이로에 살다가 수에즈전쟁 때 본국으로 돌아갔고 그 후에는 처음 이집트에 온 사람이었다. 그는 관객들이 제철소 건설 영화를 보며 즐거워하는 것을 보고 깜짝 놀랐고, 나는 깜짝 놀라는 영국인의 모습에 놀랐다. 후진국의 체제 변혁, 혁명이 좋은 일만으로 이루어질 수 없다는 것은 당연한 일이다. 체제의 변화가 인간을 변화시킬 수 있다고 생각한다. 나와 같이 갔던 영국인의 상식으로는 아랍인들에게 그런 일들이 일어날 수 있다는 것을 상상할 수 없는 듯했다.[17]

일본은 이제 더 이상 전후가 아니라는 1950년대 후반의 선언을 거쳐, 유례없이 수직적인 고도 경제성장 사회로 고삐를 늦추지 않고 달려 나가고 있었다. 이 레이스에서 일본 사회는 과거 자신들의 아시아 식민지에 대해 생각할 겨를이 없었다. 심지어 일본은 아시아가 아니었고, 오히려 유럽에 가깝다지 않은가. 이것이 바로 '비아시아설'이 소비되는 주된 콘텍스트였다. 따라서 다케우치 요시미나 홋타 요시에의 전후 아시아관은 일본 사회의 주류 견해는 결코 아니었다. 특히 중국을 절대화하고 물신화fetish한다는 비판조차 받았던 다케우치에게 아시아는 그 자체로 곧 중국을 의미하는 것이어서, 아시아 역내 상호 간의 교류나 영향에 대해서는 분명 취약한 부분이 없지 않았다. 그럼에도 아시아를 향한 다케우치나 홋타의 고심의 흔적은 전후 일본 사회에서 확실히 두드러진 것이었다. 아시아를 이제까지와는 달리 사유해야 한다는 일본 사회 내부의 목소리가 파열되어 나올 때마다, 그들의 텍스트가 매번 되돌아가곤 하는 상징적인 출발점이자 기원이 되고 있는 것만은 틀림없는 사실이다.

"아프리카에서 손을 떼라"

중앙아프리카의 수도 방가 시市에서 밖으로 방가 강줄기를 타고 나가면 아프리카에 왔다는 실감이 난다. ……아프리카는 어데를 가나 모리타니아 같은 사막에를 가도 바닷가가 아니면 강이 있어 유유히 카누에 몸을 담고 창이나 그물로 고기를 잡는다. 누구의 소유인지도 모르는 야자 밭 속에서 열매를 따서 먹는 그들의 생활, 이것이 평화가 아니고 무엇이며 이곳이 낙원이 아니고 무엇일까? 원자력, 수소탄, 월세계月世界에 여행이니 하는 것과 그들의 세계와는 완전히 단절되어 있다. 진실로 세계의 평화를 소원하는 이가 있다면 신 앞에 맹세하고 가슴에 손을 얹고 아프리카의 카누인, 야자인을 목례하라. 이렇게 순수한 그들에게 맨주먹과 맨발, 그리고 맨몸뚱이밖에 아무것도 없는 그들에게 총부리, 칼끝을 대고 착취 지배에 일관하였던 서구 제국주의의 침투는 틀림없이 심판을 받으리라.[18]

쏟아지는 햇빛만큼이나 흔하디흔한 대자연의 은혜로움, 원주민과 그들의 축복받은 순수, 이 조화로운 풍경을 훼손하는 금속성의 서구 제국주의, 그리고 이에 대한 정당한 분노. 일반적으로 아프리카라는 단어로 상기되어 마땅한 모든 것이 다 들어가 있는 이 기행문은 1961년 아프리카 친선 사절단의 일행 가운데 하나였던 역사학자 조의설이 쓴 것이다. 제국주의나 식민주의라는 대립 항을 설정한다면, 아시아와 아프리카는 양자 간 현격한 차이점이 있음에도 좀 더 확장된 주체로 서로를 거울처럼 마주하고 기꺼이 받아들일 수 있게 된다. 간단히 말해, 아시아와 아프리카는 인접 연상이 가능한 대상이었다.

이미 앞서 언급했지만, 1955년 인도네시아 반둥의 아시아·아프리카회의가 바로 그 대표적인 경우였다. 그런데 아시아·아프리카의 역사적인 만남으로부터 약 3년 8개월이 흐른 뒤인 1958년 12월, 이번에는 영국으로부터 갓 독립한 가나 공화국의 수도 아크라에서 다시 한 번 대규모 회의가 열렸다. 반둥회의가 신생독립국의 대표자로 구성된 회의였다면, 아크라 회의는 주최국 가나를 제외하면 여전히 해방되지 않은 민족 대표자들이 함께 모인 자리라는 것이 크게 달라진 점이었다. 이른바 전全 아프리카 인민 회의였다. 따라서 "아시아·아프리카의 단결"이라는 반둥의 저 유명한 캐치프레이즈는 이제 "아프리카에서 손을 떼라"라는 아크라의 의제로 새로운 국면을 맞이할 터였다.

25개국 대표가 모인 아크라 회의는 물론 어디까지나 국가를 대표하는 공식 사절이 아닌 민간 대표들의 모임이었다. 그러나 그들이 열띤 토론을 벌인 화두는 '독립을 위한 민족운동에 과연 폭력 사용은 정당한가'와 같은 엄연한 주권 수립의 수단에 관한 논제들이었다. 혹은 남아프리카공화국의 악명 높은 인종차별 정책에 대한 비판이 제기되기도 했다. 폭력 사용의 문제와 관련하여, 특히 프랑스와 무력으로 항쟁하는 알제리의 민족 대표들은 일부 비폭력주의를 주장하는 아프리카

사이드 항에 있는 영국군의 모습이다. 1956년 수에즈 위기는 제국의 자신감을 약화시켰다. 영국과 프랑스는 국제적 반감과 이집트인들의 민족주의에 직면하여 양보해야만 했다.

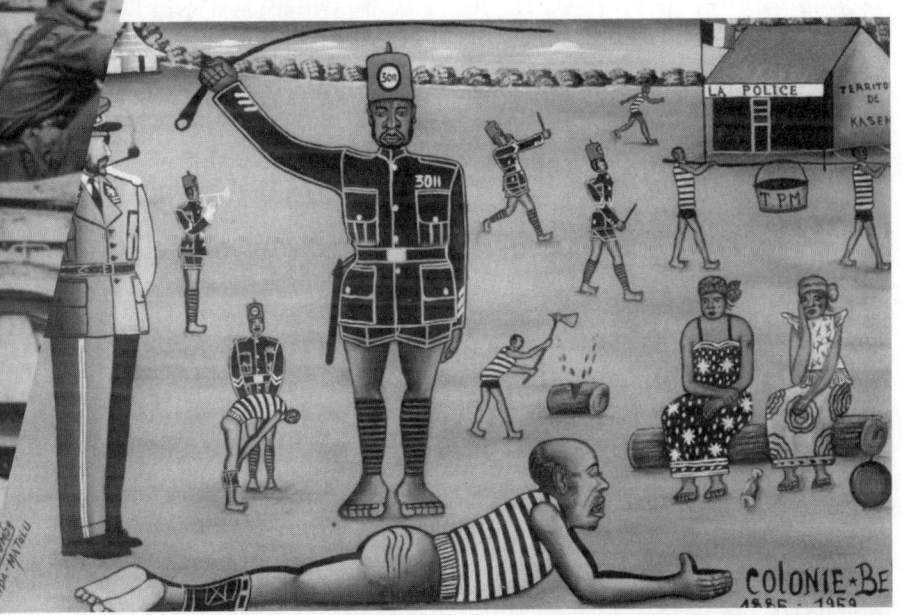

콩고 화가 이시붐바 카다-마툴트의 그림. 유럽 열강이 아프리카를 분할통치하던 19세기 후반부터 20세기 초반까지 지금의 콩고민주공화국은 벨기에령 콩고와 프랑스령 콩고로 나뉘어 통치되고 있었다. 벨기에령 콩고는 1960년 자이르라는 이름으로 독립했다.

대표들을 향해 폭력 정당론을 굽히지 않았다. 결국 "폭력에 의한 억압에 항거"하는 형태라면 폭력적 보복도 정당하다고 인정한 이 회의는 아프리카 대륙의 독립을 향한 오랜 꿈을 그대로 나타낸 자리였다.

아프리카가 이렇듯 벅찬 민족 해방의 예감으로 들썩이기 시작한 것은, 머나먼 기대에 불과했던 독립이 바로 이웃 나라들에서 한둘 실현되는 것을 아프리카의 민중이 직접 목격하면서부터였다. 실제로 1960년 한 해에만 나이지리아·토고·카메룬·소말리아 등이 비슷한 시기에 연달아 독립을 맞이했고, 프랑스령 콩고는 비록 완전한 독립은 아니었지만 국민투표를 거쳐 프랑스 연방 내 자치 공화국으로 거듭났다. 물론 그에 반해, "정치적 자유를 허용하는 시책은 아프리카인의 민도를 고려하지 않은" 것이라는 방침이 계속되는 나라도 있었다. 벨기에령 콩고의 경우였다. 그러나 독립을 계속 유예하려는 콩고 정부는 이내 대규모의 아래로부터의 저항에 직면해야 했다.

이 모든 사태는 결국 수많은 종족과 부족으로 나뉜 아프리카를 유럽의 식민 열강이 근대 초기 인위적으로 국경선을 만들어 통합하거나 분할통치를 한 결과였다. 독립을 맞이했든 미처 그러지 못했든, 아프리카 대륙 전체는 이미 전후 내셔널리즘을 향한 인민들의 뜨거운 기대와 이를 저지하는 구 제국들의 반발 속에서 대격변을 체험하는 중이었다. 당시 국내의 언론은 이렇게 전했다. "로데시아와 남아 연방에는 퍽으나 많은 정착된 백인의 수효가 있어서 그 지역의 전망을 모호하게 만들고 있다. 하지만 그 이외의 사하라 사막 이남 전 아프리카에서 실지 권력을 장악하는 것은 검은 아프리카인임은 틀림없다."[19] 말하자면 서구 제국들이 도입한 국민국가 시스템이 종전 이후 네이션 단위의 독립을 요구하는 부메랑이 되어 뼈아프게 회수되고 있는 형국이었다.

한편 신생의 아프리카 국가들은 국제적으로도 미소 양 진영에 해당되지 않으며 독자적인 목소리를 낼 수 있는 무시 못 할 세력으로 입지를 마련했다. 실제로 1960년 한 해에만 새롭게 독립한 아프리카의 나라는 17개국이었고, 그중 16개국이 유엔 회원국으로 인정되었다. 이 상황이 의미하는 것은 그들이 유엔총회의 여러 의제 결정에서 독립된 주권국으로서 한 표를 행사할 수 있게 되었다는 뜻이다. 그들은 약소국이 국제무대에서 영향력을 행사하려면 집단행동을 취해야 한다는 것을 누구보다 잘 알고 있었다. 유엔총회에서 '식민지 독립 부여 선언'이 제안되고 드디어 채택된 것은 바로 1960년의 일이었다.

한국 사회에서 아프리카를 바라보는 시선이 달라지기 시작한 것도 바로 이즈음의 일이었다. 잡지들은 예전이라면 좀처럼 보기 어려웠던 아프리카 특집을 게재했고, 특집 기획 안에는 조의설의 경우와 같이 미지의 아프리카 지역 국가들을 방문하고 돌아온 순방기가 종종 한국의 독자들에게 소개되었다. 이러한 현상은 미국을 포함한 서구 편향이 두드러졌던 한국전쟁 이후의 1950년대를 생각해보면 확실히 격세지감을 느낄 정도의 놀라운 변화였다. '아프리카 바람'은 당시 한국의 정치 지형을 뒤흔들었던, 1960년대 4·19 혁명의 자유로운 정신과도 일정한 수준에서 공명하는 것이었다.

당시 아프리카 친선 사절단의 임무는 이 드넓은 대륙에 한국의 농업 기술을 수출하고, 신생국들과 지속적인 인적 교류를 성사시키는 것이었다. 사절단의 견해에 따르면, 동남아시아와 마찬가지로 아프리카는 코코아나 야자유, 마와 같은 농업 자원이 비길 데 없이 풍부한 대륙임에도 식량문제가 결코 해결되지 않는 지역이었다. 그 원인 역시 동남아시아와 대동소이했다. 다름 아닌 서구 제국주의 국가들의 교묘한 농업정책 때문이었다. 제국주의를 향한 그들의 지탄은 물론 정당한 것이기는 했다. 그러나 사절단이 말하는 서구가 어디까지나 유럽에 국한된 것이었다는 점은 눈여겨보아야 할 대목이다. 아프리카 여러 국가를 여행한 조의설에 따르면, 원주민들은 영국·프랑스·독일·벨기에·포르투갈 같은 나라에 덧붙여 미국인 역시 모두 구라파인이며 백인 식민주의자로 자동적으로 간주했다. 그런 이유에서, 사절단이 보기에 아프리카를 방문한 미국인들이 유럽인들과 가깝게 어울려 다니면서 얻는 것은 다만 미국인에 대한 좋지 않은 평판과 선입견, 그리고 신변의 위험일 따름이었다. 미국인들이 깊이 생각하지 않고, "백인 선교사와 지내기가 일쑤고 백인 척식민拓殖民과 어울려서 흑인들을 구경"하고 다니는 일이 "시기, 질투, 만감이 항상 앞서게끔 되어 있는 흑인"들을 얼마나 자극할 수 있는지 미국인들은 도대체 짐작조차 못한다는 것이었다. 유럽과 미국을 세심하게 분리해서 독자에게 전달하려는 시도는 여행자들이 동남아시아의 사정을 이야기할 때와 다시 한번 오버랩 되는 대목이다.[20]

 20세기 전반의 식민주의를 강하게 부정하면서 그 공백을 미국의 패권으로 대체하는 것이 전후 진영 논리의 실제 작동 원리라면, 1960년대 초반의 아프리카 기행문에서도 '적'과 '동지'의 냉전 서사는 여전히 흔하게 발견된다. 실제로 조의설이 속한 친선 사절단의 단장은 한국전쟁 당시 육군 참모총장 겸 계엄사령관을 지냈던 군인 출신의 백선엽[21]이었다. 반공의 이 백전 용장은 이제 무대를 옮겨 국제 외교의 장에서 맹활약 중인 셈이었다. 1961년 아프리카 7개국을 순방한 정치학자 전영철 역시 반反제국주의와 냉전 서사라는, 이 시기 아프리카 대륙을 바라보는 한국 사회의 기본 시각을 공유했다. 그는 아프리카의 총 7개국을 순방했는데, 그 나라들은 모두 과거 영국이나 프랑스의 식민지였던 곳이었다. 영국으로부터 갓 독립한 가나와 나이지리아, 프랑스의 보호령이거나 식민지였던 토고와 카메룬, 콩고와 코트디부아르, 세네갈 등이었다. 하지만 그중에서도 그가 특히 주목한 것은 냉전의 양대 진영 어느 쪽과도 교류할 수 있다는 적극적 중립주의를 표방한 가나였다.

이 지역에서 가나는 상징적인 중요성을 지닌 나라이다. 그뿐만 아니라 가나의 대통령 엔크루마는 적극적인 성격의 소유자로서 전숲 아프리카의 지도자인 양 자부하고 있는 사람이다. 이 사람의 꿈은 아프리카 합중국의 조지 워싱턴이 되는 것이다. 가나는 독립 이래 그 외교정책에 있어 적극적 중립주의를 취해왔다. 즉, 미국과 소련 양 나라에 다리를 걸고 냉전이라는 것을 이용하여 가능한 한 모든 이점을 취득하는 데 혈안이 되어온 나라이다. 우리나라에 관하여는 그들의 UN에서의 투표 상황을 관찰하건대, 항시 기권 내지 반대를 하여온 나라이다. 그러므로 우리들의 가나에서의 사명은 그 어느 나라에 있어서보다 더 중대한 것이었다.[22]

확실히, 아프리카의 신생국들이 취하는 중립 노선은 한국의 입장에서는 국제 외교 정책에 일정한 타격을 줄 수 있는 것으로 받아들여졌다. 일단, 당시 남한이 통일 정책으로 제시하던 유엔 감시하 총선거 안에 대해 아프리카 독립국들이 찬성해줄 가능성은 현실적으로 매우 희박해 보였다. 그러나 더 큰 문제는 중립을 표방하는 이 나라들이 북한의 제안에 솔깃해질 경우였다. 북한은 당시 남한과는 반대로, 유엔의 테두리 바깥에서 중립국 감시 위원회의 감독하에 남북한 총선거를 치르자는 안을 제시한 바 있다. 아프리카의 신생국들이 남한의 제안을 거부하고 북한의 주장에 전적으로 동조할 확률 역시 높지 않았지만, 그렇다고 아예 배제하기도 어려운 것이 현실이었다. 아프리카 내셔널리즘의 깃발이 세계무대에 펄럭이게 되면서, 아프리카는 일약 국제 외교의 매력적인 상대로 떠올랐다.

돌이켜보면, 오랜 세월 아프리카를 점령해온 유럽 열강의 식민주의에 대한 분노와 반감이 아프리카 기행의 서사를 조직하는 강력한 한 축이었던 것은 분명했다. 그러나 궁극적인 목적은 "아프리카에 우리의 공관을 설치하여 직접 그곳에서 외교 활동을 전개하는 것"[23]이라는 전영철의 발언은 단지 그들의 방문이 아프리카와의 친선 자체를 목적으로 한 것만은 아니었다는 정황을 알려준다. "아프리카에는 자유진영만이 침투한다고 생각하면 큰 오산"[24]이라고 사절단은 거듭 경고한다. 결국 북한을 포함해 중국이나 소련 등 공산진영의 아프리카 선점을 방어하는 것이야말로 한국의 독자들에게 전달하려 했던 가장 강력한 메시지였음을 확인할 수 있는 대목이다.

한국의 엘리트 여행자들은 아프리카에서의 중립이라는 단어가 "맑스식의 사회주의가 아니라 자기네의 종족이 다 같이 잘살자는 뜻"[25]의 종족주의 정도이기를 간절히 바랐다. 그런 의미에서, 아프

아프리카 친선 방문 이후인 1962년, 백선엽은 가봉, 토고, 세네갈, 카메룬, 차드, 모리타니 등 아프리카 대륙의 주재 전권대사로 임명되었다. 당시 그는 주프랑스 대사직을 겸임했다.

영연방으로부터 독립한 가나는 1960년 국민투표에 의해 공화국이 된다. 가나의 초대 대통령 엔크루마는 아프리카의 단결을 주장한 팬아프리카니즘의 영향을 받았고, 전후 아프리카 민족운동·독립운동의 정치적 구심이었다.

리카는 아시아와 마찬가지로 한국 사회에서 오래도록 냉전의 지향과 울림을 갖는 단어였다. 당연히 이 울림은 저 1955년 반둥의 아시아·아프리카와는 만나기 어려웠다. 아니, 오히려 거의 대척 지점으로부터 발원하는 것이었다.

아, 베트남

나는 보기 좋게 속아 넘어갔던 것이다. 북 치고 장구 치며 떠들썩했던 신문新聞에게, 여기는 야자수가 있고 낭만이 있고 전우애가 있다고 편지를 보낸 그 돼먹지 않은 자식들에게. ······전쟁이 허무맹랑하다는 건, 엄청난 물량을 뽐내며 우릉우릉 지나가는 저 미군 차량들이 잘 말해주고 있지 않느냐. 그들은 이 땅에다 초콜릿에서부터 전투기에 이르기까지 엄청난 물량 공세를 펴고 있다. 내가 핥고 있는 건 그 찌꺼기일 뿐이다. 소총을 떨렁대며 상관의 군홧발에 이리 부대끼고 저리 부대껴온 나란 참 허무맹랑한 존재였어. 기껏, 어마어마한 조직을 가진 월남전이라는 공장에서, 나사 끼우는 작업만 배당받은 한 기능공에 불과했어. 미국은 이 거대한 공장의 10층이거나 15층의 관리실에 점잖게 앉아 있지. ······내가 바라던 삶은 적어도 그런 건 아니었다. 내 손으로 만져보고, 뜨거움을 느껴보며, '틀림없이 이거다'라고 말할 수 있는 그런 거였다. 시키는 대로 움직이고 시키는 대로 쏘면 편하다는 것, 그것은 오히려 고통이었지. 그럴 양이면 밤새껏 막걸리나 퍼마시며 오바이트나 하고, 이튿날 벌건 눈으로 태양을 맞으며 학교로 기어드는 생활과 뭐 다를 게 있느냐. 그러니 네가 바라는 삶이란 애초부터,

바다 건너 저쪽에도 이쪽에도, 월남 지도의 어디에도 없었던 것이다.[26]

박영한의 중편 〈머나먼 쏭바강〉은 한국의 첫 베트남 파병으로부터 10여 년이 흐른 후, 두 차례의 개작 후에 발표된 소설이다. 베트남 현지에서 만난 여대생 '빅 뚜이'와 주인공 '황일천' 병장의 사랑을 중심 플롯으로 삼고 있는 이 텍스트는 전형적인 전쟁소설의 문법에 충실한 작품이다. 전장의 폭력과 휴머니티의 숭고함이 대조적으로 제시되는 한편 후방인 나트랑의 성병 수용소는 전쟁의 와중에 육체적으로 정신적으로 훼손된 인간 군상을 적나라하게 보여준다.

따라서 〈머나먼 쏭바강〉에서 그려진 베트남의 전장은 한국 정부가 선전했던 것처럼 연합군이 용맹을 떨치는 모습과는 전혀 닮은 데가 없었다. 그곳은 낭만적 열정을 가졌던 주인공에게 더없는 환멸만을 안겨주는 곳으로, 기대했던 자기 헌신이나 사명감 같은 고양된 감정을 느낄 수 있는 장소가 결코 아니었다. 전투의 긴박함과 비장함 대신 맥 빠진 기다림과 따분함이 방만하게 지배하는 곳. 혹은 그것도 아니라면, 동료들의 무의미한 죽음을 허망하게 대면하는 일만이 젊은 한국군 병사들에게 주어진 현실이었다. 내성적인 화자 황일천이 결국 깨닫는 것은, 자신이 전장에 왔다기보다는 마치 대규모 공장 같은 전일적 시스템의 한 부품으로, 그저 기계적으로 배치되었을 따름이라는 사실이다. 그 공장은 주인공 황일천의 비유 그대로 미국이라는 거대한 오너가 결정권을 주도하는 곳이었다.

그렇다면 후대의 역사 전개와 시간의 혜택을 입은 현재의 관점에서 이 소설을 평가해본다면 어떨까. 이 소설이 1970년대 전 세계 사회과

학계를 풍미했던, 이른바 제3세계적 시각으로 미국이 주도한 전쟁을 바라보는 데에까지 나가지 못한 것은 확실해 보인다. 그러나 베트남전쟁을 둘러싼 담론이 한국 정부가 내건 공식 프로파간다 수준에서 고스란히 봉인된 채 오랜 세월을 보내야 했던 국내의 정황을 고려해 보면, 어쩌면 이 텍스트의 '결함'은 오히려 1977년 발표 당시로서는 보기 드문 '성취'에 가까운 것이었다.[27] 〈머나먼 쏭바강〉이 베트남전쟁을 포함해서 전쟁 일반에 대한 환멸을 섬세하게 그려냈다는 것, 그리고 베트남전쟁에 대한 한국 사회의 성급한 열광과 집단적 최면을 비판하고 성찰하는 데 성공한 것은 분명하기 때문이다. 심지어 베트남 파병으로부터 약 20여 년이 흐른 뒤인 1987년, 베트남전쟁을 소재로 한 《훈장과 굴레》의 작가 이원규는 이렇게 말하지 않았던가. "저는 보수적 전통 문예지의 공모 심사 과정을 의식하여 솔직히 어느 정도의 자기 검열을 하며 썼습니다. 그럼에도 연재 중 여러 차례 외적 제약을 받아 수정하여야 했던 곳들이 있었지요."[28]

실제로 베트남 파병이 논의되고 관련 절차가 한창 진행되던 1960년대 중반 무렵 한국의 공론장은 몇몇 예외를 제외하면 파월 장병들을 향해 거의 만장일치에 가까운 갈채와 환호를 보내기에 바빴다. 물론 여론을 주도한 것은 정치가와 관료, 그리고 주요 언론 매체와 문인이었다. 특히 문인들의 역할은 공식적이고 정치적인 프로파간다의 획일성을 넘어서서 상상력의 활기와 구체적 감성을 파병 홍보에 불어넣는 일이었다. 오랜 전쟁 지역이었던 탓에 현지 기행이나 탐방 기록 자체가 매우 드물지만, 정치인의 베트남행으로는 1964년 3월 전국구 공화당 의원이었던 이만섭의 경우를 들 수 있다. 의원 이만섭은 당시 김종필 공화당 의장을 수행하여 전란 직전의 베트남을 전격 방문한다. 그러나 김종필 의장이 베트남을 처음 방문한 것은 실상 그보다 앞선 1962년 2월의 일이었는데, 그는 남베트남을 방문해 응오딘지엠 대통령을 만나 한국군 파병을 자발적으로 제안하는 박정희 정권의 의사를 전달한 바 있다.[29] 그러니까 그 시기라면 아직 미국으로부터 어떠한 파병 요청도 이루어지기 전의 일이었다. 그로부터 2년 뒤 다시 이루어진 김종필 일행의 이 방문은 한국·자유중국·베트남 3국의 반공 유대 강화가 주목적이었고, 어디까지나 국회 차원의 공식 순방 일정이었다. 그러나 '느끼고 보고 들은 대로'라는 기행문의 부제가 말해주듯이, 이만섭 의원은 업무 수행 보고의 딱딱함 대신 생생한 현장성을 전달하는 현지 여행자의 목소리로 한국 독자들에게 말을 건넸다. 이만섭이 직접 보고 느낀 베트남의 인상은 이미 전선의 구분 자체가 무의미해져 버린 베트남 전 국토의 전시 상태였다.

수도 '사이곤'에서도 가끔 '게릴라'의 습격이 불안한 상태에 놓여 있었다. 우리가 도착하기 며칠 전에도 미군이 전용하는 '킨도' 극장에 '게릴라'가 수류탄을 던져 수십 명이 사상당했고, 시내에서 달리던 버스 안에서도 수류탄이 터져 수 명이 죽었다는 것이다. ……17도선에서 대치하고 있는 월맹군보다 우선 월남 안에 우글우글하는, 심지어 '사이곤' 시내에도 출몰하는 게릴라를 소탕하는 것이 급선무였다. 전투 지역의 부락은 낮이면 월남국이요, 밤이면 월맹의 '게릴라' 세상이 된다는, 마치 6·25 동란 때의 38선 부근의 형편과도 흡사했다.[30]

분단 한국으로부터 날아온 정치인의 눈에, '게릴라'가 출몰하는 베트남의 도시들은 태극기와 인공기가 번갈아 게양되었던 한국전쟁 당시와 너무나도 흡사하기만 하다. 그러나 베트남인들의 입장에서라면 이 공산 '게릴라'들이 바로 반反식민지 해방 전쟁의 전사들일 수 있다는 사실이 대한민국 의원에겐 끝끝내 받아들여지지 않았다. 한 걸음 더 나아가, 그는 "월남은 단순히 북월맹과 싸우는 것만이 아니라 그 배후 세력인 중공과 싸우고 있다는 사실"을 한국 독자들에게 힘주어 강조했다. 물론 이러한 견해는 프랑스 식민주의에 대항한 베트남 혁명을 스탈린의 선동으로 곧장 연결시켰던 당대 미국 정부의 견해와도 고스란히 통하는 것이었다.[31] '게릴라'가 숨겨둔 무기를 발견하고도 신고하지 않는 베트남인들의 전쟁을 향한 깊은 피로감은 대한민국의 국회의원에게는 곧장 반反정부적 정서와 도덕적 해이로 번역되었다. '게릴라'의 '소탕' 문제도 큰일이지만, 이에 못지않게 중요한 과제는 일반 국민들에게 어떻게 전쟁의 정당성을 설득하느냐 하는, 이른바 민사 심리전의 문제로 보였다.

그렇다면 국회의원 이만섭의 문제 제기에 화답이라도 하려는 것이었을까. 이로부터 다시 2년 뒤인 1966년, 시인 김종문은 파병 한국군이 다름 아닌 대민對民 사업과 민심 수습 분야에서 가장 큰 성과를 올리고 있음을 독자들에게 자랑스레 보고한다. 국방부 파월 장병 지지위원회의 알선으로 김종문이 2개월간의 베트남 현지 탐방을 끝낸 직후의 일이었다. 베트남인들 사이에서는 미군만 철수하면 오랜 전쟁이 당장 끝날 것이라는 기대가 굳은 믿음처럼 퍼져가고 있었지만, 시인은 현지를 둘러본 뒤 충심을 담아 이렇게 전언했다. "한국인을 만나는 미군들은 한국군을 격찬"하고 있다고. "한국군은 세계 각국에서 모여든 특파원에 의해서 테스트"되고 있으며, 이 전쟁은 "한국군이라기보다는 한국의 민족이, 한국의 국위國威" 자체가 시험당하는 일종의 국제적 시험 무대임이 분명하다는 것이었다.

〈표 1〉 참전 국가별 파병 병력 현황

(단위 : 명)

국가		1964	1965	1966	1967	1968	1969	1970
계	병력	467	22,404	52,566	59,450	65,802	68,889	67,444
	기동대대	0	11	24	25	28	31	31
오스트레일리아	병력	200	1,557	4,525	6,818	7,661	7,672	6,763
	기동대대		1	2	2	3	3	3
한국	병력	200	20,620	45,566	47,829	50,003	48,869	48,537
	기동대대		10	22	22	22	22	22
타이	병력	0	16	244	2,205	6,005	11,568	11,586
	기동대대		0	0	1	3	6	6
뉴질랜드	병력	30	119	155	534	516	552	441
필리핀	병력	17	72	2,061	2,020	1,576	189	74
타이완	병력	20	20	23	31	29	29	31
에스파냐	병력	0	0	13	13	12	10	7

월남 파병의 노래

김종문 작사 / 김동진 작곡

조국 위해 싸워 이긴 불굴의 투지
나아간다 이역만리 우방을 찾아
갈라진 강도 설움 나누며
갈라진 강도 설움 나누며
손 맞잡고 몰아내리 붉은 이리 떼
파월 용사 파월 용사 대한의 대한의 자랑
펄펄펄 휘날린다 태극기 휘날린다

자유 위해 맥박 치는 영광의 사도
뛰어든다 열풍 속에 평화를 찾아
얽혀진 정글 험난 헤치며
얽혀진 정글 험난 헤치며
모두 뭉쳐 이룩하리 밝은 아세아

파월 용사 파월 용사 대한의 대한의 자랑
펄펄펄 휘날린다 태극기 휘날린다

1965년 7월 부산항에서 열린 맹호, 청룡 베트남 파병 부대 환송식 장면.

1965년 2월, 추가 파병된 한국군사원조단(비둘기부대)의 환송 행사가 서울운동장에서 열렸다.

〈표 2〉 파월 한국군 장병의 해외 근무 수당

(매달 기준, 달러)

중장	300	준위	105
소장	240	상사	75
준장	210	중사	60
대령	195	하사	57
중령	180	병장	54
소령	165	상병	45
대위	150	일등병	40.5
중위	135	이등병	37.5
소위	120		

1967년 4월 29일 기준 환율(1달러=272.55원)

실제로 한국전쟁에서 미군이 우리를 '도와주었던' 것처럼 미국 편에 서서 베트남을 '도와주자'는 발상은 〈머나먼 쏭바강〉에서조차도 여전히 발견된다. 베트남전쟁에 관한 한국인의 실로 가장 오래된 시각이었다. 전투가 치러지는 들판이나 군인들을 유혹하는 화려한 사이공이 아닌, 생활의 냄새가 나는 소박한 베트남의 시장통에서 주인공 황일천은 이렇게 중얼거린다. "우리가 전쟁에 한몫 끼어든 목적이, 저들의 저 전통적이며 끈질긴 생활을 보호하기 위한 것"이라고.[32] 이데올로기가 지배 권력으로부터 단순히 주입되고 강제되는 것이 아니라 개인들의 자발적인 믿음을 토대로 확산되는 일종의 신념이라는 것을 확인할 수 있는 대목이다.

한편 현지 체험을 거친 시인 김종문은 이보다 좀 더 노골적인 화법을 택했다. 전후의 한국 문단에는 현역 장교들이 꽤 있었지만, 그중에

케네디 대통령과 정상회담을 마친 박정희 최고회의 의장. 이 회담에서 박정희는 미국에 베트남 파병을 제안했다.

1966년 10월, 베트남 참전 7개국 정상 회의에 참석하기 위해 필리핀 마닐라에 도착한 박정희. 당시 필리핀 대통령 마르코스와 악수를 나누는 모습이다.

서도 시인 김종문은 국방부 정훈국장을 지낸 후 1957년 중장으로 전역한 경력을 가진 인물이었다. 그의 베트남 기행에서 발견되는 것은 자유민주주의 이념에 대한 확신이라기보다는 이 전쟁이 오래지 않아 한국 사회에 가져다줄 경제적 풍요와 번영에 대한 부푼 기대였다. 그것이 아니라면, 적어도 지긋지긋한 가난으로부터의 '탈출'이었다.

'뭐니 해도 내 집이 제일이오. 못살아도 좋으니 내 처자와 같이 살다 죽고 싶소'라며 눈물을 흘리는 사람도 있다. '센치멘탈'이 소중한 경우도 있겠지만 값싼 '센치멘탈'이 백해무익한 경우란 얼마든지 많다. 그를 기다리고 있는 것은 집도 처자도 아니다. 그를 기다리고 있는 것은 오로지 빈궁이며, 빈궁이 빚어내는 시기, 중상, 모함이 확산하는 지대地帶가 아닌가. 그런 지대에서의 탈출구, 그것이 바로 파월派越이 아닌가. 하나 대개의 노무자는 현지에서의 생활이 충족하고 송금이 충분한 현재에 대해 만족하고 있으며 미래에 대해서는 보다 큰 희망을 걸고 인적미답人跡未踏의 변경이나 황무지에 시멘트를 부으며 '모터'를 돌리며 '핸들'을 잡으며 기동하고 있다. 한국군과 한국 노무자들의 '베트남' 재건에의 참여는 궁극적으로 한국 재건에의 참여이다. 다시 말하면 한국의 재건과 '베트남'의 재건이 동시적으로 추진되고 있다. 그들의 그런 재건에의 참여를 위해서 그들의 체질은 개선되고 있다는 현실에 비추어 보면 볼수록 그들의 정신적인 면이 보다 부흥되고 있다고 본다.[33]

눈앞에 보이는 미군 군수물자의 거대한 규모와 배급품의 끝없는 물량 공세야말로 어쩌면 수많은 파병 한국군이 스스로를 자유민주주의

십자군이라고 믿도록 추동한 가장 근원적인 힘일 터였다. 당시 한국군들은 미군용 레이션 박스를 할당받으면, 초콜릿·껌·담배·치약·칫솔·통조림 같은 일부 군용 물품을 따로 떼어 기꺼이 고국의 부모와 처자식에게 부쳤다. 한국에서는 구경조차 힘들었던 PX의 각종 휘황한 물자들이야말로 그들로 하여금 한국은 물론 베트남의 재건까지도 가능하다고 스스로를 설득한, 가시화된 물신物神 바로 그것이었다.

그러나 시인의 낙관적 기대와 전망과 달리, 현실은 전혀 다른 양상으로 흘러갔다. 미국은 제2차세계대전 당시 모든 지역에서 미 공군이 사용한 양의 세 배에 해당하는 폭탄으로 베트남뿐만 아니라 라오스를 비롯한 인도차이나반도 전체에 공격을 가했다.[34] 아니, '연합군' 전체에 의한 대규모 공중폭격이나 민간인 학살은 차치하고서라도, 한국군 주도하에 희생된 베트남 민간인 역시 속출했다. 김종문 시인이 베트남을 탐방했던 1966년 전후로만 해도, 베트남 중부 빈딘 성에서 1581명, 남중부 꽝남 성에서 1700명이 한국군의 학살로 사망했다.

베트남전쟁을 주도한 1960년대 미국 사회를 돌이켜보면, 대학 당국들은 전쟁을 수행한 케네디와 존슨 행정부의 비전을 적극 지원하는 각종 프로그램을 부설 연구소 루트를 통해 조직적으로 가동시켰다. 그러나 지식인들과 학생들의 반전운동이 미국 대학의 급격한 보수적 정치화에 제동을 걸었던 것만은 틀림없는 사실이었다. 그렇다면 한국 사회의 경우는 어떠했을까. 대한민국의 베트남 참전에서 두고두고 부끄러운 부분은, 그것이 정부나 정치권의 자발적 파병이었다는 점 외에도 당시 시민사회 차원에서 변변한 반전시위조차 한 번 없었다는 대목일 것이다. 우리가 이제 베트남을 '도와주러' 간다는 믿음, 이 전쟁이 한국의 미래를 위한 전대미문의 도약대일 것이라는 정부의 확신을 별다른 회의 없이 마치 제 것처럼 공유한 국민들 사이에서 반전시위를 기대한다는 것은 애초 무리였을지도 모른다.

한국의 지식 사회에서 베트남전쟁에 대한 인식이 달라지는 것은, 제3세계 이론과 인식이 받아들여지고 확대된 1980년대에 접어들고 나서부터였다. 베트남전쟁을 자유민주주의와 공산주의 사이의 이념 전쟁이 아니라, 제3세계에 대한 글로벌 자본의 철저한 파괴와 약탈적 '사업'으로 이해한 황석영의 《무기의 그늘》이 매체에 연재되기 시작한 것 역시 1983년이나 되어서였다. 시기적으로 보아도, 파병 직후인 1966년 김종문의 베트남 현지 탐방에서 비판적인 거리 두기가 이루어질 가능성은 거의 희박했다. 장교 출신인 그의 경력을 생각하면 더욱 그러했다. 그러나 어떻게 된 일일까. 뜻밖에도 현지 체험을 토대로 김종문이 쓴 시의 어조는 조금씩 미묘해져갔다.

더위 속에서 記憶力을 잃은 '김'가가
'삿갓'을 쓰고 간다
나무 잎파리 끝마다 불길을 뻗치는 쟝글을
계절이 타고 그늘이 타고
흙탕 속에서 헴치는 물소를 벗삼고 간다
오늘 찾아드는 촌락은 어제 본 것 같고
내일 볼 것 같은데
오늘도 인기척이 없어 두렵다
주인을 잃고 익은 바나나와 야자로

빈속을 채우고

彈痕이 자욱한

불당에서 밤을 밝히고

거미줄이 얽힌

教會 안뜰의 샘에

뜨는 쇳물로 목을 적시고 간다

갈래길이 나오면

풀잎으로 점치고

地雷線이 보이면

지팡이를 세우고 '삿갓'을 씌우고 간다

아낙네는 땅을 보며 걷고

파리 떼는 圓光을 이루며 따르는

행렬 속에서

자빠진 道標를 세우고

그슬린 墓壁에 기댄다

죽은 자에 의하여 부푸는 햇빛과

사는 者에 의하여 풍기는 공기를

누비는 한 줌의 바람 無言의 一語를 찾아서[35]

시인 김종문의 두 달간의 베트남 현지 탐방 결과 보고는 애초《문학춘추》에 5회에 걸쳐 연재될 예정이었다. 예의 1회에서 선보였던, 한국군과 한국 독자들에 대한 사기 진작이 주된 내용이 될 터였다. 그러나 1966년 12월 지면에는 불과 한 달 전과는 사뭇 달라진 어조의〈베트남 수상隨想〉이 실린다. "한국인은 어떤 가치 기준에 의해서 베트남의 선후진先後進 여부를 진단하고 있는지 알 수가 없다"[36]라는 내용이었다. 무슨 일이 일어났던 것일까. 현지에서 일어난 어떤 우연한 만남의 연쇄가, 어떤 목격이 그를 변화시킨 것일까. 별다른 단서나 기록은 남아 있지 않다. 그 대신 그는 앞서 인용한 〈다라트로 가는 길〉[37]이라는 제목의 시로 이야기하고 있을 뿐이다.

추측건대, 풍요로운 미래에 대한 성급한 갈망만큼이나 한국군이 직면한 현재의 불안과 공포, 그리고 회의懷疑가 그의 내부에서 처음부터 어지럽고 혼란스럽게 뒤엉켜 있었던 것일지도 모른다. 도망병으로 보이는 듯한 시의 화자는 잃어버린 기억을 찾아 폭력과 파괴의 무의미를 메울 한 줌의 언어를 갈구한다. 그 언어는 어떤 것이었을까. 혹시 자신들의 행위가 베트남을, 나아가 아시아를 돕는 일이 아니라는, 오히려 아시아에 대한 가장 슬픈 배반이 될 수 있다는 예감의 언어는 아니었을까.

주석

1장 이제 더 이상 식민지가 아니다

[1] 고황경, 《인도기행》, 을유문화사, 1949, 3쪽.
[2] 고황경, 《인도기행》, 을유문화사, 1949, 서序 3쪽.
[3] 가믈란gamelan, 인도네시아의 전통 음악을 뜻한다.
[4] 아란타阿蘭陀, 즉 네덜란드를 뜻한다.
[5] 박인환, 〈인도네시아 인민에게 주는 시〉, 《신천지》, 1948. 2.
[6] 마루카와 데쓰시, 《리저널리즘》, 백지운·윤여일 옮김, 그린비, 2008. 1장 개념 및 문제 설정 부분 참조.
[7] 아라비아를 말한다.
[8] 노자老子를 말한다.
[9] 주요한, 〈동양해방〉, 《삼천리》, 1940. 12.
[10] 일본 천황가의 혈통이 단 한 번도 단절된 적이 없다는 뜻이다.
[11] 이태준, 〈해방 전후〉, 《문학》, 1946. 8.
[12] 폴란드를 가리킨다.
[13] 이태준, 《소련기행·농토·먼지》, 이태준문학전집 4, 깊은샘, 2001, 168쪽.

[14] 이기영, 《기행문집》, 조선작가동맹출판사, 1960. 이기영은 자타가 공인하는 북한 최고의 소설가로, 1946년 4월부터 1982년까지 35년간 조소친선협회의 위원장을 지낸 인물이다. 이기영의 《기행문집》에 대해서는 박태상, 〈새로 발견된 이기영의 《기행문집》 연구 : 공산주의적 유토피아로서의 소련〉, 《북한연구학회보》, 5권 2호, 2001. 12.

[15] 싱가포르를 가리킨다.

[16] 천병규, 〈남국의 십자성―동남아 여행 잡기 중에서〉, 《세계의 인상―38인의 기행문》, 서울신문사, 1956, 119쪽.

[17] 천병규(1918~1993)는 금융인, 행정가, 정치가이다. 경북 안동 출신으로, 일본 오사카 상대를 졸업하고 1942년 조선은행에 입사하여 해방 후인 1950년 한국은행 초대 동경 지점장이 되었다. 이후 1950년대에는 한국은행 부총재와 한국은행 은행감독부장 등 금융 관료로서 경력을 쌓았고, 1960년대 박정희 정권하에서는 재무부 장관으로 임명되어 6·10 통화개혁을 주도했다. 제1차 경제개발 5개년계획의 핵심 브레인이었으며, 1965년 대통령 특사 자격으로 파월 장병을 위문했다. 1967년에는 아시아개발은행 상임 이사로 취임한 뒤, 주로 국제경제회의 등에서 한국 대표난 고문 역할을 했다. 1974년 주駐타이·라오스 대사, 1976년 주스위스 대사를 역임했다.

[18] 근대 기행기와 국토의 관계에 대한 더 자세한 설명으로는 김현주, 《한국 근대 산문의 계보학》, 소명출판, 2004 참조.

[19] 차혜영, 〈문화 체험과 에스노그래피의 정치학〉, 《정신문화연구》, vol. 33, 2010.

[20] 탈식민 시기 기행문에 관한 연구로는 최근 역사학 분과에서 임종명의 작업을 주목할 만하다. 임종명, 〈해방 이후 한국전쟁 이전 미국 기행문의 미국 표상과 대한민족의 구성〉, 《史叢》, 2008. 9. ; 임종명, 〈脫식민 초기(1945. 8.~1950. 5.), 남한 국가 엘리트의 아시아 기행기와 아시아 표상〉, 《민족문화연구》, 52호, 2010. 6. 특히 후자의 경우, 남한의 아시아 인식이 '인종적·지역적 구도'에서 미국을 중심으로 한 '초超인종적·냉전적 구도'로 전환되는 과정에 초점을 맞추고 있다는 점, 무엇보다도 아시아 지역 기행문을 다루었다는 점에서 이 책과 기본적인 문제의식과 연구 대상

을 공유하고 있다. 그러나 임종명의 연구는 1945년에서 1950년 사이의 기간을 특화하여 냉전 패러다임으로 본격적으로 진입하기 직전까지의 다양한 아시아 인식의 충돌, 경쟁 양상을 상세하게 재구성하는 방식을 취했다. 이 책에서는 이러한 연구 성과를 이어받는 한편으로, 대상 시기를 좀 더 확장하여 한국전쟁 이후 본격화된 냉전 국면을 논의의 중심으로 하고자 한다. 이러한 대상의 확장은 남한 리저널리즘의 실질적 재편이 세계 및 아시아 지역의 냉전(열전) 진행과 함께 좀 더 극적으로 혹은 명시적으로 변화한다는 이 책의 기본 전제에서 연유한 것이다. 한편 정재석의 〈타자의 초상과 신생 대한민국의 자화상—해방~한국전쟁기 인도 인식을 중심으로〉(《한국문학연구》, 2009. 12.)는 인도를 아시아 지역의 전형으로 설정하면서 해당 시기의 관련 기행문과 담론을 검토하고 있다. 탈식민 시기 단일 기행문에 관한 연구로는 공임순, 〈물신화와 여행서사의 국가화—조병옥의 《특사유엔기행》의 역사지정학〉, 《시학과 언어학》, vol. 19, 시학과 언어학회, 2010 참조.

21 채만식, 〈미스터의 방〉, 《대조》, 1946. 7.

22 1952년부터 1960년까지 미국 유학생의 비율은 전체 유학생 4501명 중 3849명으로 86퍼센트에 달했다. 정일준, 〈해방 이후 문화제국주의와 미국 유학생〉, 《역사비평》, vol. 17, 1991.

23 김동성의 식민지 시기 미국에서의 자세한 경력과 행적에 대해서는 박진영, 〈천리구 김동성과 셜록 홈즈 번역의 역사〉, 《상허학보》, vol. 27, 2009 참조.

24 현재의 평남·평북·평양·자강도 일대를 포함하는 지방이다.

25 백낙준, 《백낙준 전집 9, 회고록·종강록》, 연세대학교출판부, 1995, 142쪽. 1916년 도미한 백낙준은 미국의 파크 대학과 프린스턴 대학에서 역사학과 신학을 공부했는데, 그가 예일 대학에서 종교사로 박사 학위를 받은 것 역시 귀국 후 연희전문에서 일하려면 박사 학위가 필요하다는 사실을 교회를 통해 전달받았기 때문이었다.

2장 신화의 해체와 새로운 아시아의 발견

[1] 고황경,《인도기행》, 을유문화사, 1949, 109쪽.

[2] 네팔의 대표자를 말한다.

[3] 고황경,《인도기행》, 을유문화사, 1949, 145쪽.

[4] 김광섭,〈40년간의 일본 죄악사〉,《대조》, 1946. 1. ;〈폭로된 일본 제국주의의 음모〉, 《신천지》, 1946. 12.

[5] 현근,〈인도 인상기〉,《신천지》, 1947. 7.

[6] 태평양전쟁 시기, 일종의 붐을 형성한 조선인들의 남방 담론의 특징을 자세히 분석한 연구로는 권명아,〈남방 종족지와 제국의 판타지〉,《역사적 파시즘》, 책세상, 2005 참조.

[7] 하경덕,〈인도에 다녀와서〉,《신천지》, 1947. 7.

[8] 조선인 전문학교 학생, 대학생(사범계, 이공계 제외) 4385명이 징집된 것은 1944년 1월 20일의 일이다. 중국 쪽으로 파견된 학병 중에 탈주병이 가장 많은 것으로 알려졌는데, 6000리를 걸어 상하이 임징꺼지 걸어간 50여 명의 청년 중에는《사상계》의 발행인이었던 장준하와 정치학자 김준엽 같은 이도 포함되어 있었다.

[9] 이집트를 말한다.

[10] 일본인을 비하하여 부르는 호칭이다.

[11] 안동원,《세계일주기》, 태극서관, 1949, 71~73쪽.

[12] 귀신, 짐승 같은 미국과 영국이라는 뜻으로, 서양에 대한 증오를 표현한 말이다.

[13] 말레이시아를 가리킨다.

[14] 고황경,《인도기행》, 을유문화사, 1949, 167쪽.

[15] 중앙방송국 아나운서였던 민재호는 런던 올림픽(1948. 7. 29.~8. 14.)을 취재한 후의 기록을 귀국 후《평화일보》에〈올림픽 기행〉이라는 제목으로 20여 회에 걸쳐 연재한다. 이 연재물이 1949년 단행본으로 출간된 것이 바로《런든 올림픽 紀行》이다. 국내 방송 시설이 미비했던 당시 그의 임무는 BBC의 송출 장치를 빌려 매일 국내로 15분간 올림픽에 관한 라디오방송을 하는 것이었다. 그의 런던행은 1948년 6월

21일에 서울을 출발하여 8월 30일에 귀국한 73일간의 대장정으로, 여정은 서울, 부산, 후쿠오카, 오사카, 요코하마, 상하이, 홍콩, 타이, 인도, 이집트, 이탈리아, 네덜란드를 거쳐 최종적으로 런던을 향하는 것이었다. 《런든 올림픽 紀行》에는 히메지에서 만난 일본인들이 조선이라는 국호로 출전하는 대표 선수단을 부러워하는 장면이 나온다. "우리는 이번 올림픽에 나가지 못하지마는 귀국 대표단은 나가서 잘 싸워주시오. 전후의 일본은 스포―쓰가 질적으로 많이 저하했고 또 식량 관계로 스포―쓰를 활발하게 할려고 해도 할 수가 없습니다." 민재호, 《런든 올림픽 紀行》, 수로사, 1949, 12쪽.

[16] 김길준, 〈전후 일본 기행〉, 《신천지》, 1947. 11·12 합본호.

[17] 최이권(1905~1990)은 황해도 안악 출생으로, 사회운동가이다. 백낙준의 부인으로도 잘 알려져 있다. 개성 호수돈여학교 재학 시절 테니스 선수로 동아일보 주최 전국여자정구대회에 출전한 경력을 가지고 있다. 1930년 이화여자전문학교 문과를 졸업하고 은사 백낙준과 결혼했다. 식민지 시기 최이권은 조선여자기독교청년회 농촌 계몽 지도위원으로 활동했고, 해방 이후에는 대한애국부인회 부회장으로 여성운동에 적극적으로 참여한다. 1947년 대한소년단 실행위원을 지냈다. 최이권은 한국 YWCA의 산 역사라고 해도 과언이 아닌데, 1946년 3월부터 4년간 서울 YWCA 회장을 맡았다. 1953년 4월부터 10년간 다시 YWCA 회장으로 재임했고, 1965년 2월부터 1968년 1월까지, 그리고 1969년 1월부터 1973년 1월까지 거듭 연임했다. 1979년 2월부터 1990년 사망할 때까지 서울 YWCA 명예회장 자리를 지켜 자타가 공인하는 YWCA의 대모 역할을 했다.

[18] 최이권, 《항주여행기》, 국제문화관, 1948.

[19] 최이권, 《항주여행기》, 국제문화관, 1948.

[20] 고황경, 《인도기행》, 을유문화사, 1949, 9쪽.

[21] 설국환, 《일본기행》, 수도문화사, 1949.

[22] 고황경, 《인도기행》, 을유문화사, 1949, 10쪽.

[23] 조병옥(1894~1960)은 충남 천안 태생으로, 평양의 숭실학교를 졸업했다. 1914년 연희전문을 졸업하고 미국으로 건너가 펜실베이니아 주 킹스턴의 와이오밍 고교

입학하여 1918년 졸업했다. 컬럼비아 대학에서 경제학을 전공하고, 1925년 같은 대학에서 한국의 토지제도를 주제로 박사 학위를 획득했다. 재미 시절, 한인회韓人會·홍사단興士團 등의 단체에 참여하여 독립운동에도 관여했다. 1925년 졸업하던 해에 귀국하여 연희전문 전임강사로 있으면서 YMCA 이사와 비밀 독립 단체 그리스도신우회 회원으로 활동했다. 1950년 6·25 전쟁 때 내무부 장관으로 대구 사수의 지휘를 담당했다. 그 후 대통령 이승만과 의견 충돌을 빚기 시작해 사직하고, 이듬해 야당인 민주당의 최고위원이 되었으며, 1956년 대표최고위원에 선출되었다. 1958년 제4대 민의원에 당선되고, 1960년 민주당의 공천을 받아 대통령 선거에 입후보했으나 선거를 1개월 앞두고 미국의 월터리드육군의료센터에서 치료 중 병사했다. 1962년 건국훈장 독립장이 추서되었다.

[24] 조병옥, 《특사유엔기행》, 서울신문사, 1949, 8쪽.

[25] 김용진, 〈최근 일본 산업 실태〉, 《경제월보》, 1950. 12.

[26] 김주인, 〈일본 경제의 현황과 그 방향〉, 《협동》, 1950. 3.

[27] 노철환, 《일본의 세계 통상과 한국》, 《민성》, 1950. 2.

[28] 설국환, 《일본기행》, 수도문화사, 1949.

[29] 존 다우어, 《패배를 껴안고》, 최은석 옮김, 민음사, 453~471쪽 참조.

[30] 일본에서는 1931년 만주사변부터 태평양전쟁이 끝나는 1945년에 이르는 시기를 15년 전쟁이라고 부른다.

[31] 1945년 8월 15일, 쇼와 천황이 무조건 항복과 아라히토가미現人神로서의 신격을 부정하고 인간 선언을 했다.

[32] 히노마루日の丸는 붉은 해를 상징하는 일본 국기를 말한다.

[33] 吉見義明, 〈占領期日本の民衆意識〉, 《思想》, 811, 1992, p. 90. 박진우, 〈패전 직후의 천황제 존속과 민중〉, 《패전 직후 일본의 마이너리티와 냉전》, 제이앤씨, 2006, 129쪽에서 재인용.

[34] 고쿄皇居는 일왕과 그 일가가 거주하는 궁으로, 일반인에게는 공개되지 않는 장소이다. 공개되는 장소는 고쿄를 둘러싸고 있는 왕실 정원 고쿄가이엔皇居外園에 한정되어 있으며, 고쿄로 들어가는 안경 모양의 다리를 니쥬바시二重橋라고 한다.

35 김길준, 〈전후 일본 기행〉, 《신천지》, 1947. 11·12 합본호.
36 비록 짧은 시기의 보기 드문 경향이기는 했지만 해방기 문인들 사이에 존재했던, 네이션 차원으로 회수되지 않는 코스모폴리탄적 사유를 발굴하고 재평가하려는 최근 연구로는 박연희, 〈'분실된 年代'의 자기표상―해방기 박인환과 김수영을 중심으로〉, 《상허학보》, 27집, 2009 참조.
37 현근, 〈인도 인상기〉, 《신천지》, 1947. 7.
38 하경덕, 〈인도에 다녀와서〉, 《신천지》, 1947. 7.
39 하경덕, 〈인도에 다녀와서〉, 《신천지》, 1947. 7.
40 안동원, 《세계일주기》, 태극서관, 1949.
41 최이권, 《항주여행기》, 국제문화관, 1948, 26~28쪽.
42 최이권, 《항주여행기》, 국제문화관, 1948, 6~7쪽.
43 마래馬來의 오기로, 말레이시아를 가리킨다.
44 재스민의 한자어 표기이다.
45 박인환, 〈남풍〉, 《신천지》, 1947. 7.
46 안동원, 《세계일주기―붕정십만리》, 태극서관, 1949, 25쪽. 고황경 역시 상하이의 중국 반환과 홍콩의 식민지 예속 상태를 비교하면서 의아함을 의도적으로 감추지 않고 있다. 고황경, 《인도기행》, 을유문화사, 1949, 81쪽.
47 박기준, 〈인도네시아의 고민―동남아세아에 여명은 온다〉, 《신천지》, 1950. 6.
48 대한민국의 유엔 승인 획득이라는 임무를 띠고 해외 순방길에 오른 특사 조병옥 역시 필리핀을 방문하여 에스파냐의 장구한 흑정을 엄격하게 비판한 바 있다. 필리핀을 둘러싼 미국과 에스파냐의 전쟁사를 독자들에게 소개하고 난 그가 덧붙이는 것은 바로 "미국의 통치는 그 형식 및 정책에 있어 서반아의 가혹했던 식민지 정책"과 비교하면 "인도적이요 진보적"이라는 후한 평가였다. 조병옥, 《특사유엔기행》, 서울신문사, 1949. 그런데 이와 같은 미국 인식은 해방기 국내의 분위기와 비교해보아도 대단히 우호적인 것이었다. 1946년 대구 10월 항쟁 즈음부터 제주 4·3항쟁과 여순사건을 거치면서 미 군정 및 미국에 대한 일반의 여론이 악화 일로를 걷고 있었음을 생각하면, 이와 같은 관점의 차이는 물론 여행기 필자들이 미 군정이나 신

생 정부의 파워엘리트 계층이었던 데에서 비롯한다.
49 고황경, 《인도기행》, 을유문화사, 1949, 155쪽. 인용된 미국에 대한 발언을 한 사람은 필리핀 대표인 필리핀 대학 교육과장이다.
50 이윤희, 〈동남아에 대한 미국의 경제원조〉, 《외환연구》, 1968. 10.
51 고황경, 《인도기행》, 을유문화사, 1949, 153쪽.
52 실제로 이 시기 가장 빈번하게 대한민국의 외교나 문화 사절단 멤버가 되어 아시아 각지를 누볐던 인물 중의 하나는 식민지 시기 미국 기독교 선교사들의 도움으로 도미하여 예일 대학과 프린스턴 대학에서 신학을 수학한, 자타 공인의 미국통 백낙준이었다.
53 박기준, 〈파도치는 태평양〉, 《신천지》, 1949. 9.
54 박기준, 〈남한 신국가와 세계—대한민국과 UN〉, 《신천지》, 1948. 8.
55 국가 주권을 물신화하는 과정이라는 관점에서 조병옥의 기행 서사를 비판적으로 분석한 선행 연구로는 공임순, 〈물신화와 여행서사의 국가화—조병옥의 《특사유엔기행》의 역사지정학〉, 《시학과 언어학》, vol. 19, 시학과 언어학회, 2010 참조.
56 《주한미군—역사, 쟁점, 전망》, 김일영·조성렬 지음, 한울, 48쪽.
57 〈본사주취대좌담회 임전대책협의회, 125인사가 부민관서에 회합〉, 《삼천리》, 1941. 11.
58 조병옥, 《특사유엔기행》, 서울신문사, 1949, 32쪽.
59 〈본사주취대좌담회 임전대책협의회, 125인사가 부민관서에 회합〉, 《삼천리》, 1941. 11.
60 조병옥, 《특사유엔기행》, 서울신문사, 1949.
61 나토의 군사적 성격이 강해진 것은 오히려 한국전쟁 이후이다.
62 김상흠, 〈태평양 동맹과 東亞의 정국〉, 《신천지》, 1949. 8.
63 소련을 가리킨다.
64 박기준, 〈남한 신국가와 세계—대한민국과 UN〉, 《신천지》, 1948. 8.
65 지상현, 〈동아시아 지역 질서의 기원과 등장—냉전 초기 집단 동맹 구상의 실패를 중심으로〉, 연세대학교 대학원 지역학 협동과정, 석사 논문, 2010.
66 김상흠, 〈태평양 동맹과 東亞의 정국〉, 《신천지》, 1949. 8.

3장 적인가 동지인가

[1] 이승원, 《세계로 떠난 조선의 지식인들》, 휴머니스트, 2009, 117쪽.
[2] 로이드 이스트만, 《蔣介石은 왜 敗하였는가》, 민두기 옮김, 지식산업사, 1990, 201~225쪽.
[3] 김병도, 《신문기자가 본 중국》, 서울문화사, 1950, 12~14쪽.
[4] 옥쇄는 옥처럼 아름답게 부서진다는 뜻으로, 대의명분이나 국가에 대한 충절忠節을 위한 죽음을 예찬하는 말이다. 일억옥쇄는 일억의 신민이 천황과 대일본제국의 승리를 위해 죽음도 불사한다는 의미로, 태평양전쟁 기간 동안 사용된 선전 용어이다.
[5] 김병도, 《신문기자가 본 중국》, 서울문화사, 1950, 46쪽.
[6] 김병도, 《신문기자가 본 중국》, 서울문화사, 1950, 54쪽.
[7] 지상현, 〈동아시아 지역 질서의 기원과 등장—냉전 초기 집단 동맹 구상의 실패를 중심으로〉, 연세대학교 대학원 지역학 협동과정 석사 논문, 2010, 47쪽.
[8] 김병도, 《신문기자가 본 중국》, 서울문화사, 1950, 55쪽.
[9] 이매뉴얼 월러스틴, 《미국 패권의 몰락》, 한기욱·정범진 옮김, 창비, 2004, 25쪽.
[10] 김병도, 《신문기자가 본 중국》, 서울문화사, 1950, 98쪽.
[11] 김병도, 《신문기자가 본 중국》, 서울문화사, 1950, 108쪽.
[12] 베이징北京의 옛 명칭이다. 황제가 다스리는 도시였던 베이징의 시대는 신해혁명으로 막을 내리고 난징南京이 새로운 시대의 도시로 급부상했다. 쑨원孫文은 1912년 1월 1일 새로운 수도 난징에서 중화민국 임시정부의 성립을 선포했고, 반면에 베이징은 북양군벌 정부의 소재지가 되었다. 1928년 장제스는 북벌에 성공하고 난징을 국민정부의 수도로 세운다. 이때부터 베이징은 구경舊京, 라오베이징老北京으로 불리며 정치의 중심에서 물러나게 된다. 조락한 북방의 고도古都 베이핑北平에서 다시 베이징으로 바뀌며 정치의 중심지로 변신한 것은 1949년 10월 1일 마오쩌둥의 중화인민공화국이 수립되면서부터였다.
[13] 김병도, 《신문기자가 본 중국》, 서울문화사, 1950, 101쪽.
[14] 김병도, 《신문기자가 본 중국》, 서울문화사, 1950, 148쪽.

[15] 안동원, 《세계일주기―붕정십만리》, 태극서관, 1949.
[16] 조계란 19세기 후반에 영국·미국·일본 등 8개국이 중국을 침략하는 근거지로 삼았던, 개항 도시의 외국인 거주지이다. 외국이 행정권과 경찰권을 행사했다.
[17] 민둥산을 가리킨다.
[18] 김병도, 《신문기자가 본 중국》, 서울문화사, 1950, 128쪽.
[19] 장기영(1916~1977)은 서울 태생의 언론인·정치인으로, 호는 백상白想이다. 선린상업고등학교 출신으로 조선은행에서 일하다가 능력을 인정받아 해방 후인 1948년에는 한국은행 조사부장을 맡았다. 그 뒤 한국은행 부총재로 재직했고, 1952년 사임하면서 언론계에 입문했다. 처음에는 조선일보사 사장으로 출발했으나, 1954년 4월, 《태양신문》을 인수하여 《한국일보》로 명칭을 바꾸어 창간했고, 이후 평생 《한국일보》의 경영에 관여했다. 국제언론인협회 한국위원회 초대회장, 대한축구협회 국제 올림픽 위원회 회장, 대한체육회 부회장, 1966년 대한 올림픽 위원회 위원 및 아시아 경기연맹 회장 등 스포츠와 관련된 다양한 보직을 역임하기도 했다. 《일간 스포츠》·《서울경제신문》은 《한국일보》의 자매지이기도 하다. 정치인으로서의 경력도 화려한 편이다. 1964년 부총리 겸 경제기획원 장관을 지냈고, 1971년 민주공화당 서울시 종로구 지구당 위원장, 1973년 남북조절위원회 부위원장 및 제9대 국회의원을 지냈다.
[20] 장기영, 〈동남아세아여행기〉, 《자유세계》, 1952. 4.
[21] 장기영, 〈동남아세아여행기〉, 《자유세계》, 1952. 4.
[22] 지상현, 〈동아시아 지역 질서의 기원과 등장―냉전 초기 집단 동맹 구상의 실패를 중심으로〉, 연세대학교 대학원 지역학 협동과정 석사 논문, 2010, 7장 참조.
[23] 김승옥, 〈야행〉, 《무진기행》, 범우사, 1977. 24쪽.
[24] 최덕신이라는 인물의 정치적 행보는 매우 독특하다. 독립운동가 최동오의 아들인 그는 그 자신 역시 광복군에서 활약한 경력이 있다. 한국전쟁 당시에는 11사단장으로 참전했고, 이후에는 외무부 장관과 서독 대사 등 이승만 정부의 요직을 두루 거친 인물이었다. 그러나 이승만 정부의 총아였던 그는 아이러니하게도 천도교 교령으로 활동하던 중 1976년 미국으로 건너가 반反유신 활동을 하면서부터 박정희 정

부에 반대하는 반체제 인사의 리스트에 오른다. 결국 최덕신은 1986년 아내와 함께 월북하여 조선천도교청우당 중앙위원장, 조국평화통일위원회 부위원장, 최고인민회의 대의원 등 북측의 요직을 맡는다. 흔히 북한 최고 권력층이었다가 남한으로 귀순한 황장엽과 자주 비교되는 인물이다. 월북 3년 뒤인 1989년 사망한 최덕신은 현충원에 해당하는 평양 교외의 애국열사릉에 묻혔다. 한홍구, 〈기구한, 참으로 기구한—최덕신과 류미영, 독립운동가 집안을 할퀸 분단의 인생 유전 가족사를 말한다〉, 《한겨레21》, 2000. 8. 31.

25 호찌민(1890~1969)의 본명은 Nguyen Tht Thanh으로, Nguyen Ai Quoc이라고도 한다. 호찌민이란 '깨우치는 자'라는 뜻이다. 인도차이나 공산당의 창설자(1930)로, 베트민Viet Minh(베트남 독립동맹)의 동맹원(1941)이며 베트남(북베트남) 민주공화국의 대통령(1945~1969)을 지냈다. 1920년대 초반, 프랑스 증기선에 요리사 자격으로 승선하여 아프리카의 여러 항구와 보스턴·뉴욕 등 미국의 도시를 여행하며 견문을 넓혔다. 1917~1923년 프랑스에서 보낸 경험은 그의 인생을 바꾸어놓았다. 프랑스에 사는 베트남인들을 조직화하는 가운데 1919년에는 베르사유 평화회의에 참석한 강대국 대표들에게 식민지인들의 동등한 권리를 요구하는 8개 조항의 탄원서를 보냈다. 그러나 러시아 혁명이 성공한 이후 이제까지의 노선을 변경하여 사회당을 탈당하고 프랑스 공산당에 가담했다. 공산주의의 본산인 모스크바와 중국의 광저우 등지를 자주 왕래했는데, 특히 광저우에서는 베트남 민족주의 운동의 첫 간부 요원들을 모집하여 베트남 혁명청년협회를 조직했다. 베트남 혁명청년협회의 단원들은 1929년 5월 홍콩에 모여 인도차이나 공산당을 세우기로 결정했다. 1930년 그의 주도 아래 인도차이나 공산당이 창설되었다.

26 ○○은 원문 표기이다. 상대방 관계 당국자라는 문맥으로 보아서 인용문 3행의 ○○과 ○○○는 각각 미국과 프랑스로 추정되지만, 사실 관계를 따져볼 때 미국은 당시 한국의 파병 제안을 찬성하지 않았다.

27 고제경, 〈패배를 의미하는 인지印支 휴전〉, 《현대공론》, 1954. 9.

28 고제경, 〈패배를 의미하는 인지印支 휴전〉, 《현대공론》, 1954. 9.

29 심연섭, 〈동남아세아의 반공 투쟁〉, 《신천지》, 1953. 10.

[30] 박태균, 〈1956~64년 한국 경제개발 계획의 성립 과정—경제개발로의 확산과 미국의 대한정책 변화를 중심으로〉, 서울대학교 국사학과 대학원 박사학위 논문, 2000. 2장 참조.

[31] 오키나와의 영유권은 1972년 5월, 미국으로부터 일본으로 넘어간다.

[32] "Statement by President Syngman Rhee at the Fourth Session of the Asian People's Anti-Communist Conference, June 16, 1954", The Syngman Rhee Presidential Papers, File No. 853. 조무형, 〈아시아민족반공연맹의 창설과 좌절—역할 이론을 통한 한미 갈등의 개념화〉, 세계정치, 2008, 12쪽에서 재인용.

[33] 1954년 6월 15일 유엔을 필두로 미국, 영국, 타이완, 프랑스 등의 국가가 주도적인 역할을 하여 아세아민족반공연맹이 창립되었고, 1955년 9월 아세아민족반공연맹 제1차 총회를 개최했다. 이 회의에는 백낙준이 한국의 수석대표로 참석했으며, 이듬해인 1956년 5월 30일 한국아세아민족반공연맹이 창립되었다. 현재에도 건재한 한국자유총연맹의 전신이기도 하다. 1963년 '한국반공연맹법의 제정'으로 1964년 한국반공연맹으로 개편되면서 공법인화되었고, 이후 1989년 한국자유총연맹으로 이름이 바뀌었다. 이상 아세아반공연맹과 한국자유총연맹의 역사에 대해서는 여주군史, http://history.yj21.net 참조.

[34] 2011년 현재까지도 회원 65만여 명에 각 도·시·군마다 지부를 가지고 있는 거대 이념 단체인 한국자유총연맹은 1956년에 설립된 한국아세아반공연맹이 이후 이름을 바꾸고 제도를 정비한 모습이기도 하다.

[35] 정비석, 〈오리汚吏도 먼지도 없어진 대만〉, 《자유중국의 금일》, 춘조사, 1958, 51~52쪽.

[36] 정비석, 〈오리汚吏도 먼지도 없어진 대만〉, 《자유중국의 금일》, 춘조사, 1958, 53~54쪽.

[37] 정비석, 〈오리汚吏도 먼지도 없어진 대만〉, 《자유중국의 금일》, 춘조사, 1958, 51쪽.

[38] 이무영, 〈맥령〉, 《사상계》, 1957. 8·9.

[39] 이무영은(1908~1960)은 충북 음성 출신으로, 본명은 용구龍九이다. 휘문고등보통학교를 중퇴하고 1925년 도일하여 세이조 중학교에 재학할 때 일본 작가 가토 다케오

加藤武雄 문하에서 문학을 공부했다는 것은 잘 알려진 일화이다. 1932년 극예술연구회 동인과 1933년 구인회 회원으로 활동했다. 1934년 동아일보사에 입사했으나 1939년 사직하고 농촌으로 거처를 옮겨 농민 문학 집필에 열중했다. 1942년부터 그가 조선총독부의 관변 단체인 조선문인협회의 소설·희곡회 상임 간사를 맡았다는 것과 같은 해 9월부터 이듬해 2월까지 일본어로 친일 정책에 부응하는 소설《靑瓦の家(청기와집)》를 연재한 사실이《친일인명사전》에 실리고 시민 단체가 이를 쟁점화하면서 2011년 충북의 무영문학제 폐지 논란이 일어났다. 해방 이후 이무영은 대학에서 문학 강의를 했고, 1946년 문총(전국문화단체총연합회) 최고위원, 1955년 한국자유문학가협회 부회장 등을 지냈다.

[40] 이무영, 〈자유중국의 신면모〉,《자유중국의 금일》, 128쪽.
[41] 湯武, 〈대만의 토지개혁〉, 이지성 옮김,《사상계》, 1956. 9.
[42] 덴마크를 말한다.
[43] 이무영, 〈자유중국의 신면모〉,《자유중국의 금일》, 129쪽.
[44] 〈금문도〉라는 제목의 이 시는《자유중국의 금일》과 1958년 정음사에서 별도로 출판된 시화집《석아화石阿花—대만 기행 시화집》두 권에 모두 실려 있다. 석아화란 타이완 지역 소수민족 중 하나인 고사족을 방문했을 때 만났던 소녀의 이름을 따서 지은 것이다.
[45] 이무영, 〈자유중국의 신면모〉,《자유중국의 금일》, 138쪽.
[46] 박종귀,《아시아의 분쟁》, 새로운사람들, 2000, 295쪽.
[47] 김은경, 〈1950년대 신생활운동 연구—가정개량론과 소비통제를 중심으로〉,《여성과 역사》, 11집, 2009. 12.

4장 중립은 없다

[1] 캐나다를 말한다.
[2] "빛나든 아세아 등촉 켜지는 날에 동방의 빛",《동아일보》, 1929. 4. 2.

[3] 허혜정, 〈모윤숙 초기 시의 출처―사로지니 나이두의 영향 연구〉, 《현대문학의 연구》, 2007. 11.

[4] 최영숙, 〈사로지니 나이두 女士와 會見〉, 《삼천리》, 제4권 1호, 1932. 1.

[5] 크리슈나 메논, 《국제연합 조선임시위원단 위원장 메논 박사 연설집》, 모윤숙 엮음, 정인섭 옮김, 문화당, 1948, 5쪽.

[6] 모윤숙의 해방 이후 행적을 사교의 젠더 정치라는 관점에서 비판적으로 분석한 예로는 공임순, 〈스캔들과 반공―여류 명사 모윤숙의 친일과 반공의 이중주〉, 《한국근대문학연구》, 2008. 4.

[7] "조위朝委 전체회의 개막, 메논 의장 경과 보고", 《동아일보》, 1948. 3. 9.

[8] 강성천, 〈1947~1948년 UN 조선임시위원단과 통일 정부 논쟁〉, 《한국사론》, 1996. 6.

[9] 무굴 제국 황제 샤자한의 왕비인 아르주만드 바누 베감을 가리키는 말이다. 타지마할에 묻혀 있다.

[10] 모윤숙, 〈타지마할〉, 《문예》, 1949. 8.

[11] 지상현, 〈동아시아 지역 질서의 기원과 등장―냉전 초기 집단 동맹 구상의 실패를 중심으로〉, 연세대학교 대학원 지역학 협동과정 석사 논문, 2010, 90쪽.

[12] 김동성, 〈우호국 예방기〉 上·下, 《신천지》, 1953. 11·12.

[13] 고경희, 《인도의 외교정책과 국제관계》, 인간사랑, 2003.

[14] 백선엽, 〈기획 연재, 노장의 걸어온 길―127회 송환 거부 포로들 편〉, 《국방일보》, 2009. 12. www.kookbang.dema.mil.kr

[15] 1953년 인도군과 반공 포로 간의 마찰에 대해서는 다음의 기사를 참조. "포로 감시 인도군 증강, 반공 포로 투석 억제가 목적", 《조선일보》, 1953. 9. 20. ; "인도군 장교를 납치 감금, 중공 출신 반공 포로 격분 끝에 폭동", 《조선일보》, 1953. 9. 29. ; "인도군의 행동을 규탄, 연행 계속 시 무력행사, 조정환 외무부 차관 반공 포로 살해에 경고", 《조선일보》, 1953. 10. 5. ; "인도 처사는 악의적 폭행, 신익희 의장 반공 포로 1명 피살 담화", 《조선일보》, 1953. 11. 5.

[16] 김동성, 〈우호국 예방기〉 上·下, 《신천지》, 1953. 11·12.

[17] 이병주, 《파리기행》, 철야당, 1957. 네루에 대한 유사한 묘사로는 장내원, 〈데바다

스, 신생 인도의 표정〉,《신태양》, 1957. 7. 참조.

[18] 1869년 완공된 수에즈 운하는 원래 이집트의 완전한 소유가 아니었다. 이집트와 프랑스가 반씩 지분을 나눠 가지고 있었고, 그마저 이집트의 재정 악화로 영국이 이집트의 지분을 인수하게 되었다. 영국 정부는 운하 지역에 영국 군대를 주둔시켰다. 이집트 초대 대통령인 나세르는 영국과 프랑스의 제국주의가 이집트의 경제 자립을 가로막고 있다고 판단하여 1956년 7월 26일 수에즈 운하의 국유화를 선언했다. 그뿐만 아니라 이집트는 이스라엘로 향하는 선박의 통행을 막고 티란 해협을 봉쇄했다. 이것이 바로 나세르가 아랍 민족주의의 아이콘으로 떠오르게 된 계기였다. 영국과 프랑스는 경제적 타격을 입고, 같은 해 10월 29일 이스라엘이 시나이반도를 침공한 지 이틀 후에 수에즈 운하를 공격한다. 수에즈전쟁이라고도 불리는 이른바 제2차 중동전쟁의 시작이었다.

[19] 주요섭, 〈파키스탄〉,《세계의 인상》, 진문사, 1956, 105쪽.

[20] 조동재는 1921년 서울 태생으로, 1940년 경성제국대학에 입학했으나 학병 지원을 거부하여 제적당했다. 어학 실력 덕분에 해방 후 정부의 국외 홍보 업무를 담당했다. 1954년 창설된 아시아재단 한국 지부는 예술·스포츠·여성 등 정치를 제외한 제반 분야의 후원 사업을 전개했는데, 조동재는 이 중에서도 특히 체육계에서 활약했다. 그는 1955년 저명한 미국 농구 지도자 존 번 박사를 초청하고 차세대 농구 선수층을 대학생을 중심으로 육성하는 등 초기 한국 농구계의 대중적 기반을 마련한 인물로도 알려져 있다. 이후 농구협회 이사로 취임하여 국제 섭외 업무를 담당했다. 1968년부터 이후 약 16년 동안 아시아 농구연맹 사무총장을 역임했다. http://www.jumpball.co.kr

[21] http://www.asiafoundation.or.kr/html_k/home.php

[22] 조동재, 〈홍콩의 인상〉,《새벽》, 1956. 9.

[23] 장기영, 〈동남아시아 기행〉,《자유세계》, 1952. 4.

[24] "홍콩 폭동과 중공 태도, 반공 위세에 경악, 대영 압력 가중을 획책",《조선일보》, 1956. 10. 15.

[25] 이병주,《파리기행》, 철야당, 1957. 16쪽.

26 조동재, 〈홍콩의 인상〉, 《새벽》, 1956. 9.

27 이광수, 《이광수전집—서울》, 삼중당, 1963, 105쪽.

28 "서리맞을 사치!", 《조선일보》, 1952. 2. 28.

29 "사설—마카오에 대한 중공의 자기주장", 《조선일보》, 1955. 10. 28.

30 정성관, 〈동남아의 식민 지역—르포르타쥬 홍콩과 마카오의 현지 표정〉, 《신태양》, 1956. 5.

31 고경희, 《인도의 외교정책과 국제 관계》, 인간사랑, 2003, 27~34쪽 ; Ashok Kapur, India—From Regional to World Power, Routledge 2006. 3장 Strategic triangles and the Indian subcontinent 참조.

32 〈1955년 한국의 정치, 경제, 외교의 회고—우리의 현실을 솔직히 말하는 좌담회〉, 《사상계》, 1955. 12. 이 인용문은 이 좌담의 사회를 맡은 정치학자 신상초의 발언이다. 이 언급은, 한국에서는 혁신 세력이 아직 필요한 단계가 아니며 한국의 정당 구도는 여전히 보수 대 보수일 필요가 있음을 역설하는 민주당 의원 김영선을 반박하는 가운데 나온 것이다. 1950년대 문학계에서 매우 예외적인 경향을 보였던 평론가 최일수도 반둥회의와 이 회의가 상징하는 탈식민적 지향에 관심을 두었으며 동남아 문학을 한국에 소개한 바 있다. 최일수, 〈동남아 문학의 특수성〉, 《시와 비평》, 1956. 2. 참조.

33 〈시론—네루의 중공 방문〉, 《사상계》, 1954. 11. 인도에 대한 일반적인 담론은 적의에 찬 비판이 주를 이루었다. 대표적인 예로는 〈박두한 아시아 아랍 국가 회의〉, 《사상계》, 1955. 1. ; 〈움직이는 세계—인도의 소련 두목 환영극의 이면〉, 《사상계》, 1956. 3. ; 장경학, 〈지식인의 항변〉, 《사상계》, 1957. 11. ; 〈움직이는 세계—인도 경제의 적신호〉, 《사상계》, 1958. 3.

34 콜롬보계획Colombo Plan은 1950년 실론(지금의 스리랑카)의 콜롬보에서 개최된 영연방 외상 회의가 제창한 동남아시아 지역의 경제 개발 원조 계획을 말한다. 1950년 창립 당시 참가국은 오스트레일리아·인도·뉴질랜드·실론이었지만, 곧이어 라오스·버마·네팔·미국이 참가했고, 1954년에는 일본·타이·필리핀 등도 가입한다. 대한민국의 가입 연도는 이보다 뒤인 1962년이다.

35 김용성, 〈아세아의 중립성—아세아의 분열은 불가피하다〉, 《현대공론》, 1954. 5.
36 단, 예외적인 집단방위 체제로는 SEATO(동남아시아조약기구)를 꼽을 수 있다. 이 기구는 1954년 인도차이나 전쟁 휴전 이후 안보에 위협을 느낀 동남아시아 국가와 서구 열강의 제휴 형태(오스트레일리아, 뉴질랜드, 파키스탄, 타이, 필리핀, 프랑스, 영국, 미국)로 성립되었다. 그러나 이 기구에는 인도, 인도네시아 등 비동맹 노선 지지 국가들은 빠져 있다. 미국의 태평양 조약 구상 실패 과정에 관해서는 지상현, 〈동아시아 지역 질서의 기원과 등장—냉전 초기 집단 동맹 구상의 실패를 중심으로〉, 연세대학교 대학원 지역학 협동과정 석사 논문, 2010, 120~154쪽 참조.
37 "사설—한미상호방위조약 조인", 《조선일보》, 1953. 8. 10. ; "한미방위협정을 축하, 城東原頭서 성대한 시민대회", 《조선일보》, 1953. 11. 4.
38 김용성, 〈아세아의 중립성—아세아의 분열은 불가피하다〉, 《현대공론》, 1954. 5. ; 주요한, 〈SEATO와 한국의 위치〉, 《현대공론》, 1954. 9.
39 최일수, 〈현대문학과 민족의식〉, 《현실의 문학》, 형설출판사, 1976, 9~11쪽.
40 남아프리카공화국의 경우에는 참관인 자격으로 모제스 코테인 Moses Kotane이 참석했다.
41 고정훈, 〈반둥의 亞·阿 회의와 중립주의 세력의 대두〉, 《신태양》, 1959. 4.
42 한국과 타이완은 시토가 나토와 같은 성격의 안보 기구가 될 것을 기대하여 시토 가입을 희망했다. 그러나 시토는 동남아 반공 3개국과 미국, 영국, 프랑스, 그리고 오스트레일리아, 뉴질랜드의 태평양 연안 국가들로 회원국을 엄격히 한정했다. 이에 한국과 타이완 정부는 시토 조직을 뼈가 없는 헛껍질이라고 비판했다. 아시아에서 가장 강력한 반공국가인 양국을 포함하지 않은 한, 태평양 지구 집단 방위체도 결과적으로 유명무실해질 것이라는 논리였다.
43 유럽이 나토라는 단일 기구의 협력체를 만들었던 것에 비하면, 아시아의 채널 단일화는 그저 요원해 보일 뿐이었다. 그러나 시토 역시 아시아 역내 단일 채널을 만드는 데에는 성공하지 못했다. 물론 여기에는 유럽과 미국의 역내 세력 견제라는 정치적 요인이 작용한 탓이 가장 컸지만, 아시아 국가들 사이에서는 특히 일본을 둘러싼 과거 적대의 역사가 연대를 가로막는 큰 원인 중의 하나가 되었다.

5장 아시아, 응시당한 자의 이름으로

[1] 심연섭, 〈동남아세아의 반공투쟁〉, 《신천지》, 1953. 10.
[2] 발전과 완성을 성취시켜주는 유기체 내부의 힘을 뜻하는 그리스어이다.
[3] 김성숙, 〈해외시장 개척을 위한 동남아 제국의 근황〉, 《경제계》, 1957. 1.
[4] 대표적인 현지 조사 기록의 예로는 오정수, 〈동남아 경제 시찰단의 의의〉, 《산업경제》, 1956. 9. ; 이종모, 〈동남아 지역의 상업 도시 홍콩 현황〉, 《무역경제》, 1957. 3. ; 심상익, 〈오징어의 판로 개척―동남아시아 시장 시찰을 마치고〉, 《해무》, 1958. 2. ; 대한증권거래소 편, 〈동남아 증권 시장 시찰기〉, 《증권월보》, 1958. 9.
[5] 최치윤, 〈개발 도상에 있는 동남아세아―해외시찰기〉, 《기업경영》, 1959, 3·4.
[6] 최치윤, 〈개발 도상에 있는 동남아세아―해외시찰기〉, 《기업경영》, 1959, 3·4.
[7] 오오카 쇼헤이, 《들불》, 이재성 옮김, 소화, 1998, 111쪽.
[8] 다케우치 요시미, 《일본과 아시아》, 서광덕·백지운 옮김, 소명출판, 2004, 220쪽.
[9] 야마무토 신이치, 《어렷이며 하나인 아시아》, 임성모 옮김, 창작과비평사, 2003, 57쪽.
[10] 山崎軍太, 〈インドネシア遊記〉, 《アジア問題》, 1956. 4.
[11] 贈野綾子, 《東南アジア紀行》, 《知性》, 1956. 5.
[12] 山崎軍太, 〈インドネシア遊記〉, 《アジア問題》, 1956. 4.
[13] 山崎軍太, 〈インドネシア遊記〉, 《アジア問題》, 1956. 4.
[14] 다케우치 요시미, 《일본과 아시아》, 서광덕·백지운 옮김, 소명출판, 2004, 206쪽.
[15] 堀田善衛, 〈後進国の未來像〉, 《中央公論》, 1959. 11.
[16] 윤상인·이동철·이희수·임상범, 《위대한 아시아》, 황금가지, 2003.
[17] 堀田善衛, 〈後進国の未來像〉, 《中央公論》, 1959. 11.
[18] 조의설, 〈아프리카 기행〉, 《사상계》, 1961. 11.
[19] 〈아크라 회의와 아프리카의 꿈〉, 《사상계》, 1959. 6.
[20] 고정훈, 〈검은 쟝글을 진동시킨 내슈날리즘의 북소리―아프리카 민족주의 해방 운동의 현황〉, 《사상계》, 1959. 5.

[21] 백선엽은 대한민국 초기 국군 창설의 핵심 멤버 가운데 하나이다. 1941년 만주군 관학교를 졸업하고, 1949년 제5사단장을 지냈다. 1952년 한국전쟁 당시에는 제2군단장을 거쳐 육군 참모총장 겸 계엄사령관이 되었다. 휴전회담 시에는 휴전 문서에 조인한 한국 측 대표이기도 했다. 이후 군사령관, 육군 참모총장 등 군 요직을 두루 거쳤으며, 1959년 합동 참모 의장을 지낸 후에는 1960년 대장으로 예편했다. 예편과 동시에 재외 공사 쪽으로 진로를 전환하는데, 주(자유)중국 대사, 주프랑스 대사 겸 네덜란드·벨기에 대사를 지냈고, 1962년 가봉·토고·세네갈·카메룬·차드·모리타니 주재 대사를 겸임했다. 1965년 주캐나다 대사를 마지막으로 외교관직에서 물러났고, 1969~1971년에는 교통부 장관으로 취임했다. 1971년 충주비료 사장에 취임하면서 이후에는 재계에 진출하여 각종 국가 투자 기관의 요직을 거쳤다. 한편 2011년 KBS에서 한국전쟁 61주년을 맞이하여 특집으로 기획한 〈전쟁과 군인〉은 일명 '백선엽 다큐'라고 불리며 찬반 논란 속에 방영되었다. 이 다큐멘터리는 그를 한국군의 창설자, 전쟁 영웅으로 미화하면서 그가 만주에서 독립군 토벌에 가담한 내용을 완전 삭제하여 시민 단체들의 공분을 사고 비판을 받았다.

[22] 전영철, 〈아프리카 신생제국 순방기〉, 《사상계》, 1961. 9.

[23] 전영철, 〈아프리카 신생제국 순방기〉, 《사상계》, 1961. 9.

[24] 조의설, 〈아프리카 기행〉, 《사상계》, 1961. 11.

[25] 조의설, 〈아프리카 기행〉, 《사상계》, 1961. 11.

[26] 박영한, 〈머나먼 쏭바강〉, 《세계의 문학》 4, 민음사, 1978, 93쪽.

[27] 정종현, 〈베트남전 소설 연구〉, 동국대학교 석사 논문, 1997, 16~22쪽 참조.

[28] 강석하, 〈분단의 매듭을 잇는 휴머니즘〉, 《현대문학》, 1988. 7.

[29] 이규봉, 《미안해요! 베트남―한국군의 베트남 민간인 학살의 현장을 가다》, 푸른역사, 2011, 265쪽.

[30] 이만섭, 〈자유중국·월남 인상기〉, 《국회평론》, 1964. 5.

[31] 노엄 촘스키, 《세계를 해석하는 것에 대하여 세계를 변화시키는 것에 대하여》, 박수민 옮김, 미토, 2003, 139쪽.

[32] 박영한, 〈머나먼 쏭바강〉, 《세계의 문학》 4, 민음사, 1978, 189쪽.
[33] 김종문, 〈베트남의 한국인〉, 《문학춘추》, 1966. 11.
[34] 노엄 촘스키, 《세계를 해석하는 것에 대하여 세계를 변화시키는 것에 대하여》, 박수민 옮김, 미토, 2003, 140쪽.
[35] 김종문, 〈다라트로 가는 길〉, 《세대》, 1966. 11.
[36] 김종문, 〈베트남 수상〉, 《문학춘추》, 1966. 12.
[37] '다라트'는 베트남 중부에 위치한 고원지대이다.

찾아보기

⟨ㄱ⟩
간디 88, 179, 180, 182, 183, 185, 199
고베 76
고황경 19~22, 33, 47, 51, 55~57, 72, 73, 77, 87, 93, 94, 183, 189
괌 105
교토 76, 94
국민국가 21, 28, 29, 32, 38, 41, 42, 60, 73, 86~90, 98, 99, 141, 218, 266
금문도 168~172
기독교 43, 46~48, 68, 91, 98, 220
김길준 76, 78, 80, 84
김동성 46, 47, 143, 190~192, 194~197, 199, 201, 203
김병도 36, 117, 118, 120~124, 126~128, 131~137
김상흠 111, 113
김성숙 237
김승옥 147
김종문 276, 278, 279, 281~284
김종필 275
김활란 93, 94, 98

⟨ㄴ⟩
나세르 260
나쓰메 소세키 260
나이두 179, 180, 182, 183, 188
나토 110, 111
낙랑클럽 185, 188
난징 117, 118, 128
남방 담론 66
남아프리카공화국 229, 263
남조선 과도정부 20, 36, 47, 61, 90, 98
⟨남풍⟩ 100
냉전 22, 24, 32, 33, 35, 36, 86, 98, 107, 112, 131, 174, 183, 189, 198, 201, 203, 204, 207, 209, 210, 218, 219, 230, 232, 242, 246, 252, 253, 256, 257, 268, 269, 272
네루 87, 88, 197~200, 218, 219
네팔 56, 60, 229
뉴델리 19, 20, 33, 55, 56, 60~63, 65, 86, 183

⟨ㄷ⟩
다우어 83
다케우치 요시미 253, 256, 261
대동아공영권 29~32, 55, 62, 66, 67,

72, 74, 105, 142, 253
대한민국 25, 36, 43, 68 74, 75, 80, 81, 88, 103, 105, 111, 117, 118, 124, 127, 128, 132, 135~137, 141, 143, 148, 157, 174, 183, 191, 192, 196, 198, 203, 206, 207, 217, 232, 276, 282
도쿄 22, 76, 79, 80, 84, 94, 96, 105, 245
동남아시아 27, 36, 56, 62, 63, 66, 100~102, 139, 143, 152, 153, 189, 201, 218~220, 231, 235, 236, 238~240, 242, 246~249, 252, 267, 268
동남아시아조약기구 230, 231
〈동남아세아 역방기〉 148
〈동남아의 식민 지역〉 215
동양 27, 32, 55, 61, 63, 65, 73, 194, 217
동양 미곡 연구회 62, 64
《들불》 243

〈ㄹ〉
라오스 36, 152, 153, 237, 282
러시아 34, 56, 180
리저널리즘 28, 29, 32, 33

〈ㅁ〉
마루카와 데쓰시 28
마오쩌둥 117, 119, 125, 153, 169, 171

마쓰모토 조지 83
마카오 157, 204, 210~212, 214~217, 237
마카오 신사 212, 213, 215
만세일계 30, 73
말레이시아 72, 73, 100, 111, 148, 237, 239
〈맥령〉 162, 163, 165
매쿤 48
〈머나먼 쏭바강〉 273, 274, 279
메논 185~188, 190, 196
모스크바 34
모윤숙 182, 183, 186~190
《무기의 그늘》 283
미국 22, 24, 29, 33, 36, 45~52, 69, 77, 79, 98, 99, 101~107, 110~113, 123~128, 133, 138~143, 146, 150, 153, 154, 156, 166, 167, 172~174, 186~188, 190, 191, 194, 197, 204, 205, 211, 214, 220, 221, 224~226, 231, 232, 242, 252, 255, 256, 267, 268, 273~276, 279, 282
미 군정 19, 20, 22, 43, 45~47, 61, 77, 79, 84, 98, 103, 187, 191, 211
미드웨이 105
미·비 동맹 221
〈미스터 방〉 45, 46
미·일 동맹 221
민재호 221

⟨ㅂ⟩

박영한 273
박인환 25, 27, 28, 32 86, 100
박정희 154, 275, 280
반공 포로 석방 192, 193, 195, 198
반둥회의 226, 227, 229~232, 263
반민특위 75, 97
반反식민주의 101, 226
발칸반도 28
범아세아대회 19~22, 33, 37, 47, 49, 55~57, 60, 61, 63, 72, 77, 87, 183
백낙준 20, 48, 49, 51, 90
백선엽 269, 271
버마 36, 56, 148, 153, 190, 218, 225, 237, 238, 252
베트남 36, 56, 100, 101, 146~150, 153, 154, 156, 157, 224, 237, 272~276, 279, 281~285
베트남 특수 154
비개입주의 195

⟨ㅅ⟩

사사키 모리오 249
《사상계》 165
《삼천리》 29
상징자본 45, 47~49, 52
샌프란시스코 조약 61, 246, 252
서양 40, 41, 55, 65, 112, 117, 211, 215, 260
《서울》 211

설국환 79, 81~84
《세계일주기》 68, 69, 89
세계화 24, 239
소노 아야코 248
《소련기행》 33, 35, 36
소비에트 34, 112, 180
수에즈 운하 201, 203, 226
수카르노 27, 227, 231
식민지 21, 22, 24, 25, 28, 32, 42, 46, 47, 55, 60~63, 67, 69, 70, 74, 75, 77, 79, 86, 93~95, 101, 103, 118, 132, 135~137, 143, 146, 152, 160, 162, 163, 172, 180, 182, 183, 186, 188, 199, 204, 207, 209, 219, 229, 230, 236, 242, 258, 289, 261, 267, 269
《신문기자가 본 중국》 36, 120, 123, 124
신생활운동 174
《신천지》 20, 25, 47, 48, 111, 182
실존주의 225
싱가포르 36, 38, 40, 237, 248
쌍십협정 125

⟨ㅇ⟩

아세아 공산주의 150, 152, 153
아세아주의의 포기 221
아세안 28
아시아 20~22, 24, 25, 28, 30, 32, 33, 36, 37, 40, 49, 52, 55~57,

60~63, 67~69, 72~74, 86~88,
　　91, 98~103, 110~113, 118, 128,
　　137~141, 143, 146, 149, 152, 154,
　　157, 166, 173~175, 182, 183,
　　186, 189, 190, 194, 195, 203, 207,
　　211, 214, 218~221, 224~226,
　　229~232, 235, 237, 242, 245, 246,
　　253~255, 257~263, 270, 272, 285
《아시아 문제》 246
아시아민족반공연맹 157, 158, 174
아시아재단 204
아크라 회의 263
아프리카 37, 196, 226, 229, 230, 232,
　　245, 259, 262, 263, 266~270, 272
안동원 68~73, 89, 134, 135
안호싱 121
엔크루마 269, 271
여순사건 43, 112, 131
연합군 총사령부 74, 81, 107
영국 29, 49, 63, 65, 68, 69, 87, 101,
　　105, 112, 123, 127, 133~137, 143,
　　182, 190~192, 194, 195, 201,
　　203~206, 216, 217, 219, 221, 225,
　　226, 231, 261, 263, 268, 269
영연방 186, 219, 221
오리엔탈리즘 61, 63, 139, 220, 248
오사카 76
오오카 쇼헤이 243, 244
오오타 이치로 252
오키나와 22, 84, 157, 237, 242

YMCA 51, 68
YWCA 76, 90~94, 98
〈우호국 예방기〉 190, 192, 194, 195,
　　197
〈월남에서 돌아온 김 상사〉 154~156
웨이크 105
유엔 조선임시위원단 183, 186
이광수 97, 211, 214
이기영 34, 35
이란 56
이만섭 274~276
이무영 160, 162~166, 174
이병주 40, 199, 208
이승만 75, 103~105, 110, 111, 121,
　　128, 139, 143, 148, 150, 157, 172,
　　187, 190, 192, 194, 196
이원규 274
2·28 사건 128, 129, 131, 132
이집트 37, 49, 56, 89, 201, 226, 260,
　　261
이치가와 곤 244
이태준 33~35
인간선언 84
인도 19, 20, 22, 36, 49, 57, 62, 63,
　　65, 66, 69, 87, 88, 107, 112, 180,
　　182, 183, 186~190, 195~204, 208,
　　218~220, 225, 230, 231, 252
〈인도 인상기〉 62
《인도기행》 72, 94, 183
인도네시아 22, 27, 36~38, 40, 56,

57, 101, 112, 190, 218, 225, 226, 230, 237, 247~249, 253, 263
〈인도네시아 인민에게 주는 시〉 25, 100
인도양적 아시아 219
일민주의 121
일본 22, 27~32, 36, 43, 45, 47~49, 52, 60~62, 66, 67, 69, 70, 72, 74~84, 89, 90, 93~96, 101, 105~107, 125, 128~130, 135~137, 143, 146, 157, 172, 174, 179, 219~221, 229, 237, 239, 240, 242~249, 252~262
《일본기행》 81

〈ㅈ〉
《자유중국의 금일》 158, 169
자유진영 127, 150, 153, 166, 194, 204, 205, 207, 214, 215, 217, 226, 270
장기영 137, 138, 140~143
장제스 89, 109~111, 118, 121~129, 139~141, 160, 162, 165~173, 175
자카르타 38
전영철 269, 270
〈전후 일본 기행〉 76
정비석 156, 159, 160, 167
정성관 215~217
제국주의 26, 28, 29, 61, 65, 66, 94, 101, 135, 197, 202, 245, 258, 262, 263, 268

조경희 162
조동재 204, 206, 208
조병옥 80, 103~105, 107, 110
조병화 156, 160, 169, 172
주요섭 156, 158, 202, 203
중국 백서 140, 173
중립국 186, 192, 197, 198, 270
중립국 송환 위원회 192, 197
중화인민공화국 205, 206, 229

〈ㅊ〉
참전국 192, 194, 196
채만식 45
천병규 40
최덕신 148~150, 153
최영숙 180, 182
최이권 76, 90, 91, 93, 94~96
최일수 224, 225
최치윤 237~240
친일 48, 75, 93~97, 186

〈ㅋ〉
카라치 201
카메룬 266, 269, 271
칼리만탄 247, 249
캄보디아 153, 237
콜롬보 22, 219
키리노 109, 110, 128, 139, 141

⟨ㅌ⟩
타고르 179~182, 185, 199
타이 36, 49, 56, 69, 148, 153, 157, 158, 194, 231, 237, 238, 252, 277
⟨타지마할⟩ 183, 188
탈식민 86, 99, 101, 102, 111, 135, 152, 182, 183, 190, 194, 195, 199, 203, 204, 206, 219, 226, 230, 235
태평양 36, 52, 103, 105~107, 110, 173, 221, 229
태평양 동맹 110, 111, 113, 138~141, 143, 146, 157, 190, 235
태평양적 아시아 219
태평양전쟁 22, 30, 62, 63, 66, 67, 69, 106, 121, 136, 138, 211, 212, 243, 245, 246
태평양 조약 146, 221
터키 37, 257
토고 266, 269, 271
토지개혁 162, 164~167
《특사유엔기행》 104, 105

⟨ㅍ⟩
《파리기행》 40
파병 146~148, 150, 153, 154, 156, 224, 273~278, 280~283
파키스탄 36, 40, 195, 201~203, 225, 231, 237
《패배를 껴안고》 83
평화헌법 81

프랑스 101, 149, 150, 152~154, 186, 225, 226, 231, 263, 266, 268, 269, 271, 276
플랜테이션 239, 240
필리핀 56, 101, 105, 109, 110, 113, 127, 128, 137~146, 148, 157, 186, 219, 221, 231, 237, 239, 243, 249, 277, 280

⟨ㅎ⟩
하경덕 20, 47, 48, 51, 55, 63, 65, 66, 87, 88
하야시 후사오 254
하와이 36, 107
한미 동맹 221
《항주여행기》 76, 90, 91, 94
⟨해방 전후⟩ 33
현근 61~63, 87, 88
형제지국 174
홉스봄 21
홋타 요시에 253, 255, 257~261
홍콩 36, 49, 69, 101, 128, 133~138, 148, 157, 204~212, 214~217, 237, 248, 252
황석영 283
⟨후진국의 미래상⟩ 257
《훈장과 굴레》 274
히로시마 75, 76, 80, 172

슬픈 아시아

- 2012년 10월 27일 초판 1쇄 발행
- 2018년 1월 25일 초판 3쇄 발행
- 글쓴이   장세진
- 발행인   박혜숙
- 펴낸곳   도서출판 푸른역사
  우) 03044 서울시 종로구 자하문로8길 13
  전화: 02) 720-8921(편집부) 02) 720-8920(영업부)
  팩스: 02) 720-9887
  전자우편: 2013history@naver.com
  등록: 1997년 2월 14일 제13-483호

ⓒ 장세진, 2018

ISBN   978-89-94079-69-1   93900

· 잘못 만들어진 책은 교환해드립니다.